농부가 심는 희망 씨앗

농부가 심는 희망 씨앗

부록 | 도시 농사와 학교마다 텃밭과 공방을 만드는 운동을 위한
전통 농기구 세밀화 도감

초판 1쇄 펴냄 / 2017년 11월 20일

글쓴이 / 서정홍
그린이 / 장순일
편집 / 정유능
디자인 / 이안 디자인
펴낸이 / 정낙묵
펴낸 곳 / 고인돌
주소 / 경기도 파주시 문발동 617-12 1층 우편번호 413-832
전화 / 031-943-2152
전송 / 031-943-2153
손전화 / 010-2261-2654
전자우편 / goindol08@hanmail.net
홈페이지 / www.goindolbook.com
출판등록 / 제406-2008-000009호

값 25,000원
ISBN 978-89-94372-87-7 73300

이 도서의 국립중앙도서관 출판예정도서목록(CIP)은 서지정보유통지원시스템 홈페이지(http://seoji.nl.go.kr)와
국가자료공동목록시스템(http://www.nl.go.kr/kolisnet)에서 이용하실 수 있습니다.(CIP제어번호: CIP2017028760)

농부가 심는 희망 씨앗

부록

도시 농사와 학교마다 텃밭과 공방을 만드는 운동을 위한 전통 농기구 세밀화 도감

글쓴이_서정홍 | 그린이_장순일

흙에 뿌리박은 참자유의 삶을 찾아 나서라

이 책은 지금까지 내가 본 농부와 농업에 관한 책 가운데 가장 아름다운 책이다. 내용의 깊이나 문체, 그림 할 것 없이 최고의 수준을 보여 준다. 어린이들뿐만 아니라 어른들도 읽으면 반성과 치유를 동시에 경험할 수 있다. 서정홍 시인은 오랫동안 농촌 현장에서 농사짓는 즐거움과 자연의 아름다움을 시로 써서 많은 이들에게 감동을 전한 바 있다. 그런 시인이 왜? 시가 몇 수 들어 있기는 하지만 통계 숫자가 나오는 산문을 써야만 했을까? 시로는 도저히 담을 수 없는 안타까움과 간절함이 있어서이다. 그 마음이 부드러운 문체 속에 절절이 묻어난다. 생태위기의 시대에 언제인지 모를 끔찍한 재앙을 맞이하기 전에 제대로 된 '먹고살기'에 나서야 하지 않겠느냐는 것이다. 콘크리트 빌딩숲에서 가짜 음식을 먹고 가짜 삶을 살지 말고, 흙에 뿌리박은 참자유의 삶을 찾아 나서라고 타이르듯 차분하게 들려준다.

황대권(농부 · 생명평화운동가 · 「야생초 편지」 저자)

우리 함께 희망을 찾아서

　어린이 여러분, 안녕하세요? 나는 사람을 살리는 농사, 그 일을 하며 사는 농부입니다. '다들 하기 싫어하는 농사를 왜 지어야만 할까요? 더구나 돈벌이도 안 되고 힘든 농업을 왜 살려야 할까요?' 혼자 이런저런 생각을 하다가 어느 날 문득 농사지으며 보고 듣고 겪으며 깨달은 것을 여러분과 나누고 싶었어요. 서로 다른 생각을 나누다 보면 여태 모르고 있던 많은 것을 알게 될 것이고, 아는 것만큼 세상을 바라보는 눈이 깊고 넓어지겠지요. 그래야만 건강하고 아름다운 세상을 만들 수 있으니까요.

　사람은 누구나 자연과 어우러져 건강하고 행복하게 살기를 바라지요. 그런데 날이 갈수록 건강과 행복보다는 돈과 편리함을 더 소중하게 여기는 듯해요. 그렇지 않고서야 어찌 우리 겨레를 먹여 살려 줄 논밭을 없애고, 아파트와 빌딩 따위를 마구 짓고 찻길을 자꾸 넓힐 수 있단 말인가요?

　먹는 것과 사는 일은 둘이 아니라 하나랍니다. 먹어야 살 수 있다는 말이고, 사는 것은 곧 먹는 것에 달려 있다는 말이지요. 그래서 '먹고살다, 먹고살 수 있다, 먹고사는 데 어려움은 없다, 먹고살 만하다, 먹고살기 여간 어려운 게 아니다, 먹고살 길이 막막하다.'처럼 먹고사는 말에는 띄어쓰기도 하지 않아요. 아무리 똑똑하고 재산이 많다 해도 먹지 않고 살 수 있는 사람은 아무도 없어요. 우리 겨레가 언제까지 독한 농약과 화학 비료, 유전자 조작 따위로 병든 수입 농산물이나 몸에 해로운 화학 첨가물 범벅인 음식으로 목숨을 이어 갈 수 있을까요?

　날이 갈수록 오염된 물과 공기와 먹을거리로 말미암아 아토피, 알레르기, 비만, 성인병과 같은 무서운 질병에 시달리는 어린이가 많아졌다는 소식을 들을 때마다 가슴이 찢어질 듯이 아파요. 어른으로서 하도 미안하고 부끄러워서 이 글을 쓰게 되었어요. 한글을 아는 사람이면 누구나 쉽게 읽을 수 있도록 우리말을 살려서 말하듯이 쓰려고 애썼어요. 그러니 어린이 여러분만 읽지 말고 부모님과 함께 읽으면 좋겠어요. 삼촌과 고모와 이모도 읽으면 좋겠어요. 희망은 혼자 가질 수 있지만, 그것을 현실로 만드는 것은 혼자 할 수 없으니까요.

　앞으로 이 세상의 주인은 어린이 여러분이에요. 그래서 아무리 어렵고 힘든 일이 닥쳐도 희망은 버리지 말아야 해요. 희망, 생각만 해도 마음 설레는 말이지요. 자아, 그럼 지금부터 희망을 찾아가 볼까요.

 작은 산골 마을 들녘에서
아이들을 기다리며
농부 서정홍

도시와 농촌이 함께 사는 길

흙에 뿌리박은 참자유의 삶을 찾아 나서라   5
우리 함께 희망을 찾아서   6

사람을 살리는 농부
1. 농부란 누구일까요?   15
2. 농부의 하루   21
3. 농부가 사라지면?   23

사람을 살리는 농사
4. 농업이 무너진 까닭   30
5. 빗장 풀린 농업 시장   32
6. 조화로운 사회를 만드는 농업   34
7. 우리 몸과 마음을 살리는 농업   38
8. 우리 함께 살려야 할 농업   40

사람과 자연을 살리는 길
9. 흙 살리기   41
10. 똥 살리기   46
11. 논 살리기   57
12. 밥 살리기   62
13. 친환경 농법 살리기   66
14. 소농 살리기   71

함께 걸어가야 할 길
15. 사람과 자연을 살리는 생활협동조합운동   76
16. 우리 모두를 살리는 지름길   80
17. 우리 손으로 희망의 씨앗을   82

부록 | 도시 농사와 학교마다 텃밭과 공방을 만드는 운동을 위한 전통 농기구 세밀화 도감

전통 농기구를 왜 배워야 할까요?   88

1. 농사짓기 전에 먼저 논과 밭을 가는 까닭은 무엇일까요?
   땅을 갈거나 파는 데 쓰는 농기구
   ❶ 따비_92 ❷ 극젱이_95 ❸ 괭이_96 ❹ 쟁기_98 ❺ 가래_100 ❻ 삽_101 ❼ 쇠스랑_103

2. 씨앗을 심으려면 땅을 판판하고 부드럽게 만들어야 해요.
   땅을 고르는 데 쓰는 농기구
   ❶ 써레_108 ❷ 곰방메_109 ❸ 번지_110 ❹ 나래_112 ❺ 고무래_113 ❻ 끙게_114

3. 왜 거름 내기를 할까요?
   거름을 나르거나 뿌릴 때 쓰는 농기구
   가. 거름이란?   118
   나. 거름을 주는 때   119
   다. 세시풍속   120
   ❶ 장군(똥장군, 오줌장군)_120 ❷ 똥바가지_121 ❸ 귀때동이_122 ❹ 삼태기_122 ❺ 거름대_123

4. 씨 뿌리는 소리를 부르며 즐겁게 일해요.
   씨앗을 뿌리거나 심을 때 쓰는 농기구
   ❶ 씨송곳_126 ❷ 고써레_127 ❸ 씨망태, 종다래끼_128 ❹ 궁글대_129

5. 김매기는 왜 중요할까요?
   논과 밭에서 김맬 때 쓰는 농기구
   ❶ 호미_132 ❷ 밀낫_134

6. 왜 힘들게 물을 퍼서 논에 대야 하나요?
   물을 댈 때 쓰는 농기구
   ❶ 무자위_138 ❷ 두레_140 ❸ 맞두레_142 ❹ 용두레_143 ❺ 물풍구_144 ❻ 살포_145

7. 힘들어도 가을걷이는 즐거워요.
   거두어들이는 데 쓰는 농기구
   ❶낫_148   ❷전지_151

8. 떨어낸 낟알을 깨끗이 고르고 맛있는 쌀밥을 먹어요.
   낟알을 떨어버거나 깨끗하게 고르는 데 쓰는 농기구
   ❶도리깨_154   ❷벼훑이_155   ❸개상, 탯돌_156   ❹그네(홀태)_157   ❺탈곡기_158   ❻부뚜_159
   ❼풍구_160   ❽체_161   ❾이남박_162   ❿키_162

9. 왜 고추를 멍석에 널어 말릴까요?
   말리거나 갈무리하는 데 쓰는 농기구
   1. 말리는 데 쓰는 도구
      ❶멍석_166   ❷도래방석_167   ❸거적_168   ❹발_169   ❺얼루기_170
   2. 갈무리하는 데 쓰는 도구
      ❶독_173   ❷뒤주_177   ❸섬_179   ❹가마니_180   ❺둥구미·종다래끼_181
      ❻뒤웅박_182   ❼씨오쟁이_184   ❽통가리_184

10. 물레방아는 수력 발전기의 아버지예요.
    방아를 찧을 때 쓰는 농기구
    ❶물레방아_188   ❷디딜방아_190   ❸물방아_193   ❹절구_194   ❺맷돌_195   ❻연자방아_197
    ❼매통_199   ❽돌확_201

11. 많은 물건이나 무거운 짐을 어떻게 나를까요?
    짐 나를 때 쓰는 농기구
    ❶지게_204
    ❷소나 말을 이용한 운반도구
       1)길마_209   2)걸채_210   3)발구_210   4)옹구_211   5)달구지_211
    ❸다래끼_217   ❹망태기_218   ❺썰매_221   ❻들것_222   ❼손수레_223

12. 이랴, 누렁소의 워낭 소리에 잠에서 깼어요.
    집짐승을 기를 때 쓰는 농기구
    ❶구유_226   ❷여물바가지_227   ❸작두_227   ❹어리_228   ❺둥우리_229

13. 겨우내 짚으로 새끼도 꼬고, 가마니도 짰어요.
    무엇을 만들 때 쓰는 농기구
    ❶가마니틀_232   ❷자리틀_234   ❸신틀_236   ❹기름틀_237   ❺국수틀_238   ❻떡판_239

14. 옛사람들은 어떻게 옷을 만들어 입었을까요?
   실을 잣거나 옷감을 짜는 데 쓰는 농기구
   ❶ 계절과 옷 _246
   ❷ 문익점과 무명옷 _247
   ❸ 실을 잣고 옷감을 짜는 방법
      1) 목화로 무명 짜기 _248
      2) 누에로 명주 짜기 _249
      3) 삼베와 모시 짜기 _249
   ❹ 길쌈에 쓰이는 도구
      1) 씨아 _250   2) 물레 _252   3) 돌겻 _254   4) 날틀 _254   5) 베틀 _256
   ❺ 세시풍속: 길쌈 두레와 길쌈놀이 _258

15. 그 밖에 많이 쓰는 농기구를 알아보아요.
   그 밖에 많이 쓰는 농기구
   ❶ 풀무 _262   ❷ 갈퀴 _263   ❸ 넉가래 _265   ❹ 메 _265   ❺ 도끼 _267   ❻ 까뀌 _268   ❼ 반달낫 _268
   ❽ 도롱이 _269   ❾ 태 _270   ❿ 팡개 _270

16. 부엌 살림살이에는 무엇이 있을까요?
   부엌 살림살이
   ❶ 말, 되, 홉 _274   ❷ 소쿠리 _275   ❸ 광주리 _276   ❹ 바구니 _276   ❺ 조리 _277   ❻ 시루 _278

17. 전통 농기구로 우리나라 고대사를 알 수 있어요.
   고대 농기구의 역사
   ❶ 신석기 시대 _282   ❷ 청동기 시대 _282   ❸ 철기 시대 _283

18. 현대 농기계는 전통 농기구를 발달시킨 거예요.
   현대 농기계
   ❶ 이앙기 _290   ❷ 경운기 _290   ❸ 트랙터 _291   ❹ 양수기 _291   ❺ 콤바인 _292

도시와 농촌이 함께 사는 길

사람을 살리는 농부

1. 농부란 누구일까요?

여러분도 잘 알고 있듯이 곡식·채소·과일 같은 농작물을 심고 기르고 거두는 일을 농사라 하고, 농사짓는 일이 직업인 사람을 농부라 하지요. 농부를 다른 말로 농사꾼, 농민, 농군이라 부르기도 해요. 혹시 "농사꾼은 굶어 죽어도 종자는 베고 죽는다."는 말을 들어 봤나요? 농사꾼은 굶어 죽어 가면서도 다음 해 농사지을 씨앗을 남긴다는 뜻으로, 앞일을 미리 챙기는 농사꾼의 마음을 높이 사서 하는 말이랍니다.

먹을 양식이 귀하던 옛날에 이런 일이 있었어요. 온 동네 사람들이 무척 가난한 마을이 있었지요. 그 마을 맨 꼭대기 집에 늙고 병든 할머니가 사셨는데, 죽기 전에 쌀밥 한번 먹어 보는 게 소원이었어요. 효자로 소문난 아들이 그 소원을 듣고 어찌 나 몰라라 했겠어요. 그런데 하필이면 그해 흉년이 들어 쌀이 아주 귀했지요. 아들은 산을 넘고 내를 건너가 어렵게 어렵게 쌀을 구했어요. 그런데 밤에 돌아오다가 길을 잘못 들었는데, 쌀을 짊어지고 보이지 않는 밤길을 헤매다 보니 발은 부르트고 배는 고파 쓰러질 지경이 되었지요.

이 오르막이 끝나면 집으로 가는 길이 나오겠지, 저 내리막이 끝나면 집으로 가는 길이 나오겠지, 젖 먹던 힘을 다해 걷고 또 걸었는데도 집으로 가는 길은 보이질 않았어요. 그러다가 병든 어머니의 마지막 소원조차 풀어 드리지 못하고, 그만 지쳐 죽었다지 뭐예요. 에그, 참 불쌍하지. 마을 사람들은 그 넋을 기리기 위해 아들이 죽은 고개를 '쌀고개'라 불렀대요. 그래서인지 쌀고개를 넘어갈 때는 구수한 밥 냄새가 솔솔 난다고 해요.

만일 농부가 씨앗을 지키지 않았다면 어찌 그 아들이 쌀을 구할 수 있겠어요. 비록 쌀밥 한 그릇 잡숫지 못하고 할머니는 돌아가셨지만, 씨앗을 지키는 농부가 있어 수천 년 수만 년 내내 사람이 굶어죽지 않고 살아온 것이지요.

나 어릴 적에 식구들이 모여 밥을 먹으면서 텔레비전을 보면 할머니가 야단을 쳤어요. 텔레비전을 보면서 밥을 먹어서는 안 된다며……. 어느 저녁에 그 할머니를 생각하며 쓴 시예요.

밥상 앞에서

"이것들이 밥상 앞에서 밥은 안 처먹고
텔레비전만 자꾸 보끼가?
피겨 여왕이 밥 처먹여 주냐?
축구 선수가 밥 처먹여 주냐?"

욕쟁이 할머니 말씀이 맞긴 맞는데
그래도 나라의 힘을 널리 떨치고…….

"이것들이 그래도 못 알아듣네.
밥상 앞에서는 고마운 마음으로
밥 먹는 데만 마음을 쏟아부어.
피겨고 축구고
밥 한 그릇 처먹어야 할 수 있다니까."

욕쟁이 할머니 말씀이 맞긴 맞는데
그래도 나라의 힘을 널리 떨치고…….

　이 시를 읽고 어떤 생각이 드나요? 앞으로 밥 먹을 때는 딴짓을 하지 말아야
겠다는 생각이 드나요? 아니면 밥을 먹을 수 있게 해 준 농부와 흙과 물과 햇빛
과 공기와 지렁이와 벌과 나무와 풀과 새들에게 고마운 마음으로 먹어야겠다는
생각이 드나요?

오래전부터 많은 신학자와 철학자, 시인들이 농부를 뭐라고 표현한 줄 아세요? 사람을 살리는 농부라며 성직(성스러운 직분) 가운데 가장 훌륭한 성직이라 했어요. 그리고 농부를 물과 같다고 했어요. 풀도, 나무도, 사람도 물이 없으면 살 수 없어요. 또 농부를 바람과 같다고 했어요. 바람이 없으면 식물이 자랄 수 있을까요, 없을까요? 민들레 씨앗을 봐요. 바람이 불어야 멀리멀리 날아서 새싹을 틔우잖아요. 그리고 식물의 가지와 이파리 사이로 바람이 불어야만 썩지 않고 잘 자라요. 병도 안 들고요. 사람도 마찬가지예요.

훌륭한 교육학자들도 아이들은 바람 부는 언덕에서 자라야 몸과 마음이 튼튼하다고 했어요. 그래야 나이가 들어도 정신이 맑고 몸도 건강하게 살 수 있대요. 그런데 요즘 도시 아이들은 바람 부는 언덕에서 자라기는커녕 바람 부는 언덕을 쳐다볼 시간조차 없어요. 소중한 게 무엇인지도 모르는 어리석은 어른들한테 마음 놓고 숨 쉴 시간조차 다 빼앗겨 버렸으니까요.

또 농부를 공기와 같다고 그랬어요. 공기가 없으면 단 한순간도 살 수 없지요. 그리고 또 농부를 흙과 같다고도 했어요. 흙이 없으면 사람은 물론 새 한 마리, 벌레 한 마리 살 수 없지요. 우리가 땅을 밟고 살아가듯 흙에 뿌리를 내리지 않고선 살아갈 수 없는 것이지요. 마지막으로 농부를 햇빛과 같다고 했어요. 햇빛이 없으면 어찌 살 수 있을까요, 생각만 해도 끔찍해요.

그들은 왜 농부를 물과 바람과 공기와 흙과 햇빛과 같다고 했을까요? 모두 생존을 위해 없어선 안 될 소중한 것이기 때문이에요. 그리고 모두 돈으로 살 수 없는 것이고요. 이처럼 세상에서 가장 소중한 것은 돈으로 살 수 없어요. 이런 단순하고 깊은 진리를 우리는 가끔 잊어버리고 살아가요. 어찌 논밭을 황금 덩어리와 바꿀 수 있겠어요. 어찌 지나가는 바람을 돈과 바꿀 수 있겠어요. 돈이나 황금 따위는 없어도 살 수 있지만, 하늘과 땅, 해와 달, 바람과 구름, 강과 바다, 물과 공기, 나무와 풀, 지렁이와 꿀벌 들이 없으면 우린 아무도 살 수 없어요.

우리는 날마다 고단하고 바쁘다는 핑계로 소중한 것들을 까맣게 잊고 사는 건 아닌지요? 아무리 삶이 고단하고 바쁘더라도 세상을 조금 더 넓고 조금 더 깊게 보면서, 무너져 가는 우리 농업과 농촌을 살리는 데 힘을 보탰으면 좋겠어요. 없어서는 안 될 소중한 것이라면 지켜야 하잖아요. 잘 지켜서 후손들에게 물려주어야 하잖아요.

여러분은 "자연만큼 위대한 스승이 없다."는 말을 여기저기서 많이 들었을 거예요. 나도 귀에 못이 박히도록 많이 들었는데요, 그걸 머리로만 알아들었지 가슴으로 받아들이진 못했던 것 같아요. 산골 마을에서 농사짓고 살면서야 비로소 '정말 자연보다 위대한 스승은 없구나! 스승의 스승이 바로 자연이구나!' 하고 깨닫기 시작했어요. '흙이 없으면, 햇빛이 없으면, 나무가 없으면, 지렁이가 없으면 사람도 살 수 없구나!', '정말 소중한 것은 돈으로 살 수 없구나!', '돈벌이 안 되는 줄 뻔히 알면서도 땡볕 아래에서 논밭을 일구는 농부가 없으면 아무도 살 수 없구나!' 이런 생각을 농사지으면서 하게 되었어요. 도시에서 철도 모르고 나오는 음식을 먹고 살았으니 철이 늦게 든 거지요.

2. 농부의 하루

여러분은 '자유'라는 말 좋아하세요? 내가 가장 좋아하는 말이 바로 '자유'예요. 사람은 누구나 자유를 누릴 권리가 있어요. 그래서 '세상에서 가장 자유로운 직업이 뭘까?' 하고 생각해 봤어요. 여태 살아오면서 이런저런 많은 일을 했고, 일을 하면서 희망을 찾으려고 일본과 쿠바에서 공부도 해 봤는데, 공부를 하면 할수록 '농부가 되어야겠구나!' 하는 생각이 들었어요. 농부가 되어야만 자유롭게 내 삶의 주인이 되어 살아갈 수 있겠구나 싶었어요. 그래서 지금은 작은 산골 마을에 뿌리를 내려 농사지으며 살고 있어요.

나는 아침에 일어나 몸을 풀고, 누구랑 어떤 일을 할지 스스로 정하고, 텃밭에 가서 푸성귀를 뜯어 와 반찬을 만들고, 밥을 먹고 나면 논밭에 나가 자유롭게 일을 하고, 피곤하면 낮잠을 자고, 비 오는 날이면 책을 읽거나 보고 싶은 친구를 만나러 가기도 해요. 이 모든 일과를 내 뜻대로 정할 수 있어요. 그러니까 농부가 되고부터 진정한 내 삶의 주인이 된 것이지요.

도시에 살면서 직장에 다닐 때는 내 삶의 주인은 내가 아니었어요. 직장인들을 보세요. 우선 월급 주는 사람한테 잘 보여야 해요. 승진하려면 시키는 일을 잘해야지요. 상사가 술 마시는 걸 좋아하면 먹기 싫어도 같이 마셔야 할 때도 있어요. 하지만 농부는 월급 주는 사람도 없고 과장이나 부장으로 진급할 필요도 없어요. 날마다 면도하지 않아도 되니 멋있는 콧수염을 기를 수도 있고요. 하루 종일 흙 묻은 고무신을 신고 다녀도 아무도 나무라지 않아요. 얼마나 자유로워요. 세상에 어떤 직업도 농부만큼 자유롭지 않다고 생각해요.

물론 농부도 잘 보여야 할 대상이 있어요. 뭘까요? 하늘이에요. 하늘에서 비를 안 내려 주면 농사를 못 지어요. 햇빛이 없어도 농사를 못 지어요. 도시 사람들은 비가 온다고 하면 우산만 쓰면 그만이잖아요. 농촌 사람들은 비가 온다고 하면 뭘 하는지 아세요? 비설거지를 해야 해요. 국어사전에도 나와요. 비가 오기 전에 물건들을 비에 맞지 않게 거두거나 덮는 일을 비설거지라고 한답니다.

농부는 자고 일어나면 가장 먼저 하는 일이 하늘을 보고 날씨가 맑은지 흐린지 살피는 거예요. 날씨에 따라 그날그날 할 일을 정해야 하기 때문이지요. 오늘은 날씨가 흐리고 덥지 않으니 밭에 자란 풀을 매야지. 비가 알맞게 내리니 고구마 모종 심기 딱 좋네. 오늘은 아침부터 큰비가 내리니 '농부 생일'이다 생각하고 푹 쉬어야겠구나……. 이렇게 농부의 하루하루는 하늘의 도움을 받아야 해요. 그러니 하늘한테 잘 보여야 해요. 이해관계 때문에 사람한테 잘 보여야 하는 것보다 훨씬 낫지 않나요? 그러니 도시 사람들에 견주면 농부의 삶이 더 자유롭다 할 수 있지요.

3. 농부가 사라지면?

얼마 전, 초등학교에서 농사지으며 살아가는 이야기를 해 달라기에 찾아갔어요. 강연 장소가 마침 교실이라 옛날 생각을 하며 잠시 둘러보았어요. 가장 먼저 눈에 띈 것이 교실 벽에 붙어 있는 '장래 희망'이었어요. 의사 4명, 한의사 1명, 간호사 5명, 경찰관 4명, 과학자 1명, 대통령 1명, 선생님 10명, 요리사 1명, 소방관 1명, 축구 선수 3명, 연예인 4명, 모두 더하니 35명이었어요.

어린이들이 바라는 직업이라 예사롭게 보고 지나칠 수 있는 일이지만, 왠지 마음이 편하지 않았어요. 직업이 수천 수만 가지나 된다고 하지만, 그 가운데서 정말 있어서는 안 될 직업도 있고, 있어도 되고 없어도 되는 직업도 있어요. 그리고 없어서는 안 될 소중한 직업이 있지요. 그런데 여태 사람을 먹여 살렸고 앞으로도 사람을 먹여 살릴, 없어서는 안 될 농부가 되려는 어린이가 한 명도 없다니…….

나는 여러분이 철마다 들꽃이 피고 새들이 노래 부르는 숲으로 돌아가서 자연과 함께 자유롭게 살아가는 농부가 되는 꿈을 꿨으면 좋겠어요. 그렇다고 다 농부가 될 필요는 없고, 한 70%만 농부가 되었으면 좋겠어요. 존경할 만한 세계적인 석학들도 한 나라의 인구 분포가 농촌에 70%, 도시에 30% 정도는 되어야 한대요. 그래야 그 나라가 튼튼할 수 있대요. 그런데 우리나라 농촌 인구가 전체 인구의 몇 퍼센트쯤 되는 줄 아세요? 2012년까지는 그래도 7%는 됐는데, 2016년 12월 1일 기준 통계청 자료에 따르면 4.8%로 떨어지고, 농가는 전체 가구의 5.0%밖에 안 된대요.

여러분, 생각해 보세요. 농촌 인구가 70%는 되어야 나라가 튼튼하다고 할 수

있다는데 우린 고작 5%밖에 안 되니 이걸 제대로 된 나라라고 할 수 있겠어요. 더구나 이 5%도 안 되는 농촌 인구 가운데 60세가 넘는 노인들이 절반쯤 된대요. 시골에선 '58년 개띠'인 나 같은 사람도 젊은이에 속해요. 이삼십 대 젊은이는 눈을 씻고 보아도 찾기 어려운 곳이 바로 농촌이지요.

여러분이 사 먹는 국산 쌀이니 배추니 콩이니 하는 것들은 거의 60~80대 노인들이 농사지은 거예요. 우리 모두 그분들 덕에 안전한 국산 농산물을 먹고산다고 해도 지나친 말이 아니에요. 정말 부끄러운 일이지요. 부끄러움을 모르는 사람들이 사는 나라, 이걸 어떻게 나라라고 할 수 있겠어요. 젊은이들이 힘든 농사일을 해서 노인들을 먹여 살려야 할까요? 아니면 노인들이 힘든 농사일을 해서 젊은이들을 먹여 살려야 할까요? 조금만 생각해 보면 '그래, 이게 아니구나. 우리가 지금 거꾸로 살고 있어!' 이런 생각이 틀림없이 들 거예요.

'곡물 자급률'이라는 말 들어 봤나요? 우리나라 농부가 농사지은 곡물(사료용 포함)로 우리나라 사람들 가운데 얼마나 먹고살 수 있는지를 나타내는 숫자예요. 2013년 8월 30일자 〈농민신문〉에 따르면 곡물 자급률이 2010년 27.6%에서 2011년 24.3%, 2012년 23.6%로 떨어졌대요. 더구나 2010년 104.5%였던 쌀 자급률도 2012년 86.1%까지 떨어졌어요. 보리 자급률도 18.3%밖에 안 된대요. 더구나 여러분이 좋아하는 빵, 과자, 라면, 국수, 짜장면, 짬뽕, 피자 들을 만드는 밀 자급률은 2011년 1.9%에서 다시 1% 밑으로 떨어졌어요. 그렇다면 우리나라 사람들이 먹는 밀은 99% 이상 수입밀이라는 거지요. OECD(경제협력개발기구) 주요 국들의 곡물 자급률은 2009년 기준으로 스위스 205.6%, 프랑스 190.6%, 캐나다 143.5%, 미국 129.4%나 된다는데, 우리나라는 25%도 안 된다고 해요.

우리나라는 75% 넘는 곡물을 수입해서 먹고살아요. 백성들이 먹고사는 식량을 제 나라에서 생산하지 못하고 수입 농산물에 기대는 나라를 어찌 튼튼한 나라라고 떳떳하게 말할 수 있을까요. 만일 미국이나 호주 같은 나라에서 우리나라에 더 이상 밀을 수출하지 않겠다고 하면 어떻게 될까요? 지구 온난화로 말미암아 기상 이변이 일어나 홍수와 가뭄이 들었다고 생각해 봐요. "흉년이다 보니 우리 먹을거리조차 모자랄지 몰라 줄 게 없다."고 하면 어떻게 될까요?

당장 밀 한 품목만 수입이 중단돼도 식량난이 심각해질 거예요. 가장 먼저 여러분이 좋아하는 빵, 과자, 라면 같은 밀을 가공해 음식을 만드는 공장과 식당들이 모두 문을 닫아야 할 거예요. 물론 어느 정도 창고에 쌓아 둔 게 있겠지만, 밀 소비량의 99% 넘게 수입에 의존하기 때문에 금세 동나지 않겠어요. 수백만 명이 하루아침에 직장을 잃게 되는 문제도 발생할 거예요.

우리가 먹고사는 음식 가운데 약 35%가 밀로 만든 음식이래요. 그러니 얼마나 많은 사람들이 피해를 입겠어요. 이렇게 밀 한 품목만 수입되지 않아도 나라에 큰 혼란이 오는데 콩, 옥수수, 감자 같은 품목까지 들여올 수 없다면 우린 뭘 먹고 살 수 있을까요? 컴퓨터와 텔레비전을 씹어 먹고 살 수 있을까요? 냉장고와 자동차를 씹어 먹고 살 수 있을까요? 아니면 아파트 벽을 뜯어 먹고 살 수 있을까요? 여러분에게는 이제 필수품이 된, 잠시라도 없으면 불안한 스마트폰을 씹어 먹고 살 수 있을까요? 이런 안타까운 마음으로 쓴 시예요.

밥 한 숟가락에 기대어

밥 한 숟가락
목으로 넘기지 못하고
사흘 밤낮을
꼼짝 못하고 끙끙 앓고는

그제야 알았습니다.
밥 한 숟가락에 기대어
여태
살아왔다는 것을.

  사람은 밥 한 숟가락에 기대어 사는 거지요. 사람은 흙에서 난 것이 아니면 먹을 게 없어요. 그래서 누군가는 농사를 지어야 해요. 미국 농부든 칠레 농부든 중국 농부든 누군가가 땅을 갈고 씨를 뿌리고 가꾸어서 거둬들이기 때문에 우리가 살아갈 수 있는 거예요. 여러분이 좋아하는 아이돌 가수나 영화배우도 다 마찬가지예요. 인기 탤런트 송중기와 박보검도 축구 선수 박지성도 먹어야 살 수 있잖아요. 인간은 땅에서 난 것을 먹지 않고는 아무도 살아갈 수 없어요. 제 아무리 똑똑하고 잘난 사람이라 하더라도 농부가 키운 농산물을 먹지 않고는 살아갈 수 없어요. 신부, 수녀, 승려처럼 수행하는 분들도 마찬가지고요.

  어쩌다가 우리나라에 이런 안타까운 일이 일어났을까요? 가정에서, 학교에서, 사회에서 무엇을 보고 듣고 배우며 살았기에 이런 일이 일어났을까요? 어린이 여러분도 다 알고 있지요, 어른들이 만든 세상을. 그러니 누가 가르치지 않아도 이미 눈치챈 것이지요. 땀 흘려 일하고 정직하게 살면 '사람대접' 받으며 살 수 없다는 것을. 만일 어른들이 만든 이런 뒤틀린 세상을 여러분이 아무 생각도 없이 따라가다 보면 앞으로 어떤 일이 일어날까요? 혼자 상상을 하며 시 한 편 써 보았어요. 여러분도 틈을 내어 상상을 하며 시 한 편 써 보면 좋겠어요. 시를 쓰다 보면 어떻게 살아야 하는지 깨닫게 될 테니까요.

마지막 뉴스

시청자 여러분! 그동안 안녕하셨습니까? 지금 막 들어온 긴급 뉴스를 알려 드리겠습니다. 차마 고향을 버리지 못하고 농사짓고 살아가던 몇 안 남은 늙은 농부들이, 농사일 힘에 버거워 자기 먹을 농사만 짓기로 굳게 마음먹고 농산물을 팔지 않은 지 벌써 한 달이 지났습니다. 그래도 사람들은 큰 걱정을 하지 않았습니다. 왜냐면 돈이 있기 때문입니다. 돈만 있으면 수입 농산물을 얼마든지 사 먹을 수 있기 때문입니다. 그런데 설마 설마했던 일이 현실로 다가왔습니다. 한국 농부뿐만 아니라 중국, 미국, 인도, 칠레 세계 모든 농부들이 이 뜻에 함께하는 바람에 마구 들어오던 수입 농산물마저 완전히 끊겨 버렸습니다.

지금 전 세계, 모든 도시는 거의 먹고살기 위한 전쟁터로 변했습니다. 사람들은 굶주린 배를 움켜쥐고 대도시 큰 상점뿐만 아니라 마을 구멍가게까지 들어가 먹을 것을 훔치고 있습니다. 수십억 수백억짜리 예배당도 사람 그림자조차 찾을 수 없이 텅텅 비었습니다. 이제 평당 몇 천만 원 한다는 고급 아파트를 몇 만 원에 내놓아도 팔리지 않습니다. 잘 돌아가던 조선소도 자동차 공장도 문을 닫았습니다. 유명하다는 식당도 병원도 약국도 관공서도 모두 문을 닫았습니다.

그나마 불행 가운데 다행인 일은, 양심이 살아 있는 사람들이 함께 살길을 찾아 흙냄새 물씬 나는 농촌 들녘으로 돌아가고 있다는 것입니다. 도시에서 음식 쓰레기통을 뒤져 살아가던 쥐와 고양이와 새 들도, 사람들이 던져 주는 먹이로 살아가던 짐승들도, 사람들을 따라가고 있습니다. 밤마다 손님을 받느라 불도 안 끄고 잠도 자지 않던 편의점과 식당과 술

집과 노래방과 온갖 가게들, 그리고 화려하고 웅장한 모든 시멘트 건물이 하나둘 폐허로 변했습니다.

시청자 여러분! 이제 선택은 우리 몫입니다. 우리가 떠난 고향이 우리를 애타게 기다리고 있습니다. 어쩌면 집 나간 아들 기다리듯 오래전부터 우리를 기다리고 있었는지 모릅니다. 도시에서 갖은 쓰레기를 다 만들어 내면서 입으로만 지구를 살려야 한다, 양심을 지켜야 한다, 떠들어 대던 사람들도 제정신을 차리고 떠날 채비를 서두르고 있습니다.

시청자 여러분! 도시에서 들려 드리는 마지막 뉴스를 마치겠습니다. 저희 방송을 끝까지 시청해 주셔서 고맙습니다. 저희 방송국도 오늘 보따리를 쌌습니다. 그럼, 고향에서 다시 뵙겠습니다. 안녕히 계십시오.

　이 시를 읽고 나니 어떤 생각이 드는지요? 우리가 이대로 아무 생각도 없이 살아간다면 머지않아 이런 세상이 올지 누가 알겠어요. 아무리 하루하루가 바쁘고 고단하다 해도 한 번쯤 생각해 보아야 하지 않을까요. 농부가 사라진다면?

사람을 살리는 농사

4. 농업이 무너진 까닭

이 세상에서 가장 듣기 좋은 소리가 마른논에 물 들어가는 소리와 배고픈 자식들 목구멍에 밥 넘어가는 소리라 할 만큼, 먹고사는 일은 그 어떤 일보다 소중하지요. 옛날이나 지금이나 농부들은 가을걷이를 마치고 창고에 쌓인 곡식을 바라보면, 먹지 않아도 마음 든든하고 배가 부르다고 해요. 그래서 농부들은 아무리 늙고 병들어도 움직일 힘만 있으면 들로 나간답니다. 돈벌이가 되고 안 되고는 그다음 문제지요.

나라마다 역사와 문화가 다르고 땅과 기후에 따라 먹고사는 방법이 달라요. 그렇지만 어느 나라 백성이든 먹지 않고 살아갈 수는 없어요. 금강산도 식후경이라, 천하장사라도 먹어야 산다는 말이지요. 그래서 제 나라 백성들이 목숨을 이어 갈 양식을 스스로 마련하지 못하는 나라는 위험하고 불안한 나라예요. 어떤 나라가 석유나 황금 덩어리를 팔아서 우선 먹고살 수 있다 해도, 남의 나라에서 양식을 구하지 못하면 모두 굶어 죽기 때문이지요.

어느 대통령 후보는 농민 단체 지도부를 만나 농민은 지난 40년 동안의 숨은 공로자이자 가장 큰 피해자라면서, 사회 정책 차원에서 농민 지원을 아끼지 않겠다고 약속했어요. 그런데 그 사람이 대통령이 되고 나서 경남 도청에서 열린 경남 도민 간담회에 와서 이렇게 말했어요. "시장(市場)을 거역하면 손해를 봅니다. 지도자가 시장을 거역하면 그 지도자를 따르는 사람들이 손해를 봅니다. 저도 시장이 좋아 따라가는 것이 아닙니다. 시장을 따라가지 않으면 많은 어려움을 겪기 때문입니다."

우리 농업과 농촌이 무너진 가장 큰 까닭은 대통령뿐만 아니라 많은 사람이, 더구나 정치인들이나 전문가들까지도 이렇게 농업 문제를 시장 논리로만 생각하기 때문이에요. 농업은 공기, 물, 해와 같이 생명과 이어지는 산업이기 때문에 시장 논리로만 봐서는 안 되는 것이지요. 그런데도 농산물을 개방한 대가로 공산품을 수출해서 나라 경제를 살려야 한다고 생각하는 사람이 많아요. 그것도 돈이 많거나 잘 배웠다고 하는 사람들이 이런 말을 하니, 어찌 우리 농업 정책이 바른 길로 나갈 수 있겠어요. 우선 눈앞에 보이는 이익을 위해서 우리 농업을 구렁텅이로 몰아넣는 이런 사람들이 권력을 쥐고 있으니, 어찌 농부들이 마음 놓고 살아갈 수 있겠어요.

같이 생각해 볼까요? 중국에 자동차를 파는 조건으로 중국 양파와 마늘을 사들였어요. 그래서 양파와 마늘을 심은 우리나라 농부들이 팔 데가 없어 큰 손해를 보게 되었어요. 어찌하면 좋을까요? 자동차를 팔아서 남는 이익금은 당연히 농부들에게 돌려주어야 하지 않을까요? 바보가 아니면 모두 농부들에게 돌려주어야 한다고 할 거예요. 그런데 욕심 많은 자본가들이 다 챙겨 가고 농부들한테는 한 푼도 주지 않아요. 농부들이 애써 지은 귀한 밥을 먹고도 밥값을 하기는커녕 농부들의 밥그릇까지 강제로 빼앗아 가는 못된 사람들이 많아요. 이런 일이 자꾸 일어난다면 농부들은 어찌 살아갈 수 있겠어요. 수십 년 동안 공업과 수출 때문에 우리나라 농업이 무너졌다고 해도 결코 지나친 말이 아니에요.

5. 빗장 풀린 농업 시장

여러분은 자유무역협정(FTA)이란 말을 들어 봤는지요? 학교에서도 배웠을 테고, 신문을 보거나 텔레비전 뉴스에서 들어 봤을 거예요. 자유무역협정이란 협정을 맺는 나라와 나라 사이에 관세를 부과하지 말고 자유롭게 무역을 하자는 협정이에요. 예를 들어 '한국-칠레 자유무역협정'을 살펴볼까요. 칠레가 속한 18개 농산물 수출국으로 구성된 케언스 그룹은, 지난 1986년에 열린 우루과이 라운드 협상 때 미국과 힘을 합쳐 우리나라와 같은 농산물 수입국이 시장을 개방하도록 압력을 넣었어요.

자유무역협정이 성공할 수 있는 전제 조건 가운데 하나는 두 나라의 산업이 상호 보완적이어야 한다는 것이에요. 다시 말해 협정을 맺는 나라끼리 농산물과 공산품의 거래가 아니라, 그 나라를 대표하는 농산물과 농산물을 거래하고 그 거래가 자기 나라에 도움이 되어야 해요.

'칠레-캐나다 자유무역협정'의 경우 칠레는 과일을 수출하는 대신 캐나다로부터 곡물을 수입하고 있어요. 또, '멕시코-미국 자유무역협정'의 경우 멕시코는 열대 과일을 수출하는 대신 미국으로부터 채소를 수입하고 있어요. 그런데 우리나라와 칠레는 서로 주고받을 수 있는 품목이 거의 없다는 것이 문제예요. 오히려 두 나라 모두 과수 산업과 축산업 분야를 키우고 있어 보완 관계보다는 치열한 경쟁 관계에 있지요. 그래서 우리나라 농민 단체 회원들이 목숨을 걸고 '한국-칠레 자유무역협정'을 반대하였답니다.

자유무역협정이 우리나라에 지금 당장 이로운 방향으로 체결된다 해도 또 다른 문제가 남아 있어요. 농민들이 여러 가지 농산물을 심어서 자급자족할 수 있어야 어떠한 기상 이변에도 살아남을 수 있는데, 값이 싸다고 여러 농산물을 자꾸 수입하다 보면 농민들은 돈이 되는 농사만 짓게 되겠지요. 그러다 보면 농산물 가격이 폭락할 수도 있고 폭등할 수도 있어요.

그리고 몇 가지 농사만 짓다 보면 지역 자연환경과 기후에 알맞은 지역 농업과 토종 종자마저 사라지고, 두 번 다시 우리 품종을 되살릴 수 없게 될 거예요. 또 날이 갈수록 식량 자급률이 떨어지고, 식량 식민지가 되어 나라가 힘을 잃게 될 거예요. 그래서 자유무역협정은 나라와 나라가 평등한 관계에서, 어느 나라에도 피해가 가지 않도록 서로 존중하고 양보하면서 이루어져야 해요. 그런데 우리나라 농업과 농촌은 날이 갈수록 선진국들의 '힘'에 밀려 벼랑 끝에 서게 되었어요.

6. 조화로운 사회를 만드는 농업

자공(子貢)이 스승인 공자(孔子)에게 물었어요.

"나라를 제대로 다스리려면 어떻게 해야 합니까?"

공자가 대답하길,

"식량과 무기를 충분히 준비하고 백성들의 신뢰를 얻어야 한다."

자공이 다시 묻기를,

"그 세 가지 가운데 반드시 하나를 버려야 한다면 어떻게 해야 합니까?"

이에 공자는,

"무기를 버려라."

하고 말했어요. 옛날부터 식량 안보를 군사 안보보다 중요하게 여겼다는 것을 후손들에게 가르쳐 주는 이야기지요.

해마다 나라 곳곳에서 기상 이변이 일어나 농경지가 물에 잠기거나 떠내려가고, 가뭄으로 물이 모자라서 애써 심고 가꾼 곡식들이 말라 죽고 있어요. 인도네시아는 아이엠에프 외환 위기 때, 쌀값이 열 배로 올랐다고 해요. 우리나라는 다행히 창고에 쌀 재고가 있어서 '쌀값 폭등'이 일어나지 않았지만, 우리나라도 인도네시아처럼 쌀값이 열 배쯤 올랐더라면 사람들이 얼마나 힘들었을까요? 생각만 해도 끔찍해요. 그러니 식량은 멀리 내다보고 대비해야만 해요.

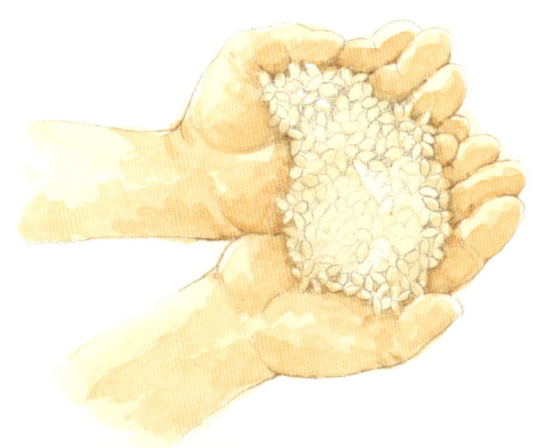

가만히 눈을 감고 상상해 보세요. 만약, 지금 농촌 지역에서 농사를 짓지 않는 다면 어떻게 될까요? 논밭에 잡초가 우거지고, 과수원마다 병해충들이 우글거리겠지요. 잿빛 공장이나 아파트가 들어섰다고 상상해 보세요. 아니면 높고 화려한 빌딩과 골프장이 들어섰다고 상상해 보세요. 산밭에 예쁘게 핀 감자꽃도, 싱싱한 배추도, 보기만 해도 먹음직스러운 사과도, 황금물결 넘실거리는 가을 들녘도 두 번 다시 볼 수 없게 되겠지요.

그리고 수입 개방으로 말미암아 농촌이 없어지고 나면 농사짓던 농민들은 어디서, 어떻게 살아갈까요? 한평생 배운 게 농사뿐인 분들이에요. 농사를 짓지 못하게 되면 모두 도시로 몰려가거나, 일을 하지 못한 채로 나라의 도움만 기대서 살아야 할 거예요. 도시에서 일자리를 얻으려고 서로 경쟁이 벌어지고 서로 속이고 미워하고 괴롭히지 않을까요? 많은 사람이 한데 모여 살면 서로 살아남기 위해 '보이지 않는 전쟁'이 일어날 거예요. 집이 모자라 자꾸 집을 지어야 할 것이고, 날이 갈수록 집값은 폭등할 것이고, 가난한 이들은 집을 구하느라 온갖 고생을 다 하겠지요. 늘어나는 자동차 때문에 길을 넓혀야겠지요. 자동차가 늘어나면 공기와 물이 더러워지면서 환경이 오염되고, 사람들은 여러 가지 알 수 없는 병이 들 거예요.

이런 끔찍한 일을 겪지 않으려면 몇 안 남은 늙은 농부들이 세상을 떠나기 전에, 슬기롭고 용기 있는 젊은이들이 농촌으로 돌아와 농사를 지어야 해요. 그래서 자라나는 어린이들의 앞날을 꼭 지켜 주어야 해요. 이게 바로 젊은이들에게 주어진 이 시대의 사명이지요. 사명이란 저 멀리서 가물거리는 허상이 아니라 우리 가까이에 있는, 우리가 할 수 있는 일을 하는 것이니까요. 많은 일을 이루려면 우선 한 가지부터 실천해야 해요. 내일이 아니라 오늘, 텃밭에 거름을 넣고 땅을 갈아 씨를 뿌리는 거예요. 내일은 무슨 일이 일어날지 아무도 모르니까요.

농촌이 무너지면 농촌만 무너지는 것이 아니라 나라 전체가 혼란에 빠지게 되지요. 농촌은 나라의 정원이고 우리 마음의 고향이며 겨레를 먹여 살리는 생명 창고예요. 그리고 농촌은 사람들에게 일자리를 주고, 사회가 고루고루 발전할 수 있도록 버팀목이 되어 준답니다. 그러니 우리 힘으로 반드시 농촌을 살려야 해요.

7. 우리 몸과 마음을 살리는 농업

잘 알고 지내던 친구가 까닭도 없이 몸이 무겁고 자주 아파서 크고 이름난 병원을 찾아 온갖 검사를 다 해 보았어요. 그런데도 특별한 병명이 나오지 않았어요. 참 안타까운 일이지요. 그래서 몸과 마음을 하나로 여기며 공부하는 마음으로 환자를 돌보는 어느 한의사를 찾아갔어요. 친구 말을 가만히 듣고 있던 한의사가 '특별 처방'을 내렸어요. "일 년 동안만 산골 마을에 가서 살아보세요. 세상 걱정 내려놓고 땀 흘려 농사지으며 지낸 다음에 다시 진찰받으러 오세요. 일 년 뒤에는 틀림없이 차도가 있을 거라 생각해요."

그 친구는 한의사가 시키는 대로 산골 마을에 들어가서 작은 흙집과 논밭을 조금 빌려 땀 흘리며 농사를 지었어요. 맑은 공기와 깨끗한 물을 마시며 산과 들에 나는 나물로 밥상을 차려 먹었더니 하루하루 몸이 가벼워졌어요. 일 년이란 세월이 금세 흘러갔지요. 그 친구는 다시 한의사를 찾아갔어요. 아픈 데가 있느냐고 묻는 한의사한테 그 친구는 아픈 데가 없다고 했어요. 병이 저절로 다 나은 거지요.

나는 그 친구를 보면서 문득 어린이 여러분이 떠올랐어요. 날마다 마시는 물조차 돈을 주고 사 먹는 도시에서, 날마다 마시는 공기조차 자동차와 공장 매연 따위로 더럽혀진 도시에서, 돈이 있어도 먹을거리조차 마음 놓고 사 먹을 수 없는 도시에서, 어른들이 억지로 시키는 '공부'에 시달려 마음껏 뛰놀 수조차 없는 도시에서, 그 도시에서 자유와 행복이 무엇인지도 모르고 몸과 마음이 병들어 가는 여러분이 떠올라 마음이 아팠어요.

여러분이 자유롭고 행복하지 않다면 어른들도 결코 자유롭고 행복할 수 없어요. 만일 어른 가운데 어느 누가 자신 있게 '나는 행복하다!' 라고 해도 그 행복은 오래가지 못할 거예요. 왜냐하면 '어른의 아버지'인 여러분이 행복하지 않은데 어찌 그 행복이 오래갈 수 있겠어요.

아름다운 자연 속에서 건강하고 행복하게 살 수 있는 세상을 여러분한테 물려주지 못하고, 오염된 환경과 온갖 비리와 속임수가 판치는 세상을 물려주게 되었으니 입이 열 개라도 할 말이 없어요. 어른들은 수십 년 동안 '경제 성장'이라는 괴물한테 몸과 마음을 빼앗겨 여러분의 앞날을 생각하지 못하고 살았어요. 어른으로서 참 잘못 살아온 것이지요. '어른들이 만들어 놓은 뒤틀리고 어지러운 세상에서 여러분이 하루하루 얼마나 힘겹게 살고 있을까?' 생각하면 할수록 부끄러워 얼굴을 들 수가 없어요.

어른들은 여러분을 위해서 어떻게 살아야 하는지 다 알고 있어요. 가난하든 부유하든, 공부를 잘하든 못하든, 사람은 누구나 두려움 없이 당당하게 살아가야 한다는 것을. 지금 우리를 지배하고 있는 모든 가치 체계와 생활 방식을 바꾸어야만 자유롭게 살 수 있다는 것을. 자연과 사람을 병들게 하는 메마른 도시를 떠나 농촌(자연)으로 돌아가는 것이 우리 모두를 살리는 지름길이란 것을. 그런데 왜 도시에서 아득바득 살아가느냐고요? 사람마다 처지가 다르듯이 여러 가지 까닭이 있겠지요. 그러나 몸과 마음에 깊은 병이 들기 전에 용기를 냈으면 좋겠어요. 어른들이 이런저런 욕심을 내려놓고 자연 속에서 자연을 따라 자연의 한 부분으로 살아간다면 여러분도 새처럼 자유롭게 살 수 있지 않을까요?

8. 우리 함께 살려야 할 농업

일찍이 다산 선생이 제안한 삼농(三農) 정책은 오늘 우리에게도 꼭 필요한 정신이며 정책이에요.

"농업이란 하늘과 땅과 사람이라는 삼재(三才)가 어울려 농업의 도(道)를 일궈 감에 있어, 민관이 화목하고 서정(庶政)이 올발라야 함을 강조한다. 말하자면 자연과 인간이 화목하고 조화를 이뤄야 한다는 점을 명백히 한 것이다. 특히 농업은 처음부터 세 가지 불리점(不利点)이 있는 바, 이를 극복하기 위해서는 다음과 같은 농민 살리기 삼농(三農) 정책을 펼쳐야 한다.

첫째는 농사란 장사보다 이익이 적으니 정부가 여러 정책을 통하여 '수지맞는 농사'가 되도록 해 주어야 하며, 둘째는 농업이란 원래 공업에 견주어 농사짓기가 불편하고 고통스러우니 정부는 경지 정리, 관개 수리, 기계화를 통하여 농사를 편히 지을 수 있도록 하여야 할 것이며, 셋째는 일반적으로 농민의 지위가 선비보다 낮고, 사회적으로 대접을 제대로 받고 있지 않음에 비추어 농민의 위상을 높이는 정책을 펼쳐야 할 것이다."

이런 훌륭한 생각을 가진 사람들이 학교에서 학생들을 가르치고, 그 학생들이 자라 정치를 하고, 기업을 이끌어 간다면 우리나라 농업은 어떻게 달라질까요? 생각만 해도 마음이 설레지요.

9. 흙 살리기

오랜만에 산골 마을에 친구들이 찾아왔어요. 점심때가 되어 댐이 내려다보이는 어느 식당으로 갔어요. 나는 농사일을 하다가 옷도 갈아입지 못하고 나서는 바람에 바지에 흙이 묻어 있었어요. 대충 털고 식당 안으로 들어가는 내게 식당 주인이 퉁명스럽게 말했어요.

"바지에 더러운 흙이 묻어 있는데, 좀 깨끗하게 털고 들어가세요."

나는 아무 말 없이 밖으로 나가 흙을 털고 다시 식당 안으로 들어갔어요. 갑자기 안타까운 마음이 들었어요. 농부들이 심고 가꾸어 준 농산물로 식당을 운영하여 밥을 먹고사는 식당 주인이 흙을 더럽다고 하다니!

흙을 사랑한다는 것은 흙 속에 있는 생명을 사랑한다는 것이고, 흙에서 난 것을 먹고사는 사람을 사랑한다는 것이지요. 흙이 없으면 집 지을 나무도, 실 잣는 솜도, 곡식 한 톨도 구할 수 없어요. 그래서 흙을 만물을 먹여 살리는 어머니라 해요.

옛 어른들은 뜨거운 물을 버릴 때 꼭 식혀서 버렸다고 해요. 까닭도 모르는 젊은 며느리가 뜨거운 물을 마당에 버릴라 치면 시어머니가 이렇게 말했대요.

"눈 감아라, 눈 감아라."

왜 이런 말을 했을까요. 현미경이 없어 미생물이 무엇인지 몰라도 흙 속에는 숱한 생명이 산다는 것을 아셨기 때문이겠지요. 뜨거운 물이 땅에 스며들어가 땅속에 사는 벌레들 눈에 들어가면 앞을 보지 못할 거라 걱정하며 그런 말을 했겠지요. 그만큼 생명을 소중하게 여겼다는 말이지요.

하나밖에 없는 지구를 덮고 있는 흙, 이 흙 1㎝가 쌓이는 데 넉넉잡아 400년이 걸리고, 콩알 반쪽밖에 안 되는 흙 알갱이 속에도 눈에 안 보이는 미생물이 무려 2억 마리나 살고 있어요. 그러니 흙 한 줌 속에 살고 있는 생명이 지구에 사는 사람을 모두 합친 것보다 더 많은 셈이지요. 그래서 흙을 자연이 만들어 낸 최고 걸작이라 해요.

흙은 환경을 보전하는 정화 능력을 갖고 있으며, 풍수해를 막고, 산소를 생산하며, 유해 가스를 흡수하여 공기를 맑게 해요. 기온과 습도를 조절하고, 세상 모든 물질을 품어 썩게 하여 그 힘으로 새로운 생명과 에너지가 생겨나게 하지요. 흙은 사람과 자연 생태계의 균형을 잡아 주는 주춧돌이랍니다. 나무 그늘 아래에 앉아 보면 누구나 느낄 수 있어요. 흙이 있어 나무가 있고, 나무가 있어 우리가 숨 쉬고 살아간다는 것을.

살아가다 보면 무슨 일이든 마음먹은 대로 되지 않을 때가 많아요. 그럴 때는 흙냄새를 맡아 보세요. 신비스러운 흙냄새가 몸속으로 깊이 들어와 흔들리는 마음을 바로잡아 줄 거예요. 맨발로 밭둑을 걷거나 산길을 걸으면 몸과 마음에 깃든 병이 훨씬 가벼워질 거예요. 바쁠수록 억지로라도 틈을 내어 흙을 밟아 보세요. 사람은 흙에서 태어나서 흙에서 나온 것을 먹고 살다가, 죽으면 흙으로 돌아가지요. 그러니 사람이 곧 흙이며 흙이 사람이지요.

이렇게 소중한 흙이 마구 뿌려 대는 화학 농약과 화학 비료 때문에 죽고, 자동차 매연 때문에 죽고, 온갖 생활 폐수 때문에 죽고, 아스팔트와 시멘트 때문에 숨 한번 제대로 쉬지 못하고 있어요. 흙이 병들면 이 지구에서 건강하게 살아갈 생명은 하나도 없는데도 말이지요.

10. 똥 살리기

사람들이 정착 생활을 하면서, 정해진 한곳에서 농사를 지으면서부터 땅의 힘이 약해지면 농사가 잘되지 않는다는 것을 알게 되었어요. 그렇게 약해진 힘을 북돋워 주려고 똥오줌을 농사에 쓰기 시작했어요. 그러나 보니 그 귀한 똥을 얻으려고 '똥도둑'이 생기기도 했지요. 때론 똥오줌을 구하기 위해 남의 집에 땔감을 해 주기도 하고 똥과 곡식을 바꾸기도 했어요. "밥은 나가서 먹어도 똥은 집에서 눈다."는 옛말의 뜻을 농사꾼이 되어서야 조금 깨달았어요. 어린 시절, 똥을 유산으로 남기고 돌아가신 할머니를 그리며 쓴 시예요.

아름다운 시절

똥이 진짜 좋은 거름이었던 시절
잔칫집에 가면 꼭꼭 씹어서 천천히 먹고
똥이 마렵거든
꼭 집에 와서 눠야 한다던 할머니는

우리가 눈 똥이 논밭 거름이 되고
다시 밥이 되고 반찬이 된다고
자식만큼이나 똥을 귀하게 여겼다.

똥 굵기와 빛깔을 보면
병이 있는지 없는지

척척 알아맞히시던 할머니는

노란 은행 이파리 뚝뚝 떨어지던
늦가을 저녁에
죽기 전에 손이나 한번 잡아 보자
잡아 보자 하시더니
똥 한 덩이 남기고 돌아가셨다.

똥은 음식이 소화되어 몸 밖으로 나오는 찌꺼기지만 여전히 많은 영양분이 남아 있어요. 그래서 이 똥이 다시 밥을 만드는 데 좋은 거름이 된다고요. 거짓말이 아니에요. 농부들은 농사지을 때 거름이 꼭 필요해요. 사람이 땅이 주는 대로 먹으려면 거름이 필요 없지만, 사람은 땅이 그저 주는 것만으로는 살아갈 수 없어요. 그래서 땅에 거름을 넣고 이랑을 갈아 씨를 뿌리고 가꾸는 것이지요. 농부는 땅에서 받은 만큼 돌려주기 위해 거름을 넣는다고 생각해요. 그래야만 겸손하고 기쁜 마음으로 농사일을 할 수 있을 테니까요.

여러분이 날마다 하루도 빠짐없이 눈 그 많은 똥오줌은 어디로 갈까요? 한 번쯤 생각해 보셨나요? 가정 폐수와 함께 하수관을 통해 하수 처리장으로 가지요. 그곳에서 약품 처리도 하고 여러 가지 과정을 거쳐 정화된 물은 바다든 어디든 흘려보내고 찌꺼기는 땅에 묻거나 태워 버린답니다. 그러니 논밭에 거름으로 쓸 수 없는 거지요. 황금보다 귀한 똥오줌을 그냥 땅에 묻거나 태워 버리거나 물에 흘려보내 버린다니! 여러분은 참 아깝다는 생각이 들지 않습니까? 이처럼 우리는 아무 부끄러움도 없이 똥오줌을 함부로 버리고 있어요.
　더구나 수세식 화장실에서 똥오줌을 처리하기 위해서는 많은 물이 필요하며, 배설물에 의한 부영양화(일정한 곳에 갇힌 물에 하수나 공장 배수 등이 흘러들어, 물속의 영양 염류인 질소나 인 등의 양이 늘어나는 현상)로 수질 오염이 발생한대요. 결국 자연을 오염시키고 해치게 된다는 말이지요. 서울과 수도권의 화장실에서 쓰는 물의 양만 해도 1년에 6억 6,000만 톤이나 된다고 해요. 수세식 화장실은 똥오줌을 처리하는 데 똥 무게의 50배 이상의 물을 써야 하니까요.

나는 사람이 태어나서 해서는 안 되는 부끄러운 일 가운데 하나가 바로 자기가 눈 똥오줌을 수세식 변기에 버리는 것이라고 생각해요. 도시에서 사는 여러분에겐 지극히 당연하고 자연스러운 일이겠지만요. 똥오줌을 거름으로 만들어 흙으로 돌려주면 곡식도 자라고 과일도 자랄 텐데, 이것을 물과 섞어서 버리기 시작하면서부터 지구 환경에 문제가 생기기 시작했어요. 어떤 학자들은 수세식 변기로부터 지구 오염이 시작되었다고 해요.

혹시 사람 배속에 똥오줌이 얼마나 들어 있는지 아는 사람 있나요? 사람마다 조금씩 다르겠지만 누구나 배속에 똥이 들어 있어요. 사람은 똥을 안고 살다가 똥을 안고 죽지요. 누가 우스갯소리로 그러더군요. 사람은 똥 만드는 기계라고요. 똥을 잘 만들어 잘 누면 건강하게 살 수 있고, 똥을 잘 만들지 못하면 건강한 삶을 누릴 수 없는 게 사람이니까요.

조금 전에도 말했듯이 농부가 농사를 지으려면 가장 필요한 게 거름이에요. 그럼 거름은 무엇으로 만들까요? 바로 똥오줌으로 만듭니다. 내가 초등학교에 다닐 때는 학교 마치고 나면 가방을 내팽개치고 길거리에서 소똥을 줍느라 해질 녘까지 돌아다녔어요. 농사 많이 짓는 농가에 소똥을 가져다주면 돈으로 바꿔 주었거든요. 그 돈으로 연필을 사고 책도 사고 그랬어요. 사람이나 짐승의 똥오줌은 더러운 게 아니라 귀한 거름으로 쓰였어요.

사람이 눈 똥오줌은 거름으로 쓰기에 좋아요. 영양가 있는 음식을 사람이 가장 많이 먹기 때문이지요. 생각해 봐요. 사람은 못 먹는 게 없는 잡식이에요. 상추, 배추, 된장, 고추장, 포도, 사과, 미역, 다시마, 멸치, 갈치, 고등어, 닭고기, 돼지고기, 오리고기…… 몸에 좋다고 하면 별 희한한 것까지 닥치는 대로 다 먹어요. 그러나 아무리 영양가 있는 음식을 먹어도 우리 몸은 30% 정도만 흡수하고 나머지는 똥오줌으로 나온대요. 그래서 사람 똥오줌에는 영양 성분이 아주 많아요. 이 정도 말씀드리면 왜 사람 똥오줌이 좋은 거름이 되는지 알겠지요.

권정생 선생님이 쓴 《강아지똥》이란 창작 그림책을 알고 있나요? 이 책은 아무짝에도 쓸모없는 것처럼 여겨지던 강아지똥이 민들레꽃을 피워 내는 소중한 거름이 되는 이야기를 통해 생명과 자연의 소중함을 가르쳐 주고 있어요.

권정생 선생님이 병으로 지쳐 있을 때 처마 밑에 버려진 강아지똥이 비를 맞아 흐물흐물 녹아내리며 땅속으로 스며드는 모습을 보게 되었어요. 며칠이 지나, 강아지똥이 스며 녹아내린 바로 그 자리에 놀랍게도 앙증맞은 민들레꽃이 피어나고 있었대요. 권정생 선생님은 순간 '아, 저거다!' 라는 생각이 들었대요. 강아지똥과 같이 보잘것없는 것도, 남들에게 천대만 받는 저런 것도, 자신의 온몸을 녹여 한 생명을 피워 낸다는 사실에 깊은 감동을 받고 눈물을 흘리셨다고 해요. 그러시고는 며칠 밤을 새워 강아지똥 이야기를 썼답니다.

더구나 《강아지똥》 창작 그림책에 그림을 그린 정승각 선생님은 강아지가 똥 누는 모습을 관찰하기 위해 강아지 뒤를 넉 달 동안 졸졸 따라다녔다고 해요. 그 뒤, 강아지똥의 모형을 찰흙으로 뜨고 밑그림을 그리는 데 두 달, 그러고도 다시 몇 달씩 바라보다 마침내 강아지똥이 살아 움직이는 느낌을 받고 나서야 붓을 잡아 그림을 그렸대요. 그 이야기를 듣고 저는 가슴이 찡했어요. 마음 같아서는 《강아지똥》을 다 읽어 드리고 싶지만, 이 부분만 읽어 보겠어요.

보슬보슬 비가 내렸어요. 강아지똥 앞에 파란 민들레 싹이 돋아났어요.
"너는 뭐니?"
강아지똥이 물었어요.

"난 예쁜 꽃을 피우는 민들레야."

"얼마만큼 예쁘니? 하늘의 별만큼 고우니?"

"그래, 방실방실 빛나."

"어떻게 그렇게 예쁜 꽃을 피우니?"

"그건 하느님께서 비를 내려 주시고, 따뜻한 햇볕을 쬐어 주시기 때문이야."

"그래애……. 그렇구나……."

강아지똥은 민들레가 부러워 한숨이 나왔어요.

"그런데 한 가지 꼭 필요한 게 있어."

민들레가 말하면서 강아지똥을 봤어요.

"……."

"네가 거름이 돼 줘야 한단다."

강아지똥은 화들짝 놀랐어요.

"내가 거름이 되다니?"

"네 몸뚱이를 고스란히 녹여 내 몸속으로 들어와야 해. 그래야만 별처럼 고운 꽃이 핀단다."

"어머나! 그러니? 정말 그러니?"

강아지똥은 얼마나 기뻤던지 민들레 싹을 힘껏 껴안아 버렸어요.

여러분은 《강아지똥》 이야기를 듣고 나니 어떤 생각이 드나요? 강아지똥이 없으면 어떻게 민들레가 꽃을 피울 수 있겠어요. 하물며 사람 똥은 강아지똥보다 더 좋은 거름이잖아요. 그런데 우리는 아무 생각 없이 황금보다 소중한 똥을 수세식 변기에 버리고 있어요. 강아지똥도 사람 똥도 다 쓸모가 있듯이 사람인 우리도 마찬가지예요. 이 세상에 쓸모없는 사람은 없어요. 남들이 뭐라 해도, 자신의 존재 가치를 발견하면 스스로 사랑하게 되고 생명의 소중함을 느끼게 되지요.

서양에서는 100년만 농사를 지어도 땅이 메말라 사막화 현상이 나타나는 데 견줘, 동양은 4,000년 넘게 농사를 지어도 왜 사막화가 되지 않을까라는 궁금증을 품은 미국 농무부의 한 공무원이 있었대요. 그이는 한국과 중국 그리고 일본의 농촌 지역을 1년 가까이 답사한 끝에 똥, 치수 정책, 혼작(섞어짓기) · 간작(사이짓기) · 윤작(돌려짓기)으로 농사짓는 데서 그 답을 찾았다고 합니다.

우리나라 농촌진흥청에서 '토양의 화학적 특성 실험'을 했는데, 똥을 거름으로 만들어 농사지은 땅에 유기물과 미네랄이 몇 배나 많았다고 해요. 그뿐만이 아니에요. 일본 과학기술청에서 '일본 시금치 미네랄(철분) 감소 추이'를 연구하여 발표(SBS 특집 다큐 〈똥, 땅을 살리다〉, 2009년 2월 18일)한 조사서를 보면 자연 비료(똥오줌)로 농사지으면 화학 비료로 농사지은 농산물보다 영양가가 10~20배 남짓이나 많다고 합니다. 1952년도 시금치 한 단과 1993년도 시금치 열아홉 단의 영양가가 같고, 1952년도 당근 한 개와 1993년도 당근 열 개의 영양가가 같으며, 1952년도 귤 한 개와 2001년도 귤 스무 개의 영양가가 같다고 해요. 이제 더 말하지 않아도 똥오줌이 황금보다 귀하다는 것을 알 수 있겠지요.

여러분은 혹시 생태뒷간이라고 들어 봤나요? 어쩌면 이런 말을 처음 듣는 어린이도 있을 거예요. 나는 산골 농부가 되고 나서야 생태뒷간을 지었어요. 층계를 대여섯 개 올라가면 똥오줌 누는 곳이 있어요. 거기에 앉아 편안히 볼일을 보면 남자든 여자든 상관없이 똥은 바로 밑으로 떨어지고 오줌은 깔때기를 통해서 따로 빠지게 돼 있어요. 오줌 내려가는 각도를 잘 맞춰 놨기 때문에 '정조준'하려고 억지로 애쓰지 않아도 돼요. 그렇게 따로 모아진 똥오줌은 몇 달 지나면 논밭에 거름으로 쓰인답니다.

그런데 똥을 누고 나서 해야 할 일이 있어요. 작은 단지 안에 잘 섞어 놓은 왕겨와 재를 바가지로 퍼서 똥 위에 덮어 주고 나와야 해요. 왕겨는 벼의 겉껍질을 말하는 거예요. 왕겨에는 미생물이 어마어마하게 많다고 해요. 재는 불에 타고 남은 가루지요. 우리 집은 아궁이에 땔감을 지펴 방을 따뜻하게 데워 살아가기 때문에 재가 늘 아궁이에 있답니다.

이 재는 벌레를 쫓아내는 효과가 있다고 해요. 옛날에는 배추밭이든 오이밭이든 벌레가 이파리를 갉아 먹으면, 이파리에 재를 뿌렸다고 해요. 지금도 우리 마을 할머니들은 틈만 나면 밭에 재를 뿌려요. 더구나 재는 아주 좋은 거름이 되기도 하고, 병든 땅을 치유하는 역할도 한대요. 그래서 똥 위에 왕겨와 재를 덮어 두면 냄새도 줄이고 구더기가 생기지 않아요. 참, 똥을 덮어 줄 때는 허리를 90도로 숙여야만 해요. 왜냐면 허리를 숙이지 않으면 왕겨와 재가 날리기 때문이지요. 허리를 숙이면서 '사람에 대한 예의만 있는 게 아니라 똥에 대한 예

의도 있구나.' 하고 생각하면 기분이 좋아져요.

똥통에 똥이 어느 정도 차면 나는 아내와 함께 똥통을 들고 집 둘레에 있는 거름더미로 가져가요. 다른 거름들(음식 찌꺼기, 가랑잎, 깻묵, 부엽토, 짐승들의 똥오줌)과 같이 잘 섞어 한 해 남짓 덮어 두었다가 가끔 뒤적거려 주면 좋은 거름이 된답니다. 이렇게 생태뒷간을 지으면 똥과 오줌을 하나도 버리지 않고 거름으로 만들어 쓸 수 있어요. 이다음에 여러분이 농부가 된다면 생태뒷간을 꼭 지어 보세요. 참으로 가슴이 뿌듯할 거예요.

지나가던 길이나 일부러 우리 집에 들르게 된다면 지켜야 할 것이 있어요. 휴게소에서 똥오줌을 누지 말고, 우리 집에 와서 눠야 해요. 쓸데없는 선물 같은 거 사 올 생각 하지 말고 그냥 배속에 똥오줌만 가득 채워 오면 돼요. 단, 여기서 한 가지 더 지킬 게 있어요. 우리 집에 오기 이삼 일 전부터 불량 식품을 먹으면 안 돼요. 불량 식품을 먹고 똥을 누면 어떤 똥이 나올까요? 물어보나 마나 불량 똥이 나오겠지요. 불량 똥으로 거름을 만들어 곡식을 키우면 당연히 불량 곡식이 나오고요. 그러니 똥만큼 정직한 게 없어요.

여러분이 좋아하는 음식은 안타깝게도 대부분 수입 농산물로 가공한 불량 식품이 많아요. 화학 농약과 화학 비료로 생산한 것이지요. 토종 씨앗은 자꾸 사라지고 '터미네이터 종자(Terminator Technology seed)'라고 하는 '불임 씨앗'부터 '프랑켄슈타인 식품'이라고 하는 '지엠오(GMO:Genetically Modified Organism) 식품'에 이르기까지 갖가지 괴물 씨앗으로 키운 게 많아요. 더구나 수입 농산물은 운반하는 과정에서도 오랜 시간 동안 배를 타고 와야 하기 때문에 방부제 처리도 했을 거예요. 이 모두 우리 몸에 좋을 게 없어요. 더구나 방부제가 많이 들어 있는 음식을 먹으면 방부제 때문에 똥이 발효가 잘 안 된대요. 구더기도 싫어한대요. 감자를 먹고 똥을 누면 감자 똥이 나오고 고구마 먹고 똥을 누면 고구마 똥

이 나오는 것과 같은 이치죠.

엊그제 도시에 사는 사람들이 우리 집에 왔다 갔어요. 그날 저녁에 마을 할머니들이 이렇게 얘기해요. "이 집에 또 도시 사람 왔다 갔제. 우찌 이리 냄새가 지독하노." 어느 나라에서, 누가, 어떻게 생산하여, 어떤 과정을 거쳐 왔는지도 모르는 닭고기, 돼지고기, 아이스크림, 라면, 빵, 과자, 짜장면, 햄버거, 피자 같은 걸 먹고 불량 똥을 누었으니 어찌 지독한 냄새가 나지 않겠어요.

그러니까 우리 집에 올 때는 적어도 이삼 일 전부터 우리나라 농부들이 친환경 농법으로 정성껏 농사지은 현미잡곡밥에 김치와 된장과 같은 건강한 음식을 먹어 주세요. 조상 대대로 먹어 왔던 음식이지요. 빈속에 먹어도 아무 탈이 없는 우리 음식이 몸에 좋아요. 약속 잘 지킬 수 있지요? 휴게소에서 똥 누지 말고, 우리 집에 와서 똥 한 무더기 누고 가는 거 말이에요.

이 세상 황금 덩어리를 다 준다 해도, 한국은행에 있는 돈을 다 준다 해도, 여러분이 눈 똥오줌하고 바꿔선 안 돼요. 여러분이 눈 똥오줌은 사람을 살릴 수 있기 때문이지요. 사람을 살리는 걸 어떻게 황금이나 돈 따위와 바꿀 수 있겠어요.

이제는 수세식 변기를 쓸 때마다 이렇게 얘기해 보세요. "이 세상 모든 황금보다 귀한 내 똥오줌아! 이 세상 모든 돈보다 소중한 내 똥오줌아! 정말 미안하다. 나를 살리고 우리 식구들을 살려 준 너를 물에 섞어 버리게 되었으니 부끄러워 할 말이 없구나. 내가 언젠가는 틀림없이 농촌으로 가서 생태뒷간을 지을 테니 그때까지만 나를 용서해라." 아니면 이런 글을 쪽지에 적어 변기 옆에 붙여 놓고 식구들이 모두 이 글을 읽으면서 물을 내리게 하면 어떨까요?

누구나 지금 당장 농촌으로 가서 생태뒷간을 짓고 살 수는 없겠지요. 그러나 이런 부끄러운 마음이라도 가지고 살아야 언젠가는 생태뒷간을 짓게 되지 않을까요. 이런 자그마한 실천마저 하지 않으면서 우리가 어떻게 환경을 살리고 지구를 살리자는 말을 할 수 있겠어요. 어른들은 살아온 날보다 살아야 할 날이 적지만, 여러분은 살아가야 할 날이 몇 배로 더 많잖아요. 그러니 여러분이 이 세상의 주인이라 생각하고 불편하더라도 작은 실천 하나부터 용기를 내어 하면 좋겠어요.

11. 논 살리기

"얘들아, 논은 무얼 하는 곳이지?"

"선생님, 벼가 자라는 땅이에요."

"그렇지, 물을 대고 벼를 심어서 기르는 땅이지. 그럼 논에는 어떤 생물이 살까?"

"벼가 자라지요. 그리고 풀도 자라요."

"맞아, 논에는 벼와 풀이 자라지. 그리고 메뚜기, 거미, 올챙이, 개구리, 미꾸라지, 잠자리, 무당벌레, 거머리, 우렁이, 물방개, 물자라, 게아재비, 소금쟁이, 바구미, 벼멸구, 오리, 왜가리, 두루미도 자라지. 논에는 헤아릴 수 없이 많은 생명이 와글와글 살고 있어. 엄마가 따뜻하게 아기를 품는 것처럼, 논이 엄마가 되어서 생명들을 살아가게 하는 거야. 그럼 논이 하는 일 가운데 가장 소중한 일이 무얼까?"

"벼를 자라게 해서 쌀을 만들어요."

"그래, 우리가 날마다 먹는 밥은 쌀로 만든 것이지. 그러니 논은 우리에게 밥을 주는 창고인 셈이구나."

"밥을 주는 창고요?"

"그렇지, 수천 년 동안 사람을 먹여 살려 온 '생명 창고'지. 그뿐이 아니란다. 논이 하는 일은 헤아릴 수 없이 많아. 돈이나 황금으로 따질 수 없을 만큼 소중한 일을 하지."

나는 도시 아이들이 오면 가장 먼저 논으로 데려갑니다. 날마다 먹는 밥이 어디서 나오는지 알아야 고마운 마음으로 밥을 먹을 수 있기 때문이지요. 눈을 손수건으로 가려 논둑길을 천천히 걷게 하거나, 눈을 뜨고 논둑에 앉아 자라는 벼를 가만히 바라보게 해요. 아이들은 가끔 논 안에 들어가서 풀을 매기도 하고,

논 안에 무엇이 자라나 살펴보아요. 태어나서 처음으로 논에 들어가 본 아이들은 대부분 처음엔 두려워합니다만 조금 있으면 질퍽질퍽하고 폭신폭신한 논흙을 밟으며 신기하다며 웃고 떠들며 잘 놀아요. 논의 소중함을 여러분에게 들려주려고 생각나는 대로 몇 가지 적어 보았어요.

첫째, 홍수를 막아 준대요. 아시아 몬순 기후대에 속하는 우리나라는 한 해 내리는 비 가운데 60%가 7~9월에 내려요. 이때는 갑자기 비가 많이 내리는 철이라, 사람이 만들어 놓은 댐이 아무리 크고 넓다 해도 물을 모두 저장할 수 없어요. 논은 이 기간에 내리는 비의 유출량과 속도를 줄여 홍수를 막는 데 큰 도움이 된답니다. 여기저기 산과 들을 깎고 파헤쳐 큰 댐을 만들기보다, 논을 살리는 일이 홍수를 막을 수 있다는 거지요.

둘째, 지하수를 조절해 준대요. 우리나라 연간 강수량은 1,140억 톤에 이르지만 이 가운데 237억 톤만이 용수(用水)로 쓰이고 나머지는 그대로 강이나 바다로 흘러가고 있어요. 그러나 논에 고인 물은 땅속으로 들어간 뒤, 일부는 생활용수나 공업용수로 쓰이고 나머지는 땅속 깊은 곳에 이르러 지하수의 공급원이 된답니다.

셋째, 흙이 떠내려가는 것을 막아 준대요. 흙은 물기와 영양분을 공급해서 식물의 광합성을 돕고, 여러 가지 유기물을 분해하여 대지를 정화하지요. 더구나 논둑은 경사면이 거의 없어 논흙이 쓸려 내려가는 것을 잘 막아 준답니다.

넷째, 흐린 공기와 물을 깨끗하게 한대요. 현대 문명은 화석 연료를 쓰면서 지탱하지요. 화석 연료가 탈 때 생겨나는 이산화탄소는 공기를 탁하게 하고 지구를 덥게 한답니다. 그리고 여러 가지 쓰레기와 폐수가 하천으로 흘러들어 수질 오염 수준이 심각한 상태라는 것도 잘 알고 있을 거예요. 다행히 식물은 공기와 물의 오염을 막는 데 큰 도움이 된다고 해요. 더구나 단위 면적당 이산화탄소 흡수량과 산소 발생량이 가장 높은 식물이 벼라고 해요.

다섯째, 여러 생물을 지켜 준대요. 논밭에는 긴 세월을 거치며 뭇 생명들이 서로서로 조화롭게 어울려 생태계를 이루고 있어요. 이러한 생태계를 보전하는 일은 교육, 문화, 학술의 가치와 더불어 사람의 몸과 정신에 돈으로 따질 수 없는 큰 영향을 미쳐요.

여섯째, 전통을 보전하고 계승한대요. 우리나라는 농촌 지역마다 크고 작은 문화재가 있어요. 옛날부터 전해 오는 설화, 음악, 무용, 놀이, 음식, 생활 양식들이 있지요. 정말 버려서는 안 될 우리 겨레의 얼이 담긴 것들이지요. 전통이란 단순히 지난 세월로부터 전해진 유산을 일컫는 말은 아니에요. 현대를 살아가는 사람들은 전통 속에서 역사를 배우고 진리를 찾아가지요. 그래서 자연과 사람이, 사람과 사람이 한 공동체로서 아름답게 살아갈 수 있는 슬기를 배우게 된답니다. 그래서 나라마다 전통을 소중하게 여기며 지키기 위해 애를 쓰지요. 전통이 살아 있는 우리 농촌을 지키는 일은 우리 겨레의 혼을 지키는 일이랍니다.

이 밖에 논이 하는 중요한 일 가운데 하나는, 지구를 서늘하게 만드는 것이랍니다. 여름철에 전국의 논에서 대기로 증발되는 물의 양이 하루 8,000만 톤이나 되어 이것이 뜨거운 대기의 온도를 낮추어 준답니다. 이렇게 소중한 논을 지키려면 밥을 거르지 말고 먹어야겠지요. 밥을 잘 먹는 것만으로도 공기와 물을 살리고 온갖 생명을 다 살릴 수 있어요. 옛 어른들이 쌀을 얼마나 소중하게 여겼으면 "흘린 밥알을 쥐나 새가 먹으면 어머니가 죽는다."라고 했을까요.

12. 밥 살리기

　밥상에 밥이 올라오기까지 사철 내내 농부의 손길이 얼마나 닿아야 하는지 한 번쯤 생각해 보셨나요? 하늘이 돕고 농부들이 땀과 정성을 쏟아야만 밥을 먹을 수 있어요. 우리 겨레의 목숨을 이어 온 밥을, 앞으로 우리 겨레가 먹고살아야 할 밥을, 수입 농산물에 빼앗겨서야 될까요?

쌀밥

백 가지 곡식 가운데 쌀이 으뜸이다.
죽은 사람 입에 넣어 준다는 쌀.
그래서 저승까지 가지고 간다는 쌀.
농부들의 정성과 철마다 피는 들꽃들의 숨결과
나비와 벌과 새들의 노래가 있어
온 생명이 다 들어 있다는 쌀.
백 가지 약보다 좋고,
먹으면 먹을수록 마음이 고와지고,
이웃을 도울 줄 아는 착한 마음이
저절로 생기는 쌀.

수천 년 우리 겨레의 목숨을 이어 온 쌀.
쌀이 후손들의 목숨을 이어 줄 것이다.

사람은 쌀로 지은 밥을 나누어 먹어야 한다.
온갖 원망과 미움 다 녹이는 밥.
흩어진 식구들 한데 모으는 밥.
산 사람 죽은 사람 이어 주는 밥.
밥을 나누어 먹어 본 사람만이
사람 귀한 줄 알고
깊은 정이 무엇인지 안다.

　밥을 바라보는 눈빛과, 밥상 앞에 앉은 자세와, 밥을 삼키는 모습과, 밥을 다 먹고 난 뒤의 빈 그릇이 어떤 상태인지를 보면 그 사람의 됨됨이를 금세 알 수 있어요. 그래서 젓가락으로 깨작깨작 밥 먹는 아이들을 옛날 어른들은 그냥 두지 않았어요.

　"이 녀석아, 밥 먹기 싫으면 벌떡 일어나."

　"밥을 그렇게 먹으면 왔던 복도 다 나간다."

　"밥 먹을 때는 바로 앉아서 맛있게 먹어야지. 뭐하는 짓이냐."

　먹을 것 가운데 쌀밥을 가장 좋아하는 어린이는 많지 않아요. 어쩌면 거의 없을지도 몰라요. 그래서 부모님한테 혼도 많이 났을 거예요. 여러분은 날마다 과자, 빵, 피자, 라면, 짜장면, 짬뽕, 아이스크림, 닭고기, 돼지고기, 쇠고기 들만 먹으면 좋겠지요. 왜 달고 고소하지도 않고 맛도 없는 밥을 날마다 먹어야만 할까요?

　얼마 전에 여론 조사 기관 P&P 자료를 살펴보았어요. 10대(66.5%)와 20대(54%)

의 절반 이상이 밥 대신 햄버거를 더 좋아한대요. 그 덕에(?) 열 명 가운데 세 명의 어린이가 고혈압, 지방간과 같은 성인병 증세가 있다고 해요. 국내 5대 패스트푸드 업체 연간 매출액이 1조 원이 넘어섰어요. 일주일에 49.1%가 패스트푸드를 1~4회 정도 먹고 있으며, 밥 대신 패스트푸드를 먹는다는 사람도 늘어나고 있으니 참 안타까운 일이에요.

인간의 편리함을 부추기는 거대기업의 판매 전략이 망치는 것은 앞으로 나라를 이끌어 갈 여러분의 몸과 정신입니다. 여러분의 몸과 정신이 더 깊은 병이 들기 전에, 식구들이 안심하고 먹을 수 있는 '건강한 밥상'을 차려야 해요. 온갖 첨가물로 가득한 달고 고소한 음식을 좋아하게 되면 밥과 김치와 된장을 싫어하게 됩니다. 거꾸로 밥과 김치와 된장을 좋아하게 되면 육식과 달고 고소한 음식을 싫어하게 됩니다. 한 번 바뀐 입맛은 쉽게 돌아오지 않고, 한 번 병든 몸도 쉽게 낫지 않아요.

친구들과 시장에서 자주 사 먹는 음식에 어떤 첨가물이 들어 있으며, 그 첨가물은 우리 몸에 어떤 영향을 끼치는지 자세히 살펴보고 적어 보세요. 돋보기가 없으면 읽을 수도 없는 작은 글자들(첨가물)을 보게 될 거예요. 알고 보면 끔찍한 게 한두 가지가 아니에요.

우리는 더 늦기 전에 수천 년 우리 겨레의 목숨을 이어 온 쌀로 맛있게 밥을 지어 먹어야 해요. 밥이 진짜 보약이거든요.

13. 친환경 농법 살리기

우리나라는 수십 년 동안 발전을 위해서라며 자연 생태계를 파괴하는 산업을 많이 키워 왔어요. 농업도 마찬가지예요. 이대로 가다가는 자연 생태계가 완전히 파괴되어 우리 인류에 무서운 재앙이 닥친다는 것을 다 알고 있으면서도 모른 척하고 살아요. '경제 성장'이라는 괴물에 홀린 탓이지요.

배제대 생물의약학과 이기성 교수는 "세계적으로 조사된 140개 나라 가운데 우리나라가 화학 비료를 많이 쓰는 대표적인 나라"라고 합니다. 그 뜻은 결국 우리 땅이 가장 병들었다는 말과 같아요. 땅이 병들면 식물이고 동물이고 살아 있는 모든 생명이 병든다는 것은 누구나 아는 일이지요.

병든 땅에서 자란 음식을 자주 먹는 사람들은 두통, 관절염, 불면증, 우울증, 감기, 감염, 소화 불량 따위로 늘 고통을 겪고 있다고 해요. 이들은 고통을 줄이기 위해 병원에 가서 주사를 맞거나 약을 먹어요. 날마다 먹는 밥과 달리 주사와 약은 대부분 독성을 가지고 있어요. 더구나 한두 가지 병을 낫게 하려고 수십 가지 병을 얻는다는 말까지 하면서도 병원에 가서 주사를 맞고 약을 먹어요. 참으로 안타까운 일이지요.

이대로 가면

사람들은
물고기 한 마리 없는
바다를 바라보게 될 것이다.

사람들은
새 한 마리 없는
산을 오르게 될 것이다.

사람들은
나비 한 마리 없는
들녘을 서성거리게 될 것이다.

　자연을 해쳐서는 사람이 살 수 없다는 걸 어느 누구보다 잘 아는 사람이 농부예요. 그런데 어느 순간 귀하고 효과 좋은 '똥거름'을 포기하고, 사람과 자연을 병들게 하는 농약과 화학 비료에 기댄 '화학 농법'으로 농사를 짓기 시작했어요. 제대로 짓는 농사로는 대접도 못 받고 돈도 못 벌기 때문이지요. 돈벌이가 안 되니 젊은 사람들은 도시로 빠져나가고, 가뜩이나 힘든 농사일을 어르신들이 감당하려니 얼마나 힘들겠어요. 그래서 일손을 줄이기 위해 다시 농약과 화학 비료에 기댈 수밖에 없게 돼요. 슬픈 악순환이지요.

　더구나 지구 온난화로 날이 갈수록 늘어 가는 병해충이 애써 지은 농사를 망치지요. 그러니 먹고살기 위해 어쩔 수 없다며 논밭이고 과수밭이고 가리지 않고 독한 농약을 뿌려요. 어쩔 수 없는 선택이었다 해도, 이대로 가다간 우리 농촌이 살아남을 수가 없어요. 농사는 자연의 힘에 기대 짓는 것인데, 우리가 필요해서 사용한 농약이나 화학 비료가 오히려 자연을 해치고 있기 때문이지요. 농약 냄새 가득한 우리 농촌은 버림받고 무너질 수밖에 없어요.

　농사를 지으려면 가장 어려운 일이 무엇일까요? 잡초를 없애는 일이랍니다. 잡초를 없애려면 손으로 뽑아내거나 잡초를 말려 죽이는 제초제(풀약)를 뿌려야 하는데, 제초제는 농약 가운데 가장 독한 농약이랍니다. 그래서 제초제는 한 번

뿌리면 그 성분이 적어도 3년 이상 그 땅에 남는다고 해요. 그다음은 해충이랍니다. 농부들은 해충을 없애려고 여러 가지 살충제를 뿌립니다. 살충제는 식물에만 뿌리는 게 아니라 동물한테도 뿌린답니다.

제초제나 살충제에 병든 땅이나 동물한테서 얻은 먹을거리는 모두 어디로 갈까요? 병든 채로 우리 밥상에 오르게 된다는 것을 눈으로 보지 않아도 잘 알아요. 사람이 병든 음식을 먹으면 어떻게 될까요? 지금 당장 큰 병이 들어 병원에 실려 가지 않는다고 해서 안심해도 될까요?

2017년 8월, 우리나라에서 일어난 '살충제 달걀 파동'을 모두 알고 있을 거예요. "살충제 피프로닐에 오염된 달걀을 하루 동안 1~2살 아이는 24개, 3~6살은

38개, 성인은 126개까지 먹어도 건강을 해치지 않는다고 식품의약품안전처가 발표했다. 식약처는 살충제 성분이 검출된 시중 유통 달걀 451만 개를 압류하고 농가로 반품된 243만 개를 폐기했다.”(2017. 8. 22. 한겨레)고 해요. 이런 현실에서 살충제에 오염된 달걀을 누가 안심하고 먹을 수 있을까요?

이 밖에도 헤아릴 수 없이 많은 독한 농약이 '수확과 저장'이라는 이름으로 논밭과 과수원과 보관 창고에까지 뿌려지고 있으니 어찌하면 좋을까요?

친환경 농법이란 사람과 자연을 병들게 하는 독한 농약과 화학 비료를 쓰지 않고 농사짓는 농법이에요. 조금 더 자세하게 말하자면 유기질 비료(동물의 배설물이나 식물의 잎이나 줄기 따위를 썩혀 만든 거름)를 사용하고, 오리, 우렁이, 참게, 쌀겨

들로 해충과 잡초를 없애는 농법이에요.

오리와 우렁이(물에 사는 고둥)를 논에 넣어 풀이 나지 않도록 하는 오리 농법과 우렁이 농법, 화학 비료 대신 쌀겨를 논에 뿌려 거름으로 쓰고 풀이 자라지 못하게 하는 쌀겨 농법을 개발하여 농사를 짓기도 해요. 그리고 병해충을 미리 막으려고 식초, 목초액, 이엠, 매운 고추와 생강 따위를 발효시켜 물에 섞어서 농약 대신 뿌리기도 해요.

그리고 향기가 진한 허브 따위를 밭 들머리와 사이사이에 심어서 벌레를 쫓아내기도 하지요. 때론 '궁합' 맞는 작물을 섞어서 짓기도 해요. 고추를 파먹는 담배나방은 들깨 향을 싫어하므로 고추밭 사이에 들깨를 심어요. 해충이 많은 토마토를 지키려고 향이 진한 대파를 토마토밭 사이에 심어요. 진딧물이 많은 배추나 열무 밭에는 더 '맛 좋은' 양배추와 케일을 듬성듬성 심어 진딧물을 유인하기도 해요. 농약과 화학 비료 때문에 병든 땅을 살리고 건강한 먹을거리를 생산하기 위해 이 밖에도 여러 가지 방법을 연구하고 실천하는 슬기로운 농부들이 해마다 늘어나고 있어요. 참 반갑고 고마운 소식이지요.

14. 소농 살리기

일을 하기 위해 돈을 주고 다른 사람을 쓰는 대신 가족끼리 짓는 소규모 농사, 또는 그러한 농민을 가족농이라 해요. 그리고 가족농이 감당할 수 있는 규모, 또는 그런 농사를 짓고 있는 사람을 소농이라 하지요.

나는 학교나 시민사회단체에서 강연을 할 때, 이런 질문을 자주 받아요.

"정부에서는 대농을 키우는 정책을 우선하는 것 같은데 왜 소농이 소중하다고 하는지요? 왜 소농을 살려야 안전한 먹을거리를 공급받을 수 있나요? 왜 유기 농업은 소농이 해야 하나요? 땅을 넓히고 기계를 이용하여 한 사람이 대단위 유기 농업을 하면 많은 사람이 건강한 먹을거리를 조금 더 싼값으로 사 먹을 수 있지 않을까요?"

그럼 지금부터 궁금한 점을 하나씩 하나씩 풀어 보겠습니다.

첫째, 소농은 자기가 심은 농작물을 눈만 뜨면 만나는 한 식구처럼 정성껏 돌볼 수 있어요. 사람도 자주 만나지 않으면 마음이 멀어지듯 농작물도 똑같다고 여기면 됩니다. 농작물은 저절로 자라는 들풀과 달라 잘 보살피지 않으면 시들어 버리거나 병이 드니까요.

둘째, 소농에서는 땅심(토지가 농작물을 자라게 할 수 있는 힘)을 살리기 위해 이런저런 방법을 쓸 수 있어요. 땅심이 있어야 작물도 그 힘으로 자라 병해충을 이겨 낼 수 있으니까요. 같은 땅에 정해진 기간마다 여러 가지 농작물을 순서에 따라 돌려 가며 짓고, 같은 땅에 두 가지 이상의 작물을 동시에 짓고, 주된 작물 사이에 딴 작물을 심어 가꾸다 보면 저절로 땅심이 살아나고 천적이 생겨나게 되지요.

셋째, 소농은 생산한 농작물의 소비가 지역 안에서 이루어지므로, 지역 경제를 살리고 식량 주권을 지킬 수 있어요. 우리가 발 딛고 선 땅에서 우리 손으로 농작물을 생산하여 우리 밥상을 차릴 수 있으니까요. 그렇게 되면 농작물을 운반하거나 저장하는 데 들어가는 여러 경비(석유, 인건비, 자동차 유지비, 보관비, 운송비 따위)를 줄일 수 있고, 몸에 해로운 방부제 따위를 쓰지 않아도 됩니다.

더구나 우리 목숨을 이어 주는 먹을거리를 지역 안에서 스스로 해결할 수 있다면 어떤 어려움이 닥쳐와도 크게 걱정하지 않아도 되리라 생각해요. 외국 농산물을 사 오느라 빠져나가는 돈이 지역 안에서 돌게 되면 실업자가 줄어들고, 그렇게 윤택하게 된 지역 경제는 돈이 없어 굶거나 병든 사람들을 위한 복지 기반이 될 수 있겠지요.

　넷째, 소농은 품이 많이 들기 때문에 농산물 값이 싸지 않아요. 그러나 조금 비싼 값을 주고 농산물을 샀다 하더라도, 속아서 샀다는 생각이 들지 않고 늘 고맙다는 생각이 들어 머리가 절로 숙여질 것입니다. 왜냐면 농산물마다 정성과 혼이 깃들어 있기 때문이지요. 그래서 '비싼 값'이라기보다 '정당한 값'이라고 하는 게 맞겠지요.

　어떤 물건이든 싸다고 좋은 것은 아니에요. 더구나 사람의 몸과 마음을 살려 주는 음식인데 싼 것만 찾아서야 되겠어요? 멀쩡한 물건이 값이 쌀 때는 틀림없이 무슨 까닭이 있지 않겠어요? 아니, 무슨 까닭이 있다고 생각해야 해요.

　농약 범벅인 농산물을 먹고살다가, 하루하루 농약이 몸에 차곡차곡 쌓여 깊은 병이 들면 아무도 치료비를 주지 않아요. 누구나 잘 알고 있듯이 한번 병든 몸을 다시 회복하는 것은 결코 쉬운 일이 아니에요. 어리석은 일 가운데 가장 어리석은 일이, 어떤 목적이나 이익을 이루느라 자기 몸을 해치는 것이랍니다. 몸을 해치는 음식은 죽은 음식이에요. 죽은 음식은 아무리 맛있다 하더라도 몸을 병들게 하고, 나라를 병들게 하고, 세상을 병들게 할 거예요.

먹고사는 일

땅에 무릎을
수백 번 꿇지 않고서야
어찌 밥상 차릴 수 있으랴

땅에 허리를
수천 번 숙이지 않고서야
어찌 먹고살 수 있으랴

끝없이 무릎 꿇고
끝없이 허리 숙이지 않고서야
어찌 목숨 하나 살릴 수 있으랴

　그 밖에도 소농을 살려야만 하는 까닭은 헤아릴 수 없이 많아요. 소농은 자급자족할 수 있는 삶을 통해 사회를 안정시키고, 식량 자급률을 높여 식량 안보에 버팀목이 되고, 물질이 중심이 된 메마른 사회를 사람과 자연 중심으로 이끌어 가면서 고향처럼 푸근한 정을 느끼게 하고, 오순도순 함께 일하면서 공동체 문화와 놀이 문화를 회복시킬 수 있고, 먹을거리와 노동의 소중함을 일깨워 줄 수 있고, 지역마다 알맞은 토종 종자를 보존하여 종자 주권을 지켜 나가고, 생물의 다양성을 지켜서 사람과 자연을 살리는 데 이바지할 수 있어요.

　소농을 살리는 길은 거창한 게 아니에요. 도시에서 사는 가족과 소농이 '자매결연'을 맺어 한 형제처럼 자주 찾아가서 일손을 거들고, 밥을 나누어 먹고, 생산한 농산물을 나누는 거예요. 다시 말하지만 소농이 늘어나야만 오염된 자연이 되살아나고, 우리 모두가 함께 건강한 삶을 누릴 수 있어요. 이렇게 소중한 역할을 늙으신 농부들께만 맡겨 놓고, 다리 뻗고 잠들 수 있겠어요? 우리 겨레의 목숨을 살려 주는 농부가 젊고 건강해야 하지 않겠어요? 그래야 우리 모두 다리 뻗고 잘 수 있지 않겠어요?

요즘 자주 듣는 말 가운데 지구 온난화와 기후 변화라는 말이 있어요. 이 두 가지는 모두 온실가스 때문에 생긴 것이지요. 온실가스 때문에 교란된 지구 생태계에서는 그 변화 과정에서 더워지는 현상만 생기는 것이 아니라 해일, 한파, 폭설, 폭우 같은 것도 일어나게 되지요. 기후가 시도 때도 없이 갑자기 변하면서 추워지기도 하고 더워지기도 하지요.

앞날을 걱정하는 학자들은 날이 갈수록 지구가 몸살을 앓고 있어 무서운 자연재해와 식량 전쟁이 일어날 거라 해요. 그러나 하루하루 먹고살기 바쁜 사람들은 한번 듣고 나면 마치 남의 일처럼 여기고 말아요. 그러니 아무리 소농이 소중하다고 말해도 소 닭 보듯, 닭 소 보듯 하는 것이지요.

지역마다 소농이 살아 있으면 어떠한 자연재해가 닥치더라도 농산품 가격 폭등을 상당히 줄일 수 있어요. 폭설과 한파로 자동차와 비행기가 다니지 못하는데 어찌 경남 통영에서 생산한 시금치와 전남 무안에서 생산한 고구마가 서울까지 갈 수 있겠어요? 앞으로 다가올 무서운 기상 이변을 생각해서라도 소농을 꼭 살려야 해요.

함께 걸어가야 할 길

15. 사람과 자연을 살리는 생활협동조합운동

얼마 전, 생활협동조합운동(생협운동)을 배우려고 일본에 다녀왔어요. 일본 고베에 있는 '공해 추방과 안전한 먹을거리를 생각하는 모임' 회원들을 만나서 이야기를 나누었는데, 아직까지 그 감동을 잊을 수가 없어요. 오래전에 생긴 이 단체 회원들은 농촌 생산 공동체와 재배 계약을 한대요. 그래서 그 생산 공동체에서 생산한 농산물이 아니면 밥상에 올리지 않는다고 해요. 마음만 먹으면 백화점과 슈퍼마켓에서 무엇이든지 살 수 있는 편리한 세상이잖아요. 식구들의 건강을 스스로 지키기 위해, 자기 나라 농부들과 농업을 살리기 위해, 숱한 어려움을 딛고 직거래 운동을 하고 있었어요.

그리고 생활협동조합 회원들이 달마다 기금을 모으고 있었어요. 여러 가지 까닭으로 농촌에 흉년이 들거나, 농부들이 필요한 농자재가 있으면 지원하기 위해서지요. 자기 식구들을 건강하게 살아갈 수 있도록 안전한 농산물을 공급해 주는 사람이니까 친형제보다 더 가깝게 지내면서, 농사철에는 함께 일을 하고 밥을 나누어 먹으며 믿음을 쌓는다고 했어요.

하루는 생협에서 운영하는 직매장에서 참으로 놀라운 일을 보았어요. 생협 직매장에 진열해 놓은 물품을 사러 오는 회원들은 모두 하나같이 진열해 놓은 대로 사 가지고 갔어요. 시든 배추든, 벌레 먹은 사과든 고르지 않고 사 가지고 갔어요. 그리고 유효 기간이 가장 짧은 물품부터 차례차례 사 가지고 갔어요. 직매장에 진열해 놓은 모든 물품을 마치 자기 것처럼 소중하게 여겼어요. 보통 사람들은 유효 기간이 긴 물품을 사려고 애써 진열해 놓은 물품을 어지러뜨려 놓으면서도 미안한 줄 모르는데 말이에요.

일본은 지역마다 생협운동이 나름대로 자리를 잡고 있었지만, 날이 갈수록 편리함에 젖어 돈만 있으면 무엇이든지 원하는 것을 사 먹을 수 있다고 생각하는 사람이 늘어난대요. 그래서 오랫동안 생협운동을 한 선배들은 이런 현실이 마음 아프다고 했어요. 이런 어려운 상황에서도 수십 년 동안 마음 흔들리지 않고 생협운동을 하고 있는 회원들을 만나니 힘이 저절로 솟아났어요.

우리나라는 '생활협동조합'이라는 말을 1980년대 중반 이후부터 쓰기 시작했어요. 공식적으로는 1993년 2월 23일 소비자협동조합중앙회 제6차 정기 총회에서 '소비자생활협동조합'으로 개정하여 현재와 같이 생활협동조합이라는 말을 쓰기 시작했지요. '생협'은 생활협동조합을 줄여서 쓰는 말이에요.

우리나라도 일본 못지않게 훌륭한 스승들이 생협운동을 시작했어요. 오래된 생협으로는 한살림이 있어요. 전국 곳곳에 직매장이 있지요. 직매장마다 조금씩 차이는 있겠지만 배추와 매실 같은 1차 농산물은 미리 주문해야만 정해진 날짜에 공급받을 수 있어요. 물론 우리밀 국수와 과자처럼 가공식품은 언제든지 직매장에 가면 살 수 있지요.

한살림 생협 말고도 환경연합 에코 생협도 있고, YWCA에서 만든 생협도 있어요. 행복중심 생협연합회도 있고, 가톨릭농민회에서 만든 우리농 생협도 있어요. 요즘 도시마다 널리 퍼져 있는 아이쿱 생협도 있어요. 그 밖에도 지역마다 믿고 살 수 있는 친환경 농산물을 파는 생협이 더러 있어요. 조금만 관심을 갖고

둘러보면 함께 희망을 찾으려고 애쓰는 분이 많다는 것을 알 수 있을 거예요.

요즘은 의료 생협과 교육 생협, 출판 생협과 같은 다양한 생협이 생겨 사람이 사람답게 살 수 있는 아름다운 세상을 만들어 가고 있어요. 기쁜 일이지요. 어린이 여러분도 생협에 관심을 가져 보세요. 통합 검색창에 '생협'만 쳐도 아주 좋은 정보가 수두룩해요. 어떻게 살아야 우리 모두 건강한 몸과 마음으로 행복하게 살 수 있는지, 한눈에 알 수 있어요.

나는 도시 사람과 농촌 사람이 뜻을 모아 서로의 삶을 보장해 주는 '생협 운동' 이야말로 이 시대를 새롭게 이끌어 갈 훌륭한 대안이라고 생각해요. 우리나라도 지역마다 생협운동이 뿌리를 내리면 수입 농산물이 밀물처럼 들어와도 걱정할 필요가 없다는 생각이 들거든요.

자, 오늘은 부모님 손을 잡고 믿을 만한 생협 직매장에 가서 생협 회원 가입을 해 볼까요? 사람과 자연을 살리는 일에 여러분도 한몫을 하는 길이지요.

16. 우리 모두를 살리는 지름길

"자기가 뿌린 씨는 자기가 거두어야 한다."는 말이 있듯이, 사람이 무너뜨린 우리 농업과 농촌은 사람의 힘으로 다시 일으켜 세워야 해요. 벌들도 서로 돕지 않으면 아무것도 얻지 못하듯이 사람도 서로 돕지 않으면 아무것도 얻을 수 없어요. 그럼 우리 농업과 농촌을 살리기 위해서 여러분이 할 수 있는 일에는 무엇이 있을까요?

첫 번째, 우리 땅에서 생산한 안전한 농산물을 먹어야 해요. 여러분이 좋아하는 과자, 빵, 햄버거, 피자, 라면과 같은 음식은 99% 이상 수입밀로 만든 음식이에요. 어느 나라에서, 누가, 언제, 어떻게 생산하여, 어떤 과정을 거쳐 내 입에 들어오게 되었는지 정확하게 알 수가 없잖아요. 만일 그 음식 속에 우리 몸과 정신을 해치는 독한 농약과 방부제와 온갖 첨가물이 가득 들어 있다면 어떻게 될까요? 한 번쯤 깊이 생각해 봐야 하지 않을까요?

두 번째, 제철에 나오는 음식을 먹어야 해요. 난방 시설이 갖추어진 비닐하우스에서 철도 없이 쏟아져 나오는 채소와 과일들은 값도 비싸고 건강에 이롭지 않아요. 그런 농산물을 먹고 싶다고 마구 사 먹으면 앞으로 어떤 일이 일어날까요?

세 번째, 가까운 생협에 가입하거나 생산 공동체와 연대하여 친환경 농산물로 밥상을 차려야 해요. 친환경 농산물은 우리 몸에 꼭 필요한 미네랄과 비타민 들이 많이 들어 있다고 해요. 몸에도 좋지만, 먹는 만큼 독한 농약과 화학 비료에 병든 땅을 살릴 수 있어요. 병든 땅이 살아나면 온갖 물고기와 곤충이 살아나고, 물과 공기와 하늘이 맑아지겠지요.

보통 사람들은 우리 농업을 살린다고 하면 뭔가 '거창한' 일을 해야 하는 줄 알아요. 하루하루 우리 삶 속에서, 마음만 먹으면 누구든지, 우리 농업을 살릴 수 있는 방법이 많이 있어요. 우리가 무엇을 먹고 마시느냐에 따라 우리 농업이 다시 살아나기도 하고, 두 번 다시 일어나지 못할 만큼 무너져 버리기도 하니까요. 다시 말하지만 농촌이 무너지면 도시도 살아남을 수 없어요. 어린이 여러분, 우리 농업을 살리는 일은 병든 밥상을 살리고, 오염된 자연을 살리고, 도시와 농촌을 살리고, 나라와 겨레를 살리는 일이라는 것을 꼭 기억해 주세요.

17. 우리 손으로 희망의 씨앗을

나는 여러분이 도시에서 오래 살지 말았으면 좋겠어요. 하루라도 빨리 도시를 떠나서 살 수 있는 아름다운 '인생의 그림'을 그렸으면 좋겠어요. 도시는 인간이 오래 살아서는 안 되는 공간이거든요. 그 까닭을 밤새 이야기하라 해도 할 수 있어요. 앞에서 말한 수세식 변기가 가장 대표적인 까닭이에요. 생명을 살리는 이 지구에 있는 모든 황금과 돈보다 소중한 똥오줌을 거름으로 쓰기는커녕 엄청난 비용을 들여 처리해야 하는 골칫덩이로 만드니까요.

그리고 농촌에는 이웃이 있지만 도시에는 이웃이 없어요. 옆집에 누가 사는지도 모르고 살아가잖아요. 더구나 아파트에 살면 앞집에 도둑이 사는지 윗집에 강도가 사는지 알 수 없어요. 농촌은 이웃과 이웃이 늘 열려 있는데, 도시는 늘 닫혀 있어 사람 사이가 메마를 수밖에 없어요. 얼마 전에 혼자 사는 할머니가 돌아가셨는데 몇 달이 지나서야 발견됐다는 기사를 보았어요. 이 이야기를 들은 여러분은 어떤 생각이 드나요? 도시, 사람 살기 참 무서운 곳이구나 싶은 생각이 들지 않았나요? 아니면, '그저 불쌍한 할머니 한 분이 돌아가셨구나.' 하고 생각했나요?

농촌 사람들은 앞집과 뒷집에 누가 사는지 모를 수가 없어요. 할미꽃 피는 무덤은 누구네 무덤인지, 마을 들머리 정자나무 가지는 언제 부러졌는지, 언덕 아래 풀만 자란 저 산밭은 누구네 것인지, 잔칫날 돼지 잡을 때 쓰는 긴 칼은 누구네 집에 있는지, 누가 화학 비료와 화학 농약을 많이 뿌려 대는지, 해마다 고추 농사는 누가 가장 잘 짓는지, 만식이 아저씨 이마에 상처는 왜 생겼는지, 가장 말조심해야 할 사람은 누군지, 돈 많으면서 구두쇠 짓을 하는 사람은 누군지, 누구네 자식이 실직을 했는지, 샘골 할아버지 피우는 담배는 몇째 아들이 사 준 것인지, 개울에 물이 줄어들면 누구네 논에 물을 대고 있는지, 누구네 똥개가 밤마다 시끄럽게 짖어 대는지, 이런 작은 일까지 알고 살아요.

농촌은 이웃이 어떤 마음으로 어떤 일을 하는지 모르면 함께 살아갈 수 없는 구조를 갖고 있어요. 그래서 거짓말을 하거나 도둑질을 하거나 남을 험담하거나 괴롭히는 일 따위는 할 수가 없답니다. 그랬다가는 다리 뻗고 잠들 수 없기 때문이지요. 집 밖을 나가면 어디서든 그 사람을 만날 수 있거든요.

농촌에 사는 게 아무리 자유롭고 죄를 적게 지으며 살 수 있다 해도 여러분이 당장 도시를 떠나 농촌으로 가는 것은 무리일 거예요. 공부하고 싶은 학생은 대학에도 가야 할 테고, 가난한 학생들은 돈도 벌어야 할 테니까요. 말이야 바른 말이지, 농사지어서 돈을 벌기가 여간 어려운 게 아니에요. 나라에서 농업을 중요하게 여겨 올바른 정책과 대안을 내놓고 지원을 아끼지 말아야 하는데도, 정치 지도자가 바뀔 때마다 정책이 흔들리니 어찌 마음 놓고 농사지을 수 있겠어요. 더구나 일한 만큼 대가가 주어지는 농사는 거의 없어요. 그러니 모두 농촌을 천덕꾸러기처럼 생각하는 거지요.

하지만 아무리 돈벌이가 안 되고 힘들다 해도 우리 농업과 농촌은 꼭 지켜야 하잖아요. 그래야 건강한 음식을 먹고 튼튼한 몸으로 살아갈 수 있으니까요. 그래서 여러분에게 한 가지 제안을 할까 해요. 도시에 사는 동안 도시 농업에 도전해 보는 건 어떨까요?

쿠바의 도시 농업은 꽤 유명할 뿐만 아니라 배울 것도 아주 많아요. 쿠바는 도시마다 농사를 지어서 그 도시 사람들이 소비하는 구조를 갖고 있어요. 지역에서 농사지은 농산물로 지역민이 자급자족하는 거예요. 그래서 다른 지역에서 생산한 농산물을 멀리 실어 나를 필요가 없어요. 유통비가 줄어들고, 그만큼 석유 연료를 사용하지 않아도 되니 환경 오염도 줄어들어 일석이조의 효과를 거두고 있어요.

도시 곳곳에 크고 작은 농장이 있지만, 상자에 흙을 담아 농사를 짓는 곳도 많아요. 직업에 상관없이 누구나 농사를 지으면서 살아요. 여러분도 마음만 먹으면 오늘 당장이라도 할 수 있어요. 버려진 스티로폼 상자나 고무 통에 흙을 채우고 거름을 넣고 씨앗을 심으면 돼요. 텃밭 상자를 이용하면 더 수월하고 보기도 좋아요. 인터넷 검색창에 '흙살림'을 치면 텃밭 상자를 팔아요. 유기농 거름도 팔아요. 친구들과 같이 주문해서 한번 도전해 보세요.

처음엔 어떤 작물을 심을지 선택하기 어려울 테니 농부로서 조언해 드리자면, 부추를 심어 보세요. 한번 심어 놓으면 적어도 대여섯 달은 겉절이도 하고 부침개도 해 먹을 수 있을 거예요. 맨 아래쪽을 베어 먹고 나면 며칠 지나지 않아 또 새싹이 올라오거든요. 어떤 식물이든 자라는 모습을 보면 저절로 기쁨이 찾아와요. 농사에 재미를 붙이면 생명에 대한 신비함도 느낄 수 있어요. 수확의 기쁨까지 보태면 더할 나위 없이 좋지요. 텃밭 상자를 일구는 도시 농부로 사는 것도 참 멋지지 않나요? 언젠가 귀농해서 농부가 되면 더 좋고요.

내가 사는 황매산 기슭, 작은 산골 마을 여기저기에는 귀농한 사람들이 많아요. 만화가도 있고, 화가도 있고, 요가 학원 원장도 있고, 시인도 있고, 목수도 있고 참 다양한 사람들이 농사지으며 살고 있어요. 몇 십 년 동안 아기 우는 소리를 듣지 못한 산골 마을에 귀한 아기가 해마다 태어나 마을을 살리고 있어요. 마을에 아이들이 자라면 둘레에 있는 학교가 저절로 살아나겠지요.

내가 이 글을 쓴 까닭은 여러분의 가슴에 씨앗을 뿌리고 싶었기 때문이에요. 무슨 씨앗이냐고요? 바로 '농부의 씨앗'이에요. 나는 여러분이 편하게 잘 먹고 잘살려고 공부하지 말고, 가난하고 불편하더라도 자연과 함께 자유로운 삶을 누리는 꿈을 가지고 공부했으면 좋겠어요. 바람 소리, 새소리 들으며 땀 흘려 일하고 이웃들과 사이좋게 어울려 지내는 농부가 되었으면 좋겠어요. 그리하여 평화롭고 행복한 삶을 누렸으면 좋겠어요. 내가 뿌린 농부의 씨앗이 아무쪼록 비 온 뒤 옥수수 자라듯이 잘 자라준다면 더 바랄 게 없어요.

부록

전통 농기구 세밀화 도감

도시 농사와 학교마다 텃밭과 공방을 만드는 운동을 위한

전통 농기구를 왜 배워야 할까요?

　농기구는 농사를 짓는 데 쓰는 도구예요. 우리나라는 신석기 시대부터 농사를 짓기 시작했어요. 우리나라는 들과 내, 산과 강이 기름지고 기온이 적당해 논과 밭을 일궈 농사짓기에 좋아 농사가 발달했어요. 예로부터 농사와 농부는 세상살이의 가장 큰 뿌리이고 바탕이었던 거지요. 우리 민족은 농사를 지으면서 쓰기 좋고 모양 좋은 농기구를 만들어 발달시켜 왔어요. 전통 농기구에는 민족 문화의 알맹이가 고스란히 담겨 있어요. 우리 겨레가 만들고 지금도 쓰고 있는 전통 농기구와 살림살이에는 세계에 자랑할 만한 뛰어난 발명품이 많아요.

　전통 농기구를 왜 배워야 할까요? 전통 농기구는 과학의 아버지예요. 전통 농기구에는 인류 문명을 발전시킨 과학 원리가 숨어 있어요. 뛰어난 과학자들은 전통 농기구에서 과학의 숨은 원리를 발견하고 영감을 얻어 새로운 과학 기술을 발전시켜왔어요. 전통 농기구는 문학과 예술의 어머니예요. 민중의 집단 창작품인 전통 농기구에 어려 있는 토박이말과 세시풍속은 문학과 예술에 많은 창작의 영감을 주었어요. 또 건축, 공예, 디자인, 인테리어 분야도 전통 농기구를 응용하고 승화시켜 뛰어난 작품을 창조했어요. 겨레의 전통 농기구는 농부가 되려는 사람들만 보는 게 아니에요. 뭔가 창조스러운 일을 하고 싶은 사람들은 누구나 배우고 느껴야 할 살아 숨 쉬는 민족의 보배이고 인류의 문화유산이에요.

　이제는 농사와 농부에 대한 생각이 바뀌고 있어요. 현대 농기계를 이용한 큰 농사 말고도, 골목 텃밭이나 옥상 텃밭을 가꾸는 도시 농부들의 도시농사운동이 벌어지고 있어요. 주말농장이나 집 베란다를 이용해 농사를 짓는 문화가 싹트고 있어요. 또한, 초등학교를 중심으로 운동장 한쪽에 텃밭을 만들고 여러 작물을

심어 길러 보는 체험학습 농사가 주요 교과 과정으로 자리 잡고 있어요. 아이들이 몸소 농사를 지어 보면서 먹을거리의 귀중함, 사계절 자연의 변화, 기후와 토양을 배우는 거지요. 한편, 학교에 작은 공방이나 대장간을 만들어 쉽게 만들 수 있는 농기구와 연장을 제 손으로 만들고 다루며 흙과 쇠, 나무와 짚, 풀 들의 성질과 특성도 배우고, 도구와 기계의 원리도 배워요.

학교마다 체험학습을 위한 텃밭과 공방이 있다면 우리 아이들은 손과 발, 몸과 마음이 고르게 발달해 참된 사람으로 성장할 거예요. 더 많은 학교에서 텃밭과 공방을 만들었으면 하는 바람으로 〈도시 농사와 학교마다 텃밭과 공방을 만드는 운동을 위한 전통 농기구 세밀화 도감〉을 부록으로 싣습니다.

1. 농사짓기 전에 먼저 논과 밭을 가는 까닭은 무엇일까요?

논밭에 곡식과 채소를 심어 기르려면 먼저 땅을 갈아야 해요. 땅을 갈면 첫째, 작물이 뿌리 내리기 좋아요. 둘째, 물 빠짐이 좋아요. 셋째, 흙 속에 공기가 잘 통해 뿌리가 숨을 잘 쉴 수 있어요. 넷째, 거름과 흙이 고루 섞이고, 겉흙과 속흙이 잘 섞여 영양분이 골고루 퍼져요. 다섯째, 고랑·두둑·이랑을 쉽게 만들 수 있어요. 땅을 파거나 가는 데 쓰는 연장으로 따비, 극젱이, 쟁기, 가래, 삽, 괭이, 쇠스랑 따위가 있어요.

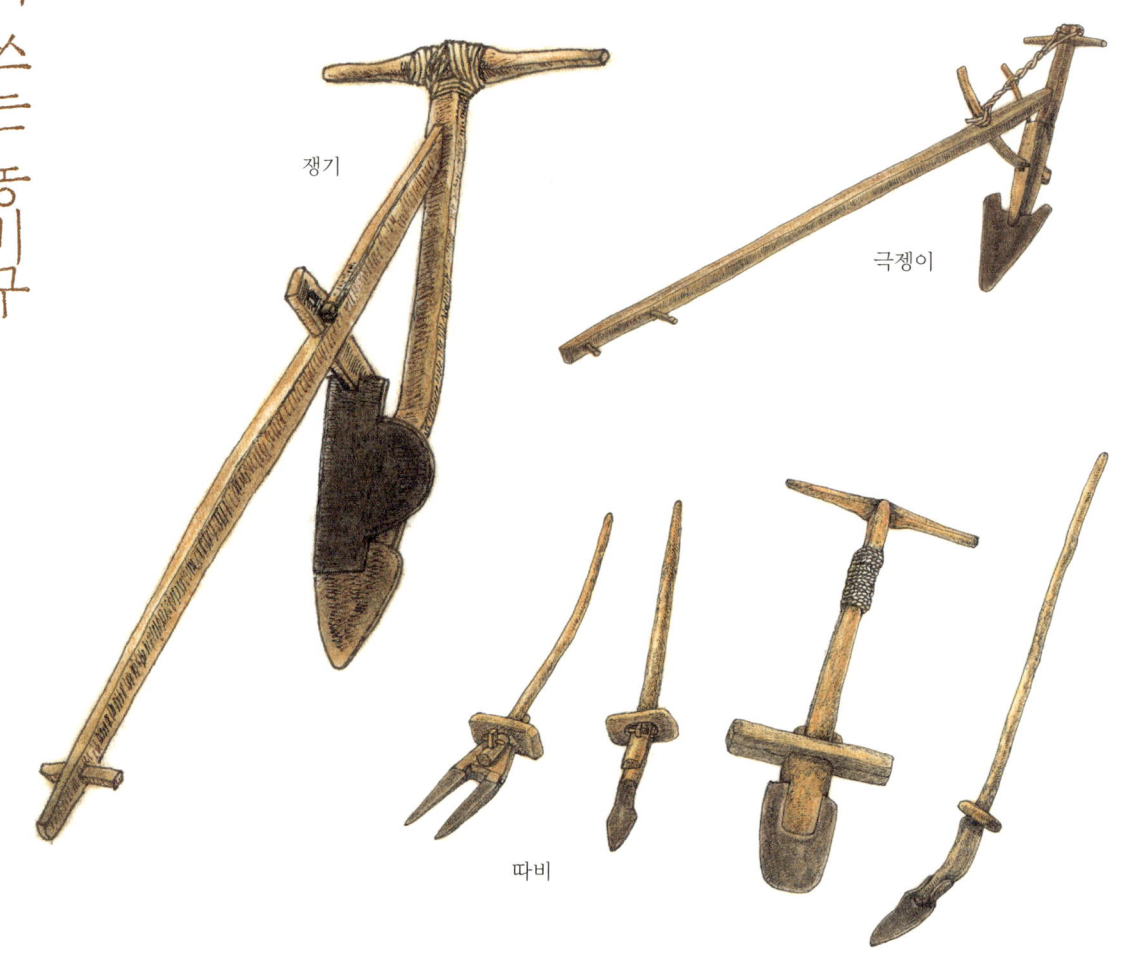

쟁기

극젱이

따비

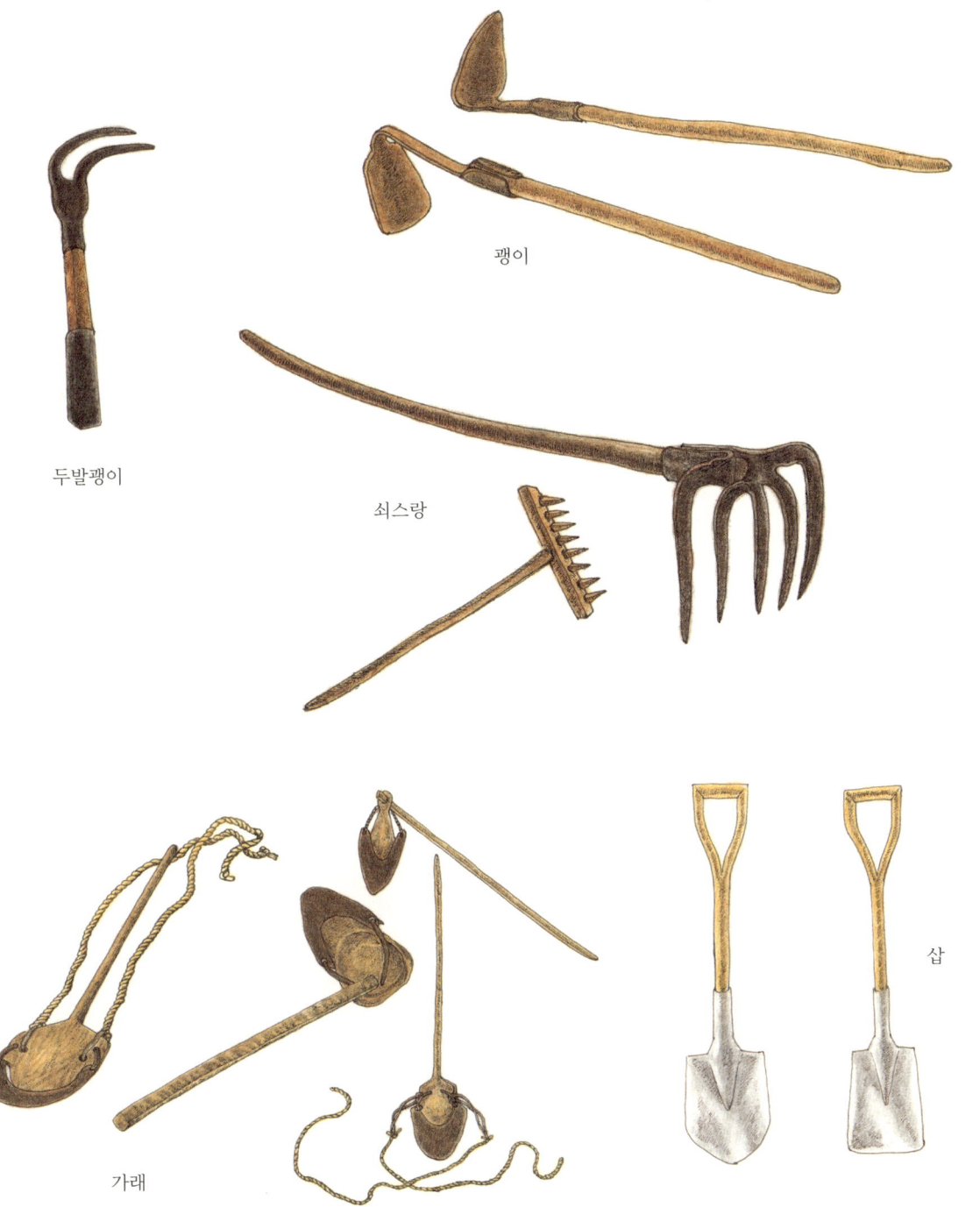

괭이

두발괭이

쇠스랑

가래

삽

① 따비

 비탈이 심하거나 돌과 나무뿌리가 많아 쟁기를 쓸 수 없는 곳에서 땅을 파거나 가는 농기구예요. 논밭을 가는 농기구 가운데 가장 오래되었어요. 따비는 식량 채집을 하거나 원시 농경 시대에 땅을 뒤지거나 구멍을 내는 데 쓰던 짐승 뼈나 나무로 만든 뒤지개(굴봉)에서 발달했어요. 쟁기보다 크기도 작고 보습이 좁아서 쟁기로 갈다 남은 구석진 땅이나 소가 들어가지 못하는 좁은 땅을 가는 데 썼어요. 그래서 따비로나 갈 만한 좁은 밭을 '따비밭'이라고 한답니다. 이 따비가 발달하여 극젱이와 쟁기가 나타났어요. 요즈음에도 외딴섬이나 제주도에서 따비로 구석진 땅이나 돌밭을 가는 모습을 볼 수 있어요.

숨어 있는 과학 원리_빗면과 지레

　따비는 굽은 나무 자루 끝에 날을 박고 그 위에 발판을 붙여 땅을 파거나 갈았어요. 도구의 역사에서 처음으로 발판과 날을 박아 쓴 것은 중요한 과학의 발견으로 농업 생산력을 크게 늘렸어요. 날에는 빗면의 과학 원리가, 발판에는 지레의 과학 원리가 숨어 있어요. 날의 빗면 원리와 발판의 지레 원리가 하나로 적용된 것이 우리가 가장 많이 쓰는 '삽'이에요. 빗면의 원리로 만든 날이 발달하여 따비나 극쟁이, 쟁기의 보습이 되었어요. 보습의 빗면은 위쪽에서 받는 힘을 옆으로 밀어내는 힘으로 바꾸어 흙을 갈게 해 주어요.

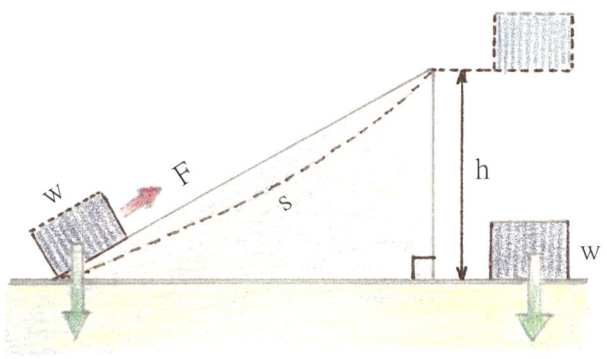

　무게 w인 물체를 빗면을 따라 힘 F를 작용하여 s만큼 끌어 올릴 때, 수직으로 끌어 올리는 힘 h보다 빗면을 사용하여 물체를 들어 올리면 물체의 무게보다 작은 힘으로도 물체를 끌어 올릴 수 있어요.

　지렛대란 힘점, 작용점, 받침점 이 세 가지가 모두 갖추어져야 지렛대라 할 수 있어요. 지레의 원리에는 1종, 2종, 3종이 있어요. 1종 지레는 받침점이 지렛대 가운데에 오는 지레예요. 여기에 우리가 흔히 쓰는 가위, 집게, 손톱깎이, 펜치 같은 물건이 있어요. 또 우리가 팔꿈치를 펼 때에도 1종 지렛대의 원리가 적용된다고 해요.

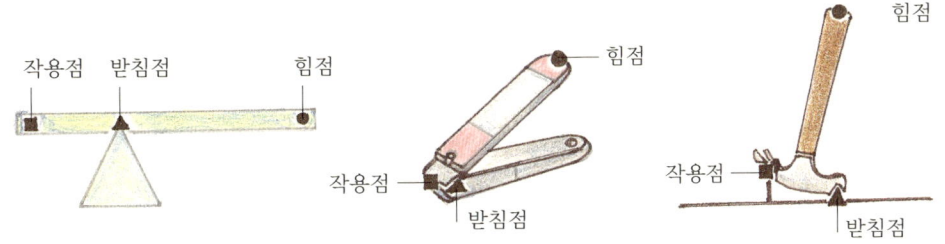

2종 지레는 받침점이 지렛대 한쪽 끝에 있고, 힘이 반대쪽 끝에 주어지는 지레예요. 흔히 병따개나 종이에 구멍을 뚫는 펀치가 여기에 속해요. 또, 우리가 발뒤꿈치를 들 때 2종 지레의 원리가 적용된다고 해요.

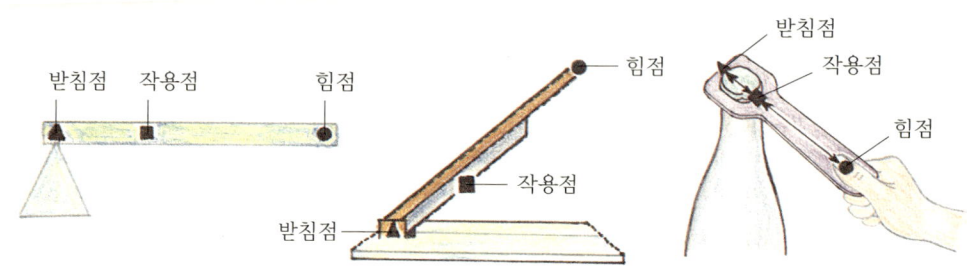

3종 지레는 받침점이 지렛대 한쪽 끝에 있고, 힘이 지렛대 가운데에 주어지는 지레예요. 핀셋, 젓가락, 낚싯대가 여기에 속해요. 우리 몸에서는 팔을 말아 올릴 때 작용점, 힘점, 받침점의 순서로 3종 지렛대의 원리가 적용된다고 해요.

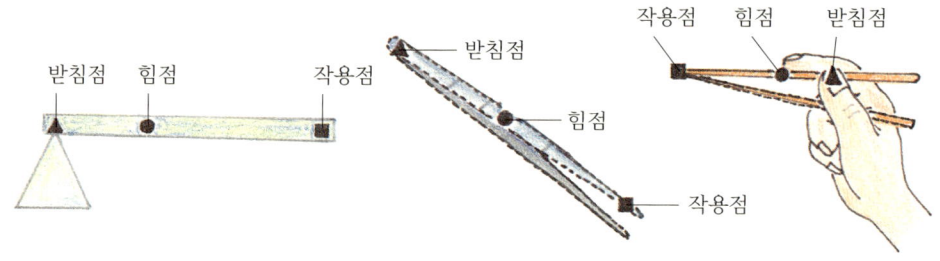

지렛대의 원리를 밝힌 사람은 그리스의 과학자 아르키메데스예요. 그는 지레와 받침대만 있으면 지구도 들어 올릴 수 있다고 자신만만하게 말했어요.

❷ 극쟁이

  따비가 발전하여 극쟁이가 되었어요. 극쟁이는 쟁기와 비슷한 짜임새를 가졌지만, 크기가 작고 가벼워요. 논갈이에도 쓰지만, 주로 밭갈이나 쟁기로 갈아놓은 밭에 골을 타는 데 써요. 극쟁이는 처음에 사람이 끌다가 차츰 집에서 기르는 소나 말이 끌었어요. 극쟁이는 소에 메워 쓰지만, 소가 없거나 소가 들어갈 수 없는 곳에서는 사람이 어깨에 멜빵을 메고 끌기도 해요. 아예 처음부터 사람이 끌게 만든 극쟁이를 '인걸이'라고 해요. 극쟁이가 발달하여 쟁기가 나타났어요. 도구의 역사에서 극쟁이는 소나 말 같은 동물의 힘을 이용하여 농업 생산력을 크게 늘린 농기구라 할 수 있어요.

❸ 괭이

가. 도구의 발달과 원리: 땅을 파거나 씨를 뿌리기 위해 골을 탈 때, 덩어리진 흙을 잘게 부술 때, 땅을 판판하게 고를 때 쓰는 농기구예요. 또, 괭이로 김을 매기도 하고, 극젱이로 갈고 남은 땅을 갈기도 하며, 구덩이를 팔 때도 쓰지요. 괭이는 가장 오래된 농기구 가운데 하나예요. 원시 농경 시대에 쓰던 뒤지개에서 발달했는데, 지금까지 그 생김새가 바뀌지 않고 남아 있는 연장이에요. 날을 이루는 넓적한 쇠끝이 'ㄱ'자 꼴로 생긴 쇠 부분의 한쪽에는 넓적한 날이 있고 다른 한쪽에는 괴구멍이 있는데, 이 괴구멍에 긴 자루를 끼워 사용해요.

두발괭이

괭이

나. 괭이의 종류: 괭이자루는 대체로 길이 150cm 안팎에 굵기는 3~4cm 정도이고, 목질이 단단한 참나무나 느티나무로 만들어요. 날의 모양에 따라 가짓잎괭이, 곡괭이, 삽괭이, 수숫잎괭이, 토란잎괭이 따위로 나누어요.

곡괭이: 굳고 단단한 땅을 파는 데 써요. 좁고 기름한 날 가운데에 있는 괴구멍에 자루를 끼우는데, 양쪽 끝으로 갈수록 좁아진 날은 황새 부리처럼 뾰족해요. 뿔 괭이라고도 해요. 요즘에도 많이 쓰는데, 농사일뿐 아니라 토목 공사에서도 많이 쓰이고 있어요.

가짓잎괭이·수숫잎괭이: 말 그대로 날 모양이 가지의 잎이나 수수의 잎과 닮았다고 해서 붙은 이름이에요. 쟁기질한 뒤에 생기는 흙덩이를 부수고 골을 타거나 김을 매는 데 씁니다.

삽괭이: 볼이 좁고 자루가 긴 괭이예요. 흔히 논의 물꼬를 보는 데 쓰지요. 비가 온 뒤에 삽괭이를 들고 나가 논의 물꼬를 트기도 하고 막기도 하지요.

벽채괭이: 다른 괭이의 날 끝이 뾰족한 편이라면, 벽채괭이의 날은 삼각형 모양으로 끝이 밑변에 해당하는 모양이에요. 자갈밭을 일구는 데 쓰고, 풀을 긁어낼 때도 씁니다.

약초괭이: 인삼이나 황기처럼 뿌리가 깊은 약초를 캘 때 쓰는 괭이예요. 뿌리가 다치지 않도록 날을 길고 뾰족하게 만들고 자루는 짧게 만들어 호미처럼 손에 쥐고 써요. 인삼밭에서 주로 쓰는, 날이 2~4개 달린 '삼괭이'도 있어요.

다. 세시풍속: 괭이자리 탄다.

경상남도 지방에서는 칠월 초순께, 세 번째 논매기를 마치면 그동안 고생한 일꾼들을 하루 놀렸어요. 이때 농사가 가장 잘된 집을 골라 그 집의 일꾼을 괭이 자루에 태우고 농악을 울리며 마을을 돌아다녔어요. 마을 사람들은 그들에게 술과 음식을 냈어요. 이것을 '괭이자리 탄다'고 해요. 호미씻이나 호미걸이와 비슷한 풍속이라고 할 수 있어요. 한편, 남부 지방에서는 새해 첫 장에 가서 괭이는 사지 않는대요. 괭이는 땅이나 흙을 파헤치는 연장이니까 복이 흩어질까 조심하는 뜻에서 새해에 처음 열리는 장에서는 괭이를 사지 않는 거예요.

❹ 쟁기

가. 도구의 발달과 원리: 쟁기는 소나 말에 끌려 논밭을 가는 농기구예요. 봄이 되면 농촌에서는 겉흙과 속흙이 잘 섞이도록 논과 밭을 갈아요. 그래야 땅속에 있던 영양분이 고루 섞이고 공기가 잘 통해 농작물이 잘 자라고, 쟁기로 땅을 뒤엎을 때 잡초는 땅속에 묻혀 거름이 되지요. 쟁기는 '빗면의 원리'를 이용한 인류의 뛰어난 발명품이에요. 기원전 4000년경에 이집트에서 처음 만들어 유럽으로 퍼졌어요. 우리나라에는 중국을 거쳐 들어왔어요. 쟁기는 땅속을 뒤져 식물의 뿌리나 열매를 캐는 데 쓰던, 나무나 뼈로 만든 뒤지개(굴봉)에서 비롯했어요. 철제가 나타나기 전에는 나무를 깎거나 돌을 갈아서 쟁기의 보습을 만들어 썼어요. 쟁기의 이름은 '잠기'에서 나왔어요. 그런데 잠기는 무기를 가리키는 '잠개'가 바뀐 말이에요. 예전에는 농기구를 무기로도 썼다고 해요. 우리나라에서는 땅을 갈 때 주로 극젱이와 쟁기를 썼어요. 땅이 거칠고 메마른 산촌에서는 극젱이를 쓰고, 기름진 넓은 평야 지대에서는 쟁기를 썼어요. 쟁기는 소 한 마리가 끄는 '호리'와 소 두 마리가 끄는 '겨리'가 있어요. 대체로 소 한 마리가 끄는 호리가 흔하지만, 북쪽 지방에서는 겨리를 많이 썼어요. 쟁기가 발전하여 경운기가 나타났고, 또 트랙터가 생겼어요. 요즘에는 주로 트랙터로 땅을 갈지요. 우리나라의 쟁기는 괭이와 함께 8세기경 일본으로 건너가서 일본 농업 발전에 큰 영향을 주었어요.

나. 구조: 쟁기는 소나 말에 멍에를 얹고 여기에 달린 줄을 잡고 뒤쪽에서 사람이 조정하면서 땅을 갈아요. 쟁기 가운데 가장 중요한 부분은 쟁기 날인 보습이에요. 보습은 쐐기 모양으로 위쪽은 넓고 아래쪽은 뾰족해요. 보습의 빗면은 위쪽에서 받는 힘을 옆으로 밀어내는 힘으로 바꾸어요. 쟁기는 대체로 길고 곧게 뻗어 나간 성에와 앞으로 휘우듬하게 휜 술, 그리고 성에와 술을 고정하는 한마루로 짜였어요. 숟가락처럼 생긴 술 끝에는 땅을 가는 보습이 달리고, 보습 위쪽

에 갈린 흙을 한쪽으로 떠넘기는 볏이 있어요. 한마루에는 땅을 가는 깊이에 따라 술의 각도를 조정하는 구멍이 한 개나 두 개 뚫려 있어요. 보습과 볏을 뺀 나머지는 모두 나무로 만들었는데, 요즘에는 철로 된 한마루를 쓰기도 하고, 술바닥에 쇠판을 대어서 소가 쟁기를 끌 때 잘 미끄러지고 술바닥도 보호해요. 술과 성에, 한마루 가운데 가장 중요한 것은 술이에요. 술 끝에 보습과 볏이 있을 뿐 아니라 그 각도에 따라 갈리는 땅의 깊이가 좌우되기 때문이에요. 성에는 사람이나 가축이 끄는 힘을 술에 전달하고, 한마루는 술과 성에를 연결하는 동시에 술로 따라 힘을 받도록 하는 구실을 해요.

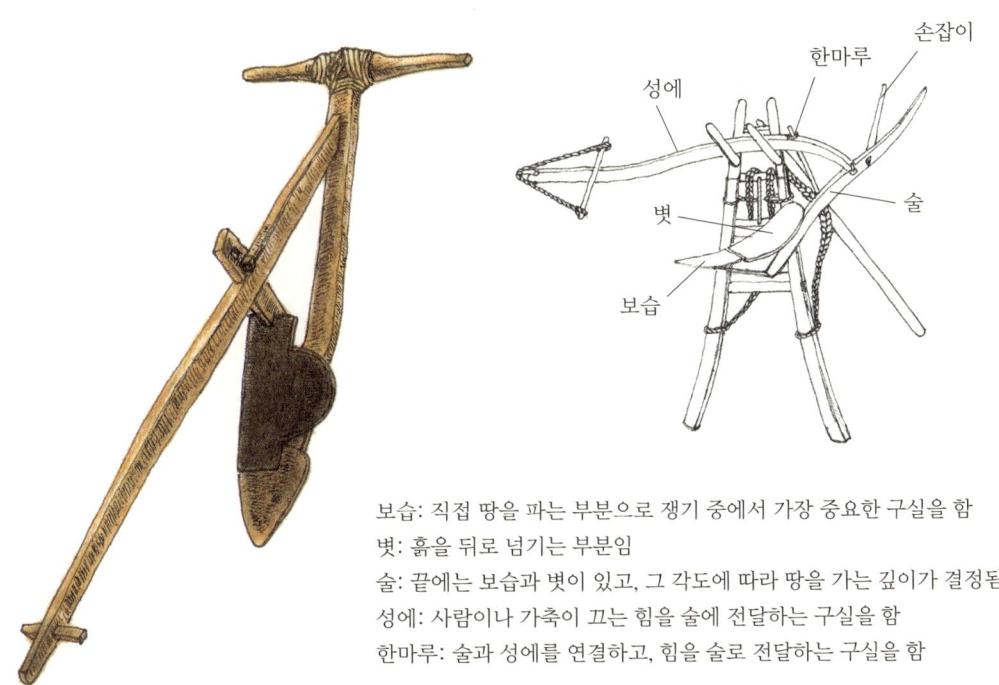

보습: 직접 땅을 파는 부분으로 쟁기 중에서 가장 중요한 구실을 함
볏: 흙을 뒤로 넘기는 부분임
술: 끝에는 보습과 볏이 있고, 그 각도에 따라 땅을 가는 깊이가 결정됨
성에: 사람이나 가축이 끄는 힘을 술에 전달하는 구실을 함
한마루: 술과 성에를 연결하고, 힘을 술로 전달하는 구실을 함

※ 우리나라 쟁기의 특징
① 끄는 힘이 봇줄의 방향과 일치해요.
② 작은 힘으로 많은 땅을 갈 수 있어요.
③ 작업 효율이 높아요.
④ 성에가 들리지 않아 보습이 흙 속으로 잘 파고들어요.

❺ 가래

가. 도구의 발달과 원리: 셋 또는 다섯 사람이 함께 흙을 떠서 던지는 데 쓰는 긴 삽처럼 생긴 농기구예요. 바닥의 흙을 파서 일구거나 고랑을 치고 두둑을 만드는 일, 밭둑이나 논둑을 깎는 일, 너무 질어서 소가 들어가지 못하는 진흙밭이나 무논을 갈거나 논바닥을 고르는 일을 할 때 쓰지요. 한 사람이 자루를 잡고 흙을 떠서 밀면 양쪽에서 둘 또는 네 사람이 줄을 당겨 흙을 던져요. 가래로 흙을 퍼옮기는 일을 '가래질'이라고 하는데, 가래를 세워 흙을 깎는 일을 '칼가래질', 논둑이나 밭둑을 깎는 일을 '후릿가래질'이라고 해요. 이때 가래로 떠낸 흙덩이를 '가랫밥'이라고 해요. 가래질은 줄꾼 두 사람과 장부(자루)잡이 한 사람 등 모두 세 사람이 하는 '세손목한카래'가 있고, 장부잡이 한 사람과 줄꾼 여섯 사람 등 모두 일곱 사람이 하는 '일곱목한카래', 그리고 두 개의 가래를 연이은 것에 장부꾼 두 사람과 줄잡이 여덟 사람 등 모두 열 사람이 하는 '열목카래'가 있어요. 흔히 '세손목한카래'로 일해요. 가래는 여러 사람이 힘을 모아 많은 흙을 파 옮길 때 많이 쓰는데, 혼자 하는 삽질보다 더 많은 일을 할 수 있어요.

나. 만드는 법: 나무로 자루와 몸이 하나가 되도록 깎고 둥글넓적한 몸 끝에 말굽쇠 모양의 쇠로 된 날을 끼워요. 몸 양쪽에 구멍을 뚫고 줄을 꿰면, 한 사람이 자루를 잡고 흙을 떠서 밀면 양쪽에서 두 사람이 그 줄을 당겨 흙을 던져요. 대체로 줄의 길이와 자루의 길이를 비슷하게 만들어요.

다. 가래에 얽힌 속담

가래 터 종놈 같다: 힘든 가래질을 억지로 하는 종과 같다는 뜻으로, 성품이 거칠고 버릇없이 굴거나 매사에 못마땅해서 무뚝뚝하게 구는 사람을 빗대어 이르는 말.

호미로 막을 것을 가래로 막는다: ①적은 힘으로 얼마든지 할 수 있는 일에 쓸데없이 많은 힘을 들이는 것을 빗대어 이르는 말. ②일이 커지기 전에 미리 했으면

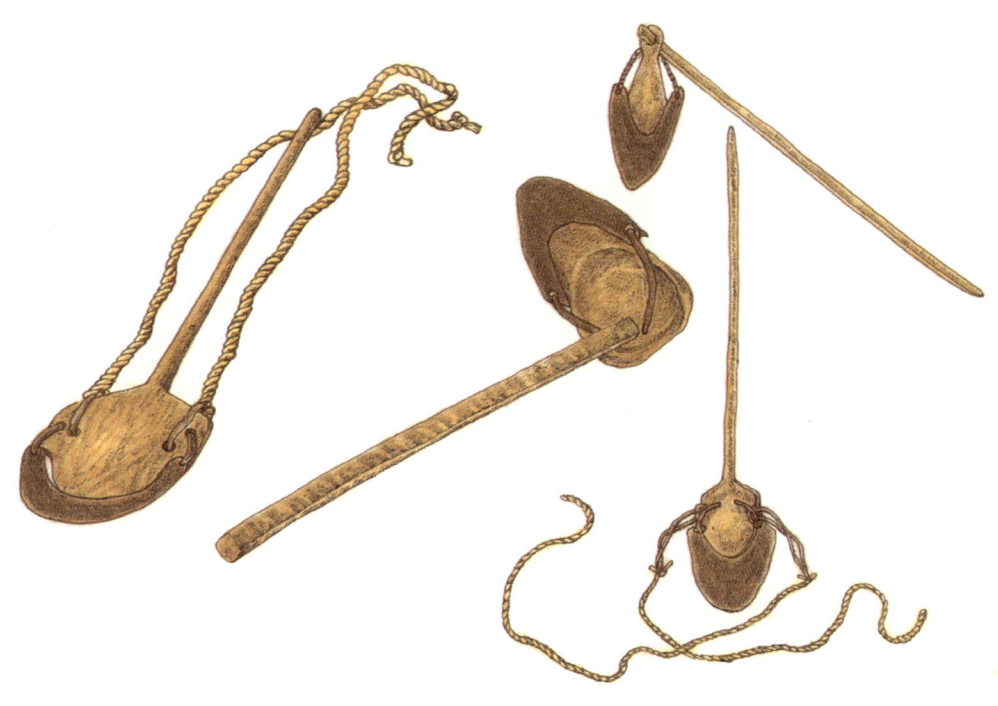

쉽게 해결되었을 텐데 미루거나 내버려 두었다가 나중에 큰 힘을 들이게 된 것을 빗대어 이르는 말.

❻ 삽

가. 도구의 발달과 원리: 땅을 파고 흙을 뜨거나 물건을 퍼서 옮기는 데 쓰는 연장이에요. 삽날에 자루를 댔는데 손잡이가 있어요. 삽은 농사뿐만 아니라 토목과 건설 공사장, 가정에서도 쓸모가 가장 많은 도구예요. 땅을 파는 곡괭이와 흙을 떠내는 삽은 바늘과 실처럼 함께 쓰였어요.

나. 삽의 종류

둥근삽: 날 끝이 둥그런 삽으로 땅을 파는 데 쓰며, 요즈음에는 날 끝을 단단하게 하려고 철을 덧댄 것이 있어요.

각삽: 날 끝이 넓적하고, 담긴 것이 흘러 떨어지지 않게 좌우 양쪽을 위쪽으로 조금 휘어 놓았어요. 흙이나 곡식을 떠서 옮길 때 쓰기 좋아요.

개양삽: 소금밭에서 소금을 퍼 담는 데 쓰는 삽으로, 날이 긴 네모꼴에 끝이 곧아요. 이와 비슷하게 날이 판판한 삽은 시멘트를 비비는 데 많이 써요.

부삽: 아궁이나 화로의 재를 치우거나 숯불과 불을 담아 옮기는 데 쓰는 조그마한 삽이에요. 본디 '불삽'이었는데 ㄹ탈락으로 부삽이 되었어요. 쇠붙이로 네모지거나 둥글게 만들되 바닥이 좀 우긋하고 긴 자루가 달렸어요.

꽃삽: 어린 식물을 옮겨 심을 때에 쓰는 흙손만 한 작은 삽으로, 모종삽이라고도 해요.

야전삽: 군인들이 가지고 다니며 쓰는 개량삽으로, 날이 작고 자루에 접어 붙여서 가지고 다녀요. 한끝에 꼬챙이가 달려서 작은 돌멩이 따위를 후벼 내기도 하고, 반으로 접어서 괭이로 쓸 수도 있어요.

오삽   막삽   각삽

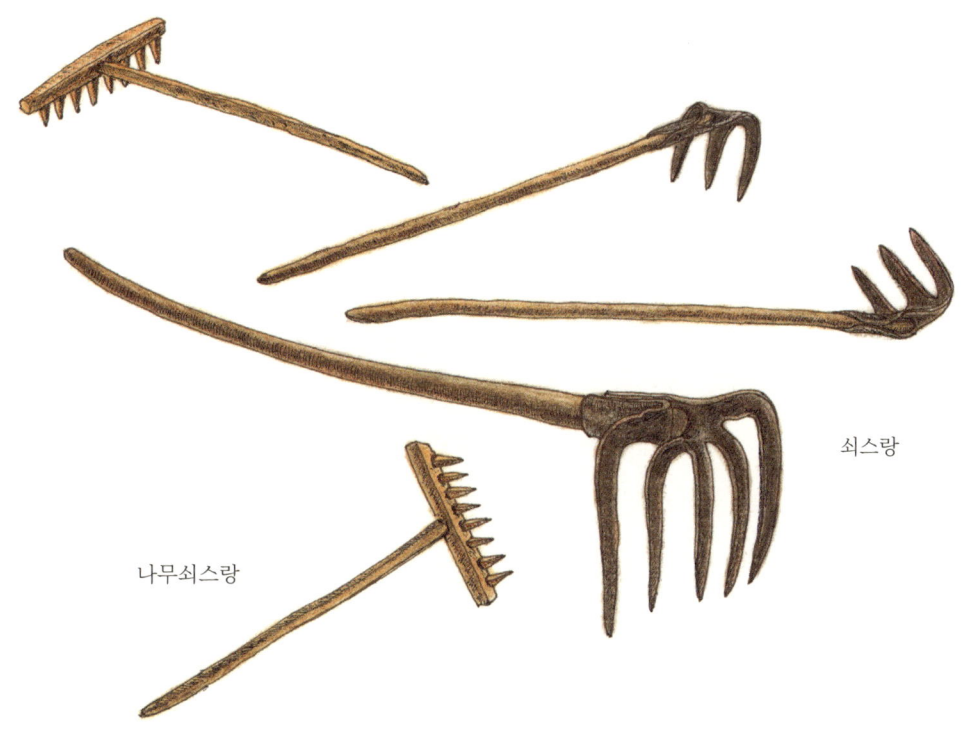

쇠스랑

나무쇠스랑

❼ 쇠스랑

가. 쓰임새: 쇠스랑의 쓰임새는 아주 많아요. 먼저, 땅을 파헤쳐 흙을 고르거나 두엄, 쌓인 풀 따위를 쳐내는 데 써요. 논둑을 뒤엎고 흙을 긁어 올릴 때도 쓰고, 밭을 파고 흙덩이를 쳐서 골을 내고 반반하게 고르기도 하며, 씨 뿌린 뒤에 이것으로 흙을 덮기도 하지요. 또 감자·고구마·무 같은 뿌리채소를 캘 때 쓰기도 해요. 요즘에는 쇠스랑을 풀 더미나 두엄을 쳐낼 때 쓰고, 흙을 고르거나 씨 뿌리기에는 서양에서 들어온 '레이크(rake)'를 많이 쓰지요. 레이크는 도로포장에서 아스팔트 합재나 노반재, 콘크리트 따위를 깔고 고를 때 쓰기도 해요.

나. 만드는 법: 쇠로 갈퀴 모양으로 발을 서너 개 만들고 한쪽 끝을 'ㄱ' 자 꼴로

구부린 뒤에 자루를 박아요. 보통 세 발로 되어 있지만, 네 발도 있고 두 발도 있어요. 어떤 것은 발이 다섯 개나 되지요.

다. 세시풍속: 도둑 잡는 쇠스랑

손가락이 굵어서 무엇을 잘 잡거나 훑어 내기를 잘하는 사람을 '쇠스랑손'이라고 해요. 또 밤에 방문이나 대문에 놓아두면 도둑이 들어오다가 쇠스랑 발을 밟아서 자루가 도둑의 얼굴이나 이마를 쳐서 도둑을 물러나게 한다고 여겼어요. 옛날에는 쇠스랑을 '쇼시랑'이라고 했어요. 지방에 따라 쇠스랑을 '소스랑 · 소시랑 · 쇠시랑 · 소스랭이 · 쇠서랑'이라 해요.

알아 두면 써먹기 좋은 토박이말: 고랑, 두둑, 이랑

농사지을 때 고랑, 이랑, 두둑을 잘 만들어 놓아야 씨앗을 심거나 모종내기가 쉽고, 작물이 잘 자라요. 도시에서 텃밭 농사를 하거나 학교 텃밭에서 체험 농사를 지을 때도 고랑, 이랑, 두둑을 만드는 일부터 시작해요. 고랑, 이랑, 두둑 사이에 서로 다른 말뜻이 숨어 있어요.

고랑: 빗물이 잘 빠지도록 두둑한 땅과 땅 사이에 길고 좁게 골을 낸 것을 이릅니다. (밭 사이로 고랑을 내다.) 또 밭 따위를 셀 때 쓰는 말입니다. (보리밭 한 고랑을 매다.)

두둑: ①논이나 밭을 갈아 골을 타서 두두룩하게 흙을 쌓아 만든 것을 이르며, 고랑과 고랑 사이에 있는 작물을 심는 곳으로 두렁이라고도 합니다. (아이들은 학교 텃밭에서 두둑 사이의 골과 그루 사이의 흙을 부드럽게 하는 일을 했다.) ②논이나 밭 가장자리에 경계를 이룰 수 있도록 두두룩하게 만든 것을 이릅니다. (두둑에 난 풀을 베어 소에게 먹였다.)

이랑: 갈아 놓은 밭의 한 두둑과 한 고랑을 아울러 이르는 말로, 한 두둑과 한 고랑을 하나로 묶어 세는 말입니다. (1고랑+1두둑을 이랑이라고 합니다.)

2. 씨앗을 심으려면 땅을 판판하고 부드럽게 만들어야 해요.

　씨앗을 심거나 모종을 내리면 쟁기로 갈아엎은 논밭의 흙을 골라서 노글노글 하게 만들어야 해요. 그래야 뿌리를 잘 내리고 싹이 잘 자랄 수 있어요. 논을 고 르는 일을 '삶이'라고 하는데, 마른논을 써레로 썰고 나래로 흙을 부드럽게 고르 는 일을 '건삶이'라고 하고, 논에 물을 대어 써레질을 하고 나래로 고르는 일을 '무삶이'라고 해요. 밭이나 텃밭을 고를 때는 곰방메, 고무래, 번지, 끙게, 나래 같 은 연장을 써서 판판하고 고르며 부드럽게 했어요.

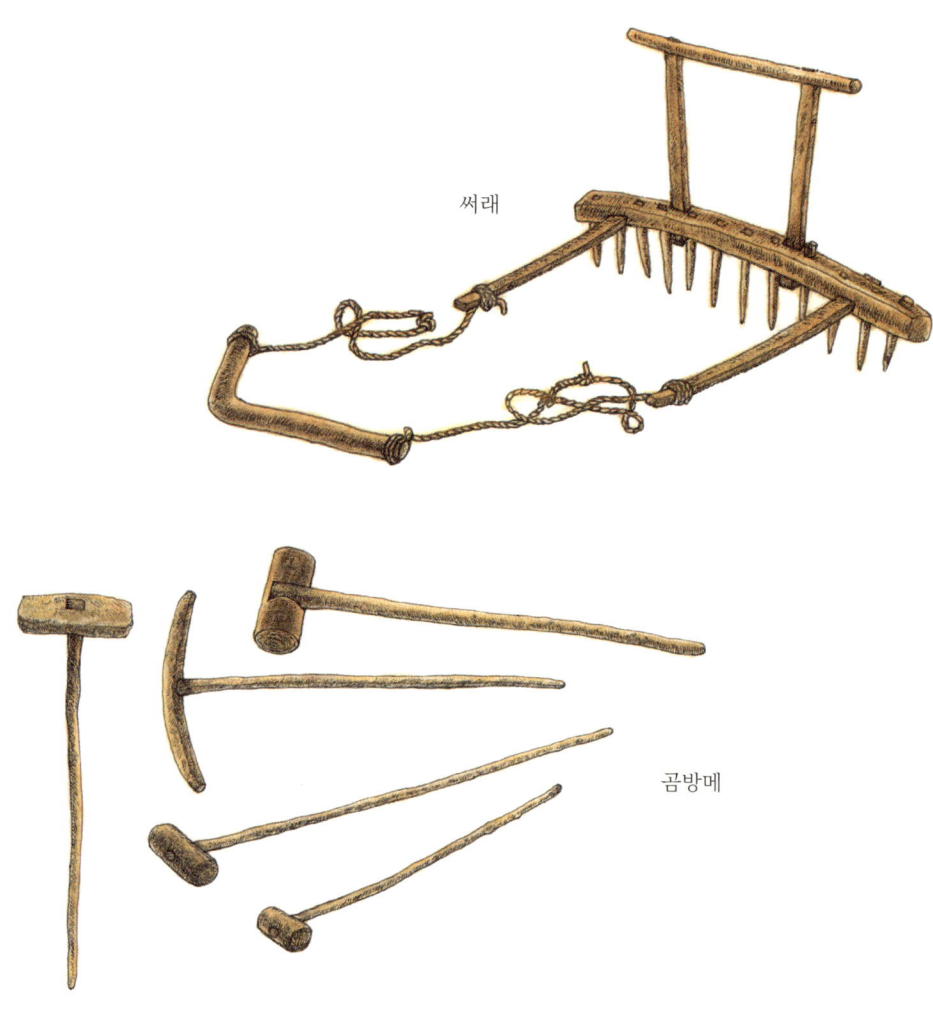

써래

곰방메

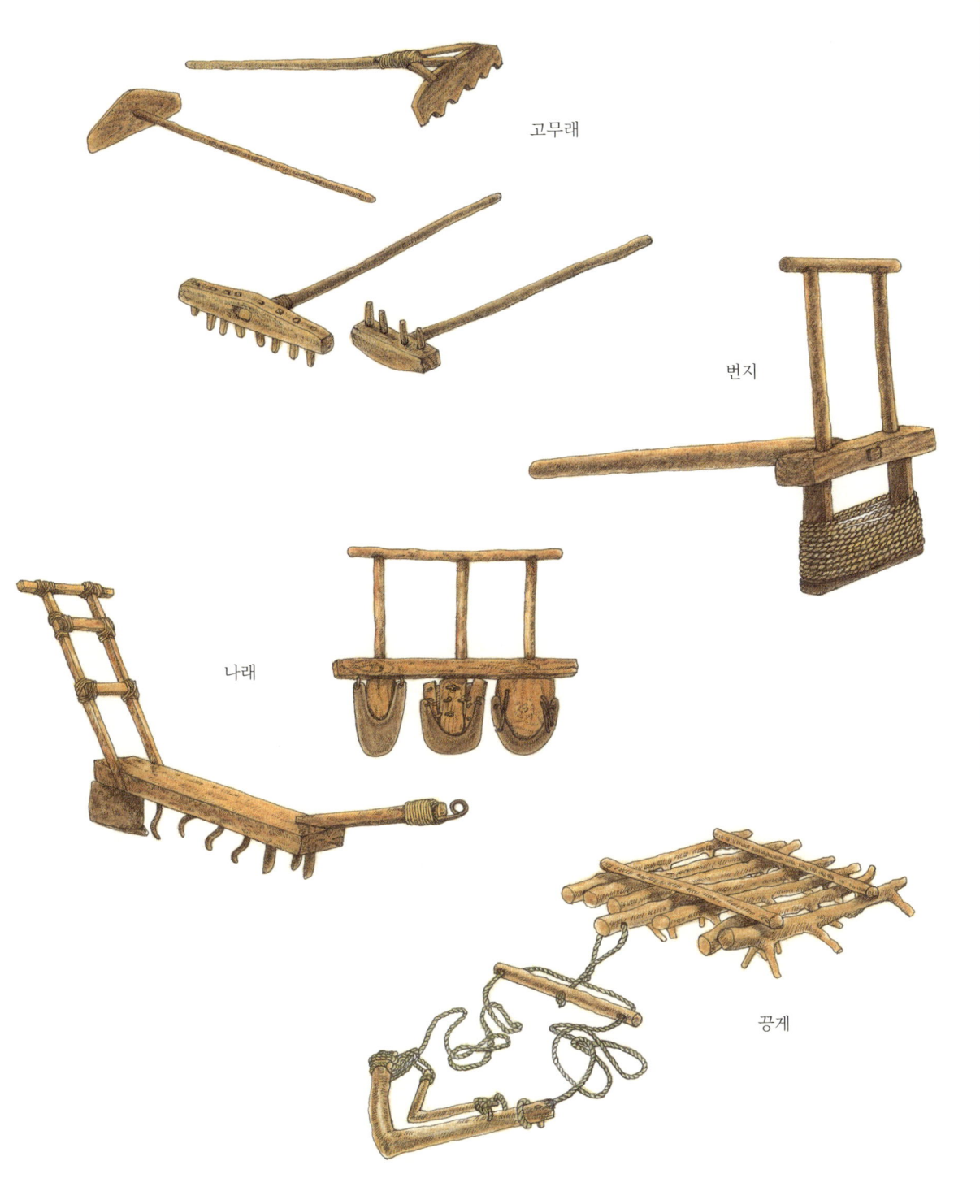

고무래

번지

나래

끙게

❶ 써레

가. 도구의 발달과 원리: 써레는 가축의 힘을 이용하여 갈아놓은 논이나 밭의 흙덩이를 부수거나 바닥을 판판하게 고르는 농기구예요. 소에 메운 써레로 쟁깃밥을 부수고 논바닥을 판판하게 고르는 일을 '써레질'이라고 해요. 써레의 생김새는 지방마다 조금씩 다르지만, 대체로 긴 토막나무에 둥글고 끝이 뾰족한 이빨 6~10개를 빗살처럼 나란히 박고, 위에 손잡이를 가로 대어 토막나무에 대각을 이루도록 긴 나무를 박은 다음 여기에 봇줄을 매어 소의 멍에에 잡아맸어요. 써레의 몸체는 보통 소나무로 만들고, 써렛발은 참나무나 박달나무처럼 단단한 나무를 깎아 쓰지만, 한두 해가 지나면 갈아 주어야 해요. 농사일에 소를 이용할 때는 써레를 쓰지만, 경운기를 이용할 때는 경운기에 '노타리'를 연결해서 땅을 골라요. 이것을 '노타리 친다'고 하는데, 노타리 또는 로타리라는 말은 사전에는 없는 농사말이에요.

나. 만드는 법: 써레는 잘 터지지 않게 길이가 1~1.5m 되는 향나무나 느릅나무, 소나무 같은 단단한 나무로 몸체를 만들어요. 이 몸체에 밤나무 · 참나무 · 박달나무같이 단단한 나무를 20~30㎝ 되는, 말뚝같이 깎은 둥글고 끝이 뾰족한 써렛발 6~10개를 땅으로 향하게 빗살처럼 나란히 꽂아 박아요. 또 써레 몸체 양 끝에서 3~4번째의 써렛발 사이 위쪽으로는 '직살' 또는 '찍게발'이라는 긴 나무막대 두 개를 박아 손잡이에 연결해요. 그리고 몸체 앞면 양쪽에 앞으로 뻗어 나오도록 긴 나무를 박고 봇줄을 매어 소의 멍에에 잡아맬 수 있게 하는데, 이를 '나루채'라고 해요.

다. 구조

손잡이

직살

굴대

나루채

봇줄

멍에

써렛발(찍게발)

라. 세시풍속: 써레시침

써레시침은 써레를 씻어 둔다는 데서 나온 말이에요. 모내기가 끝나면 이듬해까지 써레를 쓸 일이 없으므로 잘 씻어 두지요. 그리고 모내기하느라 애쓴 일꾼들을 다독이며 술과 음식을 장만하고 풍물을 치며 하루를 즐겁게 놀았어요. 이것을 '써레시침'이라고 하는데, 써레로 논을 삶듯이 마을 사람들이 다 함께 골고루 즐기며 풍년을 기원했어요.

❷ 곰방메

가. 쓰임새: 쟁기로 간 논밭의 흙덩이를 두들겨 잘게 부수는 데 쓰는 농기구예요. 또 씨앗을 뿌리기 위해 쟁기로 골을 타 곰방메로 이랑을 편평하게 고르고, 씨를 뿌린 뒤에는 흙덩이를 깨어 고르면서 씨앗을 덮는 데에도 써요.

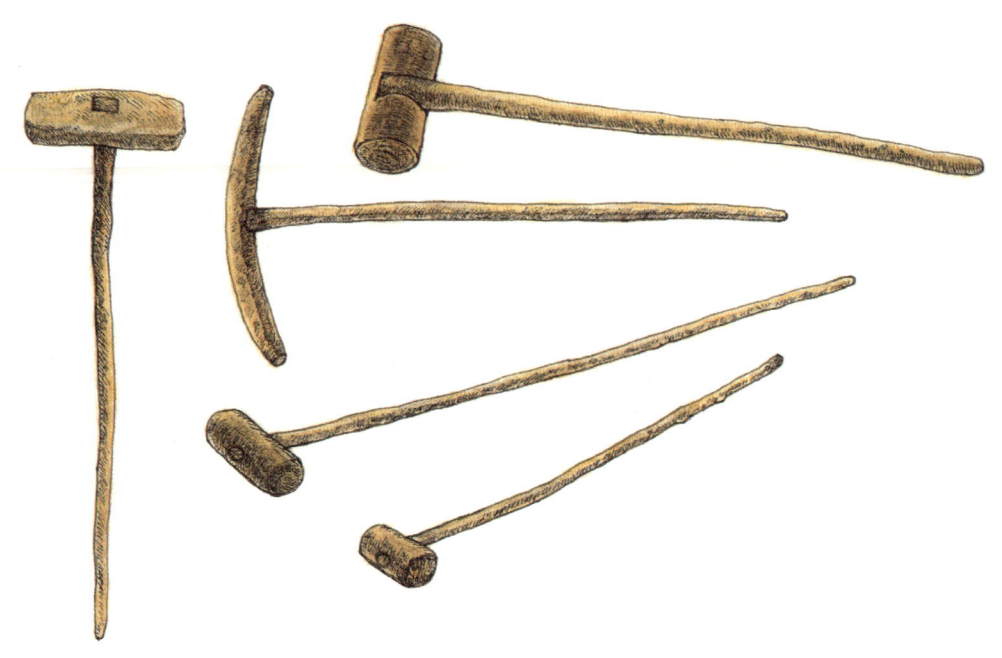

나. 만드는 법; 곰방메는 누구나 만들 수 있어요. 주로 곧고 센 성질을 가진 물푸레나무나 느티나무, 가시나무 따위로 지름 5~10㎝, 길이 30㎝ 정도 되는 둥근 통나무에다 1~2m 남짓한 긴 자루를 박아 'T' 자 모양으로 만들어요. 손잡이는 길고 가늘며 아래쪽에는 나무로 네모꼴이나 길쭉하게 둥근 통나무를 잘게 다듬어 맞추어요.

❸ 번지

가. 쓰임새: 못자리와 써레질한 논바닥을 판판하게 고르는 데 쓰는 농기구예요. 볍씨를 뿌리기 위한 못자리나 모를 내기 전 써레로 삶아 놓은 논바닥을 판판하게 고르려고 널빤지나 써렛발 앞과 밑에 덧대는 너른 판자를 번지라고 해요. 번

지로 논밭의 흙을 고르는 일을 '번지질'이라고 해요. 밭을 고를 때는 널빤지로 된 번지를 사람이 어깨에 메어 끌고 나가기도 하고, 두 사람이 마주 서서 손으로 쥐고 훑어 나가며 번지질을 해요. 비가 온 다음에 밭고랑에 번지질을 하면 흙이 축축해서 잘 부서지고, 흙에 물기가 남아 싹이 잘 자라요. 번지의 모양새와 쓰임새에 따라 '살번지, 매번지, 밀번지, 발번지, 통번지'로 나누어요.

나. 만드는 법: 번지의 모양은 보통 긴 네모꼴의 널빤지에 써렛발이 맞도록 작은 구멍 두 개를 뚫거나 작은 나뭇 조각 둘을 덧대어 턱을 만들고, 턱에 써렛발을 대고 써레 손잡이에 잡아매 놓아요. 널빤지 대신 써렛발 사이로 흙이 빠져나가지 못하게 판자를 대거나, 새끼줄이나 대쪽을 발 사이사이에 얽어매어 놓기도 해요.

④ 나래

가. 쓰임새: 주로 논밭을 반반하고 평평하게 고르는 데 쓰는 농기구이지만, 나래의 쓰임새는 무척 많아요. 첫째, 새로 지을 집터를 닦는 데 써요. 둘째, 보를 막거나 고칠 때 써요. 셋째, 구렁을 메우는 데 써요. 넷째, 떨어 놓은 곡식을 한곳으로 모을 때 써요. 다섯째, 소금을 만드는 소금밭에서도 많이 써요.

나. 만드는 법: 써레와 비슷하나 나루채가 달리지 않은 점이 달라요. 나무판 한 개나 두세 개를 잇대어 만들거나, 아래에 발 대신에 널판이나 쇠판을 가로 대어 만들어요.

❺ 고무래

가. 쓰임새: 논이나 밭의 흙을 고르거나, 씨 뿌린 뒤 흙을 덮을 때, 또는 곡식을 모으거나 펴는 데, 소금밭에서 소금을 그러모으는 데, 부엌의 재를 치우는 데 쓰는 기구예요. 고무래에는 아궁이의 재를 치우는 데 쓰는 부엌고무래와 벼, 보리, 콩 같은 알곡을 넓게 펴거나 끌어모으는 데 쓰는 곡식용 고무래가 있어요. 고무래에 짧은 발을 달면 발고무래가 되지요. 밭일할 때 많이 쓴다고 해서 '밭고무래'라고도 해요. 아궁이의 재를 치울 때 쓰는 '잿고무래'는 고무래보다 좀 작아요. 방고래의 재를 그러낸다고 해서 '고랫고무래', '고랫당그래'라고도 하지요.

나. 만드는 법: 네모꼴이나 사다리꼴 같은 널조각에 긴 자루를 박아 고무래정자 (T) 모양으로 만들어요. 발고무래는 4~6개의 발을 달아 만들어요. 나무로 만든 발은 쉬 닳거나 부러지기 때문에 쇠로 된 발을 달아 쇠발고무래를 만들어 썼어요.

❻ 끙게

  쟁기질을 한 다음 흙덩이를 부수거나 땅을 고르는 데 쓰는 농기구예요. 방망이 굵기의 나무를 발처럼 엮고 그 위에 사람을 태우거나 돌 또는 뗏장을 올려놓고 소나 사람이 끌었어요. 굵직한 통나무 양 끝에 줄을 매거나 써레를 뒤집어 놓고 끌기도 했어요. 씨앗을 뿌리고 흙을 덮을 때도 끙게를 쓰는데, 보리씨를 뿌린 뒤에 새가 쪼아 먹지 않도록 끙게로 흙을 덮었어요. 이때 끙게 위에 아이들을 태우기도 했는데, 아이들은 끙게를 타고 일하면서 놀았어요. 한편, 어린 소에게 일을 가르칠 때 끙게를 끌게 했어요.

눈썰미와 손재주를 키우는 목공예

예부터 나무는 금속이나 돌보다 다루기가 쉬워서 집짓기부터 세간붙이에 이르기까지 다양하게 이용되었어요. 둘레에서 흔히 볼 수 있는 나무를 잘라 깎고 다듬어서 기둥, 가구, 그릇, 베개(목침·퇴침), 장식품을 만들어 썼어요. 조록나무, 붉가시나무, 가시나무, 느티나무, 왕벚나무, 서어나무, 졸참나무 따위의 목재들은 단단하면서도 병충해에 강하여 목공예에 많이 이용되었어요. 나무를 찌거나 삶아서 말리면 뒤틀리거나 갈라지는 것을 막을 수 있어요. 하지만 나무는 불에 타기 쉽고 썩을 수도 있어요. 그래서 옻칠을 하기도 했어요. 가구나 나무그릇에 옻칠을 하면 윤이 나서 아름답기도 하지만, 물기가 스며들지 않아 쉽게 썩는 것을 막을 수 있어요.

나무를 자귀로 깎아 바가지, 독, 구유를 만들어 썼고, 반닫이, 궤 같은 옷장을 만들어 썼어요. 또한, 살레(찬장), 뒤주, 개다리소반, 숟가락, 젓가락, 주걱, 국자, 제기 같은 부엌세간뿐 아니라 낫과 호미 같은 온갖 농사 연장의 자루를 만들어 썼어요.

또한, 조릿대나 대오리를 엮어서 광주리, 소쿠리, 바구니, 함, 상자, 발, 부채 같은 여러 가지 물건을 만들어 썼는데, 이것을 통틀어 죽공예라고 해요. 대나무는 따뜻한 지방에서 잘 자라서 죽공예는 남쪽 지방에서 발달했어요. 예부터 전라남도 담양이 죽세공품으로 유명하지요.

제주도 같은 섬 지방에서는 생활용품을 자급자족할 수밖에 없었어요. 그래서 대나무로 생활에 필요한 여러 가지 물건을 만들어 썼어요. 나무로 집안 세간이나 부엌세간을 만들어 썼을 뿐 아니라 대나무로 바구니를 만들어 썼어요. 제주도에서는 바구니를 '구덕'이라고 하는데, 아기를 기를 때 쓰는 애기구덕, 물 긷는 동이인 허벅을 넣는 물구덕, 푸성귀를 담는 송키구덕, 이웃의 애경사에 부조 쌀이나 떡을 담고 가던 가는대구덕, 해녀들이 물질할 때 쓰는 테왁 같은 것을 넣는 물질구덕, 신당에 갈 때만 쓰던 제물구덕 같은 쓰임새에 따라 달리 만들어 이름을 붙여 썼어요.

나무나 대나무로 만든 그릇은 쓰면 쓸수록 손때가 묻어 더욱 멋스럽고, 만든 이의 마음이 담겨 정겹지요. 무엇보다도 썩히거나 태워서 거름으로 쓸 수 있어서 자연을 오염시키지 않아요. 학교마다 목공예실이 있다면 아이들의 눈썰미와 손재주를 키워 줄 수 있을 거예요.

3. 왜 거름 내기를 할까요?

땅심을 높이고 곡식이나 채소가 잘 자라게 하려고 거름을 내요. 거름에는 풀이나 짚을 외양간에 깔았다가 썩힌 두엄과, 아궁이에서 나온 재, 사람과 집짐승의 똥오줌 따위가 있어요. 거름을 나르는 연장으로, 액체 상태인 거름을 나를 때 장군(똥장군, 오줌장군)을, 똥오줌을 푸거나 논밭 여기저기에 뿌릴 때 똥바가지 · 새갓통 · 귀때동이를 썼어요. 거름대로 두엄을 뒤집거나 떠내고, 삼태기로 두엄이나 재를 담았어요.

장군   귀때동이

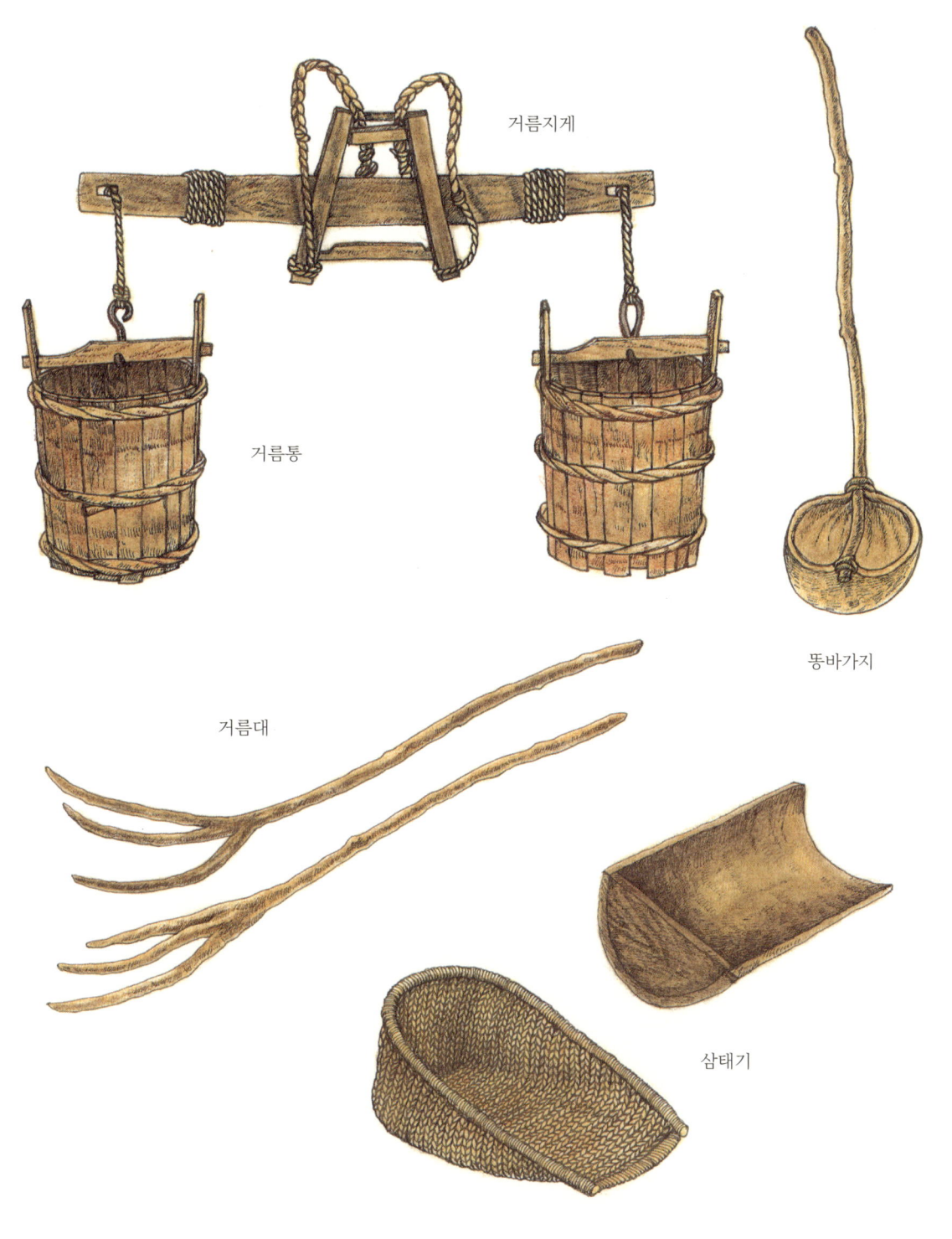

거름지게

거름통

똥바가지

거름대

삼태기

가. 거름이란?: 거름은 땅의 힘을 높여서 농작물이 잘 자라게 해요. 거름을 얼마큼 했느냐에 따라 거두어들이는 곡식이나 채소의 양은 사뭇 달라져요. 예부터 우리 농가에서는 거름을 장만하는 데 많은 힘을 기울였어요. "남한테 밥 한 사발은 주어도 재 한 삼태기는 주지 않는다.", "똥도 자기 집에 가서 누고, 여의치 않으면 자신의 밭이나 논에서 일을 보라."는 말이 있을 정도로 거름을 귀하게 여겼어요. 거름에는 풀이나 짚을 외양간에 깔았다가 배설물과 섞어 쳐내거나 풀, 짚을 썩힌 두엄, 아궁이에서 나온 재, 사람과 집짐승의 똥오줌 따위가 있어요. 또 깻묵, 쌀겨, 동물의 털이나 내장, 음식 찌꺼기 따위의 썩는 것은 모두 거름으로 활용했어요. 흙도 거름으로 쓰는데, 도랑과 개울이나 저수지 바닥 흙은 기름져서 거름으로 쓰기에 아주 좋아요. 예나 지금이나 두엄, 재, 똥오줌을 가장 많이 쓰는 편이에요.

똥의 순환: 똥은 쓸모가 많아요.

사람이나 동물은 음식을 소화하고 난 뒤 남은 찌꺼기는 똥으로 누게 되지요. 먹은 음식보다는 본디의 영양분을 많이 잃었지만, 똥은 먹은 것의 50% 정도에 이르는 영양분을 지니고 있다고 해요. 그러니까 똥에는 흙 속의 미생물이 이용할 에너지가 충분히 남아 있어요. 미생물뿐 아니라 균류, 곤충들에 이르는 수많은 생명체가 똥에서 영양분을 얻어요. 우리가 흔히 아는 쇠똥구리한테는 똥이 밥이지요. 원숭이는 영양 보충을 위해 똥을 먹고, 새끼 코끼리는 장내 균을 가지려고 어미의 배설물을 먹는대요.

현대 과학은 똥을 말려서 에너지로 쓰는 방법을 연구하고 있어요. 똥으로 전기를 얻기도 하는데, 사람의 똥을 에너지로 바꾸면 사람이 쓰는 에너지의 10~20%를 절약할 수 있다고 해요. 인도에서는 똥을 정제하여 호수를 만들기도 하고, 물고기의 밥으로도 준대요. 농작물의 거름으로 쓰는 것은 말할 것도 없지요. 루왁 커피는 사향고양이가 커피콩을 먹고 싼 똥에서 커피콩을 모아 만드는데 세상에서 가장 비싼 커피라고 해요. 소똥을 말려서 땔감으로 쓰기도 해요. 그러다 보니 땅이 있어도 거름이 모자라 농사를 제대로 짓지 못할 정도로 똥이 귀한 곳도 있어요. 그런데 똥은 어느 정도 썩은 다음에 거름으로 주는 것이 좋아요. 흔히 밭가에 웅덩이를 파고 모아두는데, 여름에는 나흘이나 닷새, 봄가을에는 열흘쯤 지나 검은색으로 바뀌면 거름을 내지요.

오줌도 똥에 못지않은 거름이에요. 농가에서는 사랑방 가까이나 뒷간 옆에 오줌독을 묻고 따로 받았어요. 어떤 사람은 남의 집에 있다가도 오줌을 누려고 자기 집으로 달려가기도 했대요. 오줌에는 요소가 들어 있는데, 이것이 질소 성분이라 거름으로 아주 좋대요. 식물의 뿌리와 닿지 않게 오줌을 뿌려 주면, 고추와 오이가 주렁주렁 달리고 배추와 무가 튼튼하게 자라지요.

농가에서는 뒷간을 크게 짓고 한쪽에 재를 모으는데, 그것을 잿간이라고 해요. 뒷간에서 똥을 눈 뒤에 자루가 긴 삽으로 재를 덮은 뒤에 뒤로 떠 던지면 똥재가 모이지요. 그러면 아주 훌륭한 거름이 돼요. 재는 바람에 흩날리기 때문에 이렇게 똥재를 만들거나 오줌에 버무려서 사용해요. 외양간, 마구간, 돼지우리에서 나오는 똥오줌이 섞인 두엄뿐 아니라 닭똥이나 개똥도 좋은 거름이에요. 개똥을 물이나 똥오줌에 섞기도 하고 그대로 쓰기도 하는데, 주로 채소밭에 줬어요. 참외밭에 쓰면 열매가 달다고 해요. 옛날에는 길에서 개똥이나 쇠똥을 괭이나 호미로 긁어 담는 데 쓰던 '개똥삼태기'가 있었어요. 이른 아침에 할아버지 할머니가 개똥삼태기를 메고 다니며 개똥이나 쇠똥을 모았는데, 아이들도 했어요.

나. 거름을 주는 때: 거름은 씨를 뿌리기 전이나 모를 내기 전에 주는 것을 '밑거름', 씨앗을 뿌린 뒤나 옮겨 심은 뒤에 필요할 때마다 주는 것을 '웃거름'이라고 해요. 밑거름은 추수가 끝난 뒤 서리가 내려 추워지기 전이나, 추운 겨울이 지나고 날이 풀리면 가장 먼저 논밭에 거름 내는 일을 했어요. 똥이나 오줌으로 웃거름을 줄 때는 거름이 작물의 뿌리나 줄기에 직접 닿지 않게 조심해야 해요.

거름지게

똥바가지

거름통

다. 세시풍속: 거름 내는 소리

거름을 논밭으로 실어 내거나 논밭에 펼쳐 내면서 부르는 농요를 '거름 내는 소리, 논 거름 내는 소리, 밭 거름 내는 소리, 두엄소리, 두엄노래'라고 해요. 운반 도구가 발달하지 옛날에는 지게에 등짐으로 거름을 져 나르는 일이 흔했어요. 따라서 무척 힘든 일이었고, 일손도 많이 필요했어요. 일꾼들이 지게로 무거운 두엄을 져 나르면서 부른 노래가 '거름 내는 소리'예요. 한편, 화전 지역에서는 나이가 많거나 홀로 사는 노인이 있으면 그들의 밭에 마을 사람들이 거름을 날라다 뿌려 주는 아름다운 풍속이 있어요.

> 바늘 같은 허리에다 태산 같은 짐을 지고
> 어허허 어허허 어허허 에헤야아 (후렴)
> 앞산 뒷산 불 질러라 두렁 엎어 콩을 찍세
> 어허허 어허허 어허허 에헤야아 (후렴)
> 이내 신세 어이하여 지게목발 못 면하나

❶ 장군(똥장군, 오줌장군)

가. 도구의 구조와 원리: 커다란 럭비공처럼 옆으로 길쭉하게 생겼고 옆구리에 주둥이가 있어요. 뒷간 똥통에 있는 똥오줌을 똥바가지로 퍼내기 쉽게 오줌이나 물을 섞은 다음 똥장군에 담아 날랐어요. 주로 봄에 뒷간에서 썩힌 똥오줌을 장군에 담아 짚 뭉치로 주둥이를 틀어막고 똥지게로 져 날랐어요. 따로 받아 놓은 오줌을 져 나르는 것을 '오줌장군'이라고 하는데, 전라도 지방에서는 '소매장군'이라고도 해요. 장군에 담아 똥지게로 져 나른 거름은 논이나 밭에 가서 새갓통이나 똥바가지에 부어 골고루 뿌려 주는데, 경기 지방에서는 장군을 지게에 얹은 채 주둥이만 기울여 따라 붓고, 충청도 이남에서는 그냥 펑퍼짐한 병 모양으

로 되어 있어서 꼭 안고 기울여 따른다는 특징이 있어요.

나. 만드는 법: 장군은 흙을 빚어 구워 만든 오지장군과 나뭇조각을 결어 만든 나무장군이 있어요. 오지장군은 옹기 굽는 곳에서 따로 구워 만들어요. 뚜껑은 주둥이 크기에 맞도록 뭉친 짚을 다시 지푸라기로 싸서 윗부분을 묶어서 만들고, 지푸라기를 묶은 부분은 말끔하게 잘라 내어 뚜껑 손잡이로 만들어요. 나무장군은 나무로 된 널 여러 개를 이어 묶어서 만들었기 때문에 나무가 마르면 널 틈으로 오줌이 새어 나올 수 있어요. 그래서 쓰지 않을 때도 물을 담아 두어 나무가 늘 팽창되어 있도록 해 두었어요.

❷ 똥바가지

오줌이나 똥물을 퍼 담을 때 쓰는 그릇으로, 새갓통에 긴 막대기를 대어 만들어요. 자루가 긴 것은 뒷간에서 똥물을 퍼서 장군에 담을 때 쓰고, 자루가 짧은 것은 똥물을 퍼서 논이나 밭에 뿌릴 때 쓰지요. 박으로 된 것뿐 아니라 플라스틱 바가지나 철모로 만든 똥바가지도 있었어요.

❸ 귀때동이

논밭에 지어다 놓은 똥오줌을 거름통에서 덜어 내 이리저리 옮겨 가며 뿌리는 데 사용해요. 한쪽에 귀처럼 생긴 액체를 따라 내는 구멍이 있어서 귀때동이란 이름이 붙었어요.

❹ 삼태기

흙이나 거름, 곡식, 모래, 자갈, 쓰레기 따위를 담아 나르는 그릇이에요. 두엄이나 재 같은 거름을 담아 허리춤에 끼고 논밭에 뿌리기도 하고, 곡식을 퍼 담거나 흙, 모래, 자갈 들을 담아 나르는 데도 쓰는 물건이에요. 삼태기는 짚이나 싸리, 대오리, 칡 줄기 같은 것으로 앞쪽은 밋밋하게 벌어지고, 옆에서 뒤쪽으로 갈수록 우긋하게 높여 쉽게 담고 쏟을 수 있게 만들었어요.

❺ 거름대

두엄, 썩은새(썩은 이엉), 낙엽 같은 것을 걷어 내거나 쳐내는 데, 또는 외양간을 칠 때 쓰는 연장이에요. 거름대는 나무와 쇠붙이로 만드는데, 잔가지 3~4개가 부챗살처럼 뻗은 나뭇가지를 다듬어서 만든 것과 쇠꼬챙이를 자루에 박은 것이 있어요. 세 갈래로 벌어진 나뭇가지로 만든 것을 '나무거름대', 날이 쇠붙이로 된 것은 '쇠거름대'라고 하는데, 거름대라 하지 않고 '쇠스랑, 삼지창'이라고 하는 곳도 있어요. 요즘에는 포크처럼 생긴 거름대를 사용해요.

거름대

철호크

쇠스랑

나무쇠스랑

123

4. 씨 뿌리는 소리를 하면서 즐겁게 일해요.

　씨뿌리기는 논밭을 갈고 삶은 뒤에 극쟁이나 고써레, 괭이나 호미와 같은 도구로 골을 타고 씨앗을 넣거나 모종하는 일을 말해요. 때로는 갈아놓은 밭에 씨를 먼저 뿌린 다음 써레나 곰방메 같은 연장으로 썰고 고르는 수도 있어요. 옛사람들은 씨앗을 뿌리면서 '야하라 에이에헤에 헤이 좋다/에헤야에－에 어기어라/농부님네 풍년씨앗 잘 뿌려 나간다'와 같은 '씨 뿌리는 소리'와 '자구밟이소리'를 하면서 즐겁게 일했어요.

씨송곳

고써레

씨망태

종다래끼

궁글대

➊ 씨송곳

가. 도구의 구조와 원리: 참깨, 채소, 인삼 따위 씨앗을 심을 때 씨가 들어갈 구멍을 만드는 데 씨송곳을 이용했어요. 송곳 부분을 땅에 대고 누르면 구멍이 생겨요. 여기에 씨앗을 넣고 흙을 덮어요. 참깨 같은 곡식이나 채소 같은 씨앗을 넣을 때 쓰는 씨송곳은 송곳이 크고 듬성듬성 한 줄로 박혀 있어요. 씨송곳은 주로 인삼 씨를 심을 때 많이 써요. 인삼 씨를 심으려면 고랑을 내고 두둑을 만드는데, 여기에 씨송곳으로 구멍을 뚫고 구멍마다 인삼 씨를 하나씩 넣은 다음 손으로 살살 흙을 덮어요.

나. 만드는 법: 나무판이나 토막에 일정한 간격으로 송곳(돌기)을 박아요. 인삼 씨송곳은 1~2cm 되는 작은 송곳 30~50개를 3~4줄로 나란히 박아 만들어요.

❷ 고써레

옥수수나 콩을 심을 때 씨를 넣을 골을 타는 데 쓰는 농기구예요. 크고 굵은 써렛발 두세 개로 골을 타지요. 생김새가 써레와 비슷하여 '고써레'라고 하지만, 쓰임은 아주 다르지요.

❸ 씨망태, 종다래끼

모두 씨앗을 뿌릴 때 씨를 담아 나를 때 쓰는 그릇이에요. 종다래끼는 작은 바구니로, 다래끼보다 작으며 양쪽에 끈을 달아 허리에 차거나 멜빵을 달아 어깨에 메기도 하지요. 짚으로 꼰 새끼나 갈대, 오리버들, 싸릿대, 인동덩굴 따위로 엮어 만들어 썼어요.

종다래끼

씨망태

❹ 궁글대

씨를 뿌리고 덮은 흙이 바람이나 비에 떠내려가 없어지지 않도록 땅을 다져 주는 데 쓰는 도구예요. 이른 봄 땅이 풀리면서 흙이 얼고 녹기를 반복하여 뿌리가 들떠 있는 보리를 밟아 주는 데도 썼어요.

5. 김매기는 왜 중요할까요?

    논밭에 난 잡풀을 '김'이라고 해요. 김매기는 잡풀을 없앨 뿐만 아니라 포기 사이의 굳어진 겉흙을 부수어 공기가 잘 통하고 물기가 잘 유지되게 해 주지요. 논의 김매는 일을 '논매기'라 하고, 밭의 김매는 일을 '밭매기'라고 해요. 논매기는 세 번에 걸쳐 하는데, 맨 처음으로 김매는 일을 '애벌매기, 초벌매기, 아이논매기'라고 해요. 여기서 '아이'는 '처음'이라는 뜻이에요. 두 번째 논매기를 두벌매기 또는 이듬매기, 세 번째 김매는 것을 세벌매기 또는 만물매기라고 해서 끝이 나지요. 호미나 밀낫으로 김매기를 하는데, 호미를 가장 많이 써요. 예부터 "호미 끝에 자연히 벼 백 그루가 생긴다."는 말이 있을 정도로 김매기는 무척 중요한 일이었어요.

세모꼴 호미

낫꼴 호미

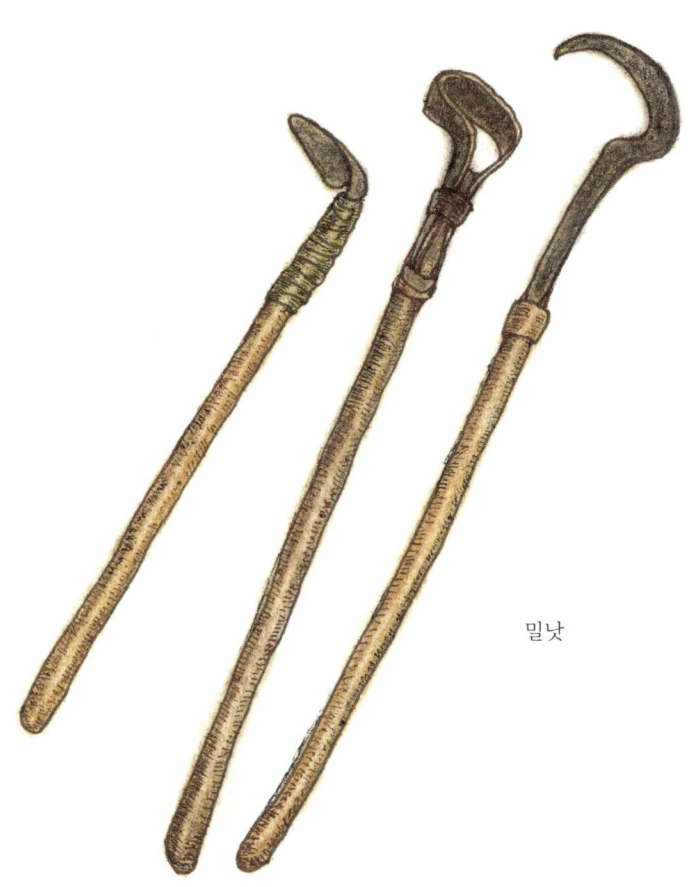

밀낫

❶ 호미

가. 도구의 발달과 원리: 호미의 쓰임새는 크게 세 가지로 나눌 수 있어요. 첫째, 콩이나 옥수수 같은 씨앗을 심을 때, 둘째, 논이나 밭의 김을 맬 때, 셋째, 감자나 고구마를 캘 때라고 할 수 있어요. 호미는 신라 시대의 안압지 출토 유물에서 나온 것으로 봐서 삼국 시대부터 썼다고 짐작돼요. 호미의 생김새는 크게 달라지지 않았어요. 고려 시대의 호미와 오늘날의 호미가 같아요. 쇠로 만든 날의 끝은 뾰족하고 위는 넓적한 세모로 되어 있는데, 목을 가늘게 휘어 구부린 뒤 둥근 나무 자루에 박은 모습이 예나 지금이나 거의 똑같아요.

나. 종류: 호미는 지역에 따라 생김새가 달라요. 북부 지역에서는 날을 넓고 무겁게 만들어 썼어요. 비가 적고 기온이 낮은 북부 지역은 흙이 단단해서 잡초의 생장이 느리고 뿌리가 얕으므로 긁어 주기만 해도 김을 맬 수 있기 때문이에요. 반대로 비가 많고 기온이 높은 남부 지역에서는 잡초의 생장이 빠르고 뿌리가 깊기 때문에 날을 작고 뾰족하게 만들어 썼어요. 제주에서는 호미를 골갱이라고 하는데, 날이 쇠꼬챙이처럼 작고 가늘어서 흙에 박아 땅속 깊이 뻗은 뿌리까지 파낼 수 있어요.

세모꼴 호미

낫꼴 호미

다. 만드는 법: 쇠날 앞은 뾰족하고 위는 넓적하게 만들어 이 쇠날 한끝에서 목이 휘어 꼬부라져서 넘어간 부분에 둥근 나무토막을 박아 자루를 만들어요.

라. 세시풍속: '호미씻이' 또는 '호미걸이'

　논매기는 보통 세 번 하는데, 세벌매기(만물매기)가 끝나는 음력 7월에 하루 날을 잡아 마을잔치를 벌였어요. 그날은 일하지 않고, 음식을 장만하고 농악을 울리며 즐겁게 놀았어요. 논매기는 가장 힘들고 어려운 일이라 마을 사람들이 힘을 모아 두레로 일했어요. 두레는 여럿이 함께 농사일을 하려고 만든 사람들의 모임이에요. 두레로 힘든 농사일을 하면서 노래를 불렀는데, 김을 맬 때 부르는 소리를 '김매는 소리'라고 해요. 논매기 소리는 세 번 맬 때마다 같은 소리를 부르기도 하지만, 애벌매기·두벌매기·세벌매기에 따라 다른 노래를 부르기도 했어요. 아무튼 힘든 논매기가 끝나면 술과 음식을 장만하여 시원한 물가나 산기슭의 나무 그늘에서 농악을 울리며 놀았는데, 논매기에 더는 호미를 쓰지 않아도 된다고 해서 이날을 '호미 씻는 날'이라고 했어요. 또 이날 두레패의 깃발을 마을에 세워 두고 줄에 호미를 주렁주렁 매달아 두는 고장도 있는데, 호미를 걸어 둔다는 해서 '호미걸이'라고 했어요. 호미씻이나 호미걸이 하는 날은 일꾼들뿐만 아니라 온 마을이 곡식이 잘 여물기를 바라며 즐겁게 놀았어요.

❷ 밀낫

　날 모양이 낫처럼 생겼다고 해서 '밀낫'이라고 하지만, 김맬 때 쓰는 연장이에요. 1m 남짓한 자루에 끝이 둥글거나 비스듬히 휜 날을 박았어요. 날이 등 쪽에 있는 밀낫으로 땅바닥을 밀어서 김의 뿌리를 자르거나, 날이 안쪽에 있어 당겨서 잘라 내요.

대장간 이야기

　대장간은 쇠를 달구어 온갖 연장을 만드는 곳이에요. 한자말로는 단철장, 야장이라고 해요. 대장간에서는 새 연장을 만들 뿐 아니라 무디어진 연장의 날을 벼리기도 하지요. 옛날에는 시골 장터나 마을마다 반드시 대장간이 있어 무딘 농기구나 온갖 연장을 불에 달구어 벼리기도 하고 새로 만들기도 했어요.

　대장간에서 하는 일을 '대장일'이라고 하는데, 대장일은 구리나 철 같은 재료를 불에 달구어 두드려서 원하는 모양을 만드는 일과, 달군 쇠를 물에 담가 식히는 담금질로 이루어져요. 담금질로 쇠의 강도나 성질을 조절하지요. 이런 대장일을 하는 사람을 흔히 '대장장이'라고 하는데 대장공, 야공, 철장이라고도 하지요.

　대장장이가 대장간에서 대장일을 하려면 꼭 필요한 것이 있어요.

화덕: 불을 피워 쇠를 달구는 것으로, 쇠로 만든 '쇠화덕'과 흙으로 쌓아 만든 '흙화덕'이 있어요.

풀무: 화덕에 바람을 일으켜 불을 피우는 도구예요. 발풀무와 손풀무가 있어요.

모루: 달궈진 쇠를 두드리려고 올려놓는 판이에요. 달군 쇠를 모루 위에 올려놓고 두드려서 호미, 괭이, 칼, 낫, 쇠스랑 같은 온갖 연장을 새로 만들거나 무딘 날을 벼리지요.

메, 망치: 모루에 올려놓은 달궈진 쇠를 두드릴 때 쓰는 도구예요. 메로 치는 것을 '메질'이라 하고, 망치로 치는 것을 '망치질'이라고 해요. 메질은 집게대장과 메질꾼이 함께하는 일이에요. 메질을 도맡아 하는 사람을 '메질꾼'이라고 하는데, 메질꾼은 한 사람에서 네 사람까지 둘 수 있어요. 그 가운데 큰메로 치는 사람을 '앞메꾼'이라고 해요.

집게: 달궈진 쇠는 아주 뜨거워서 집게로 집어야 해요. 메질할 때 집게로 쇠를 잡고 있는 사람을 '집게대장'이라고 하는데, 가장 숙련된 사람으로 메질꾼이 메질할 곳을 알려 주며 쇠의 모양을 잡아 가는 사람이에요. 집게대장이 집게로 달궈진 쇠를 잡고 다른 한 손으로 작은 망치로 메질할 곳을 한 번 치면 메질꾼이 쇠메로 그곳을 힘껏 내리치지요. 따라서 집게대장이 잘못된 곳을 알려 주면 메질꾼도 잘못된 곳에 메질할 수밖에 없어요. 집게대장은 가장 숙련된 대장장이가 했는데, 흔히 대장간 주인이 맡았어요. 집게대장은 메질할 곳을 가리킬 뿐만 아니라 메질의 강약을 조절하고, 메질꾼이 기운 나도록 큰 소리로 힘을 북돋웠어요.

　쇠붙이를 다루는 대장간의 정신과 얼은 제철 산업과 철강 산업, 그리고 온갖 연장을 만드는 산업으로 이어지고 있어요.

6. 왜 힘들게 물을 퍼서 논에 대야 하나요?

벼농사에는 물이 많이 필요한데, 수리 시설이 잘되어 있지 않은 논에는 비가 오지 않아 논이 마를 때마다 물을 퍼 넣어야 했어요. 옛날에는 모내기 철이 되었는데 비가 적게 내려 물이 모자라면 개울이나 웅덩이에서 물을 퍼서 논에 댔어요. 이때 두레, 맞두레, 용두레, 무자위, 물풍구 같은 도구를 썼어요.

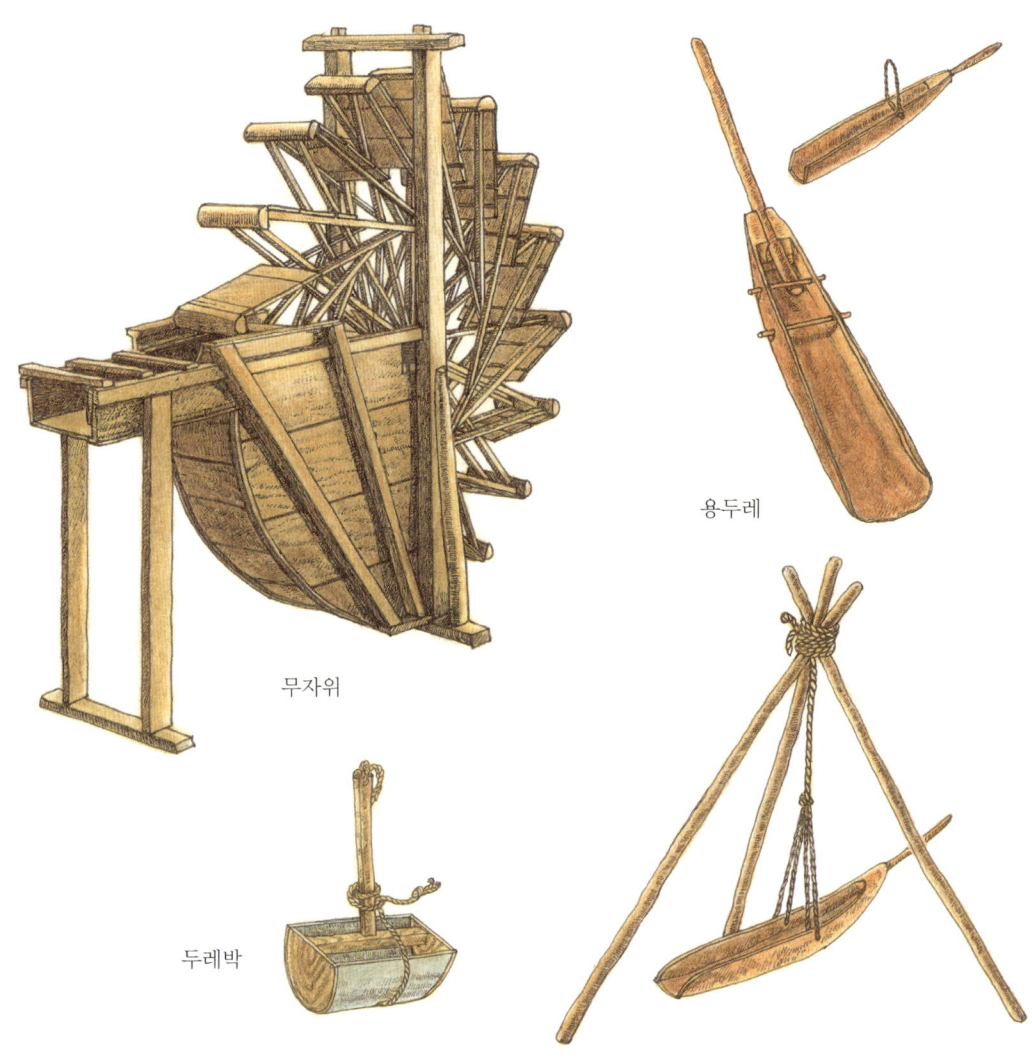

용두레

무자위

두레박

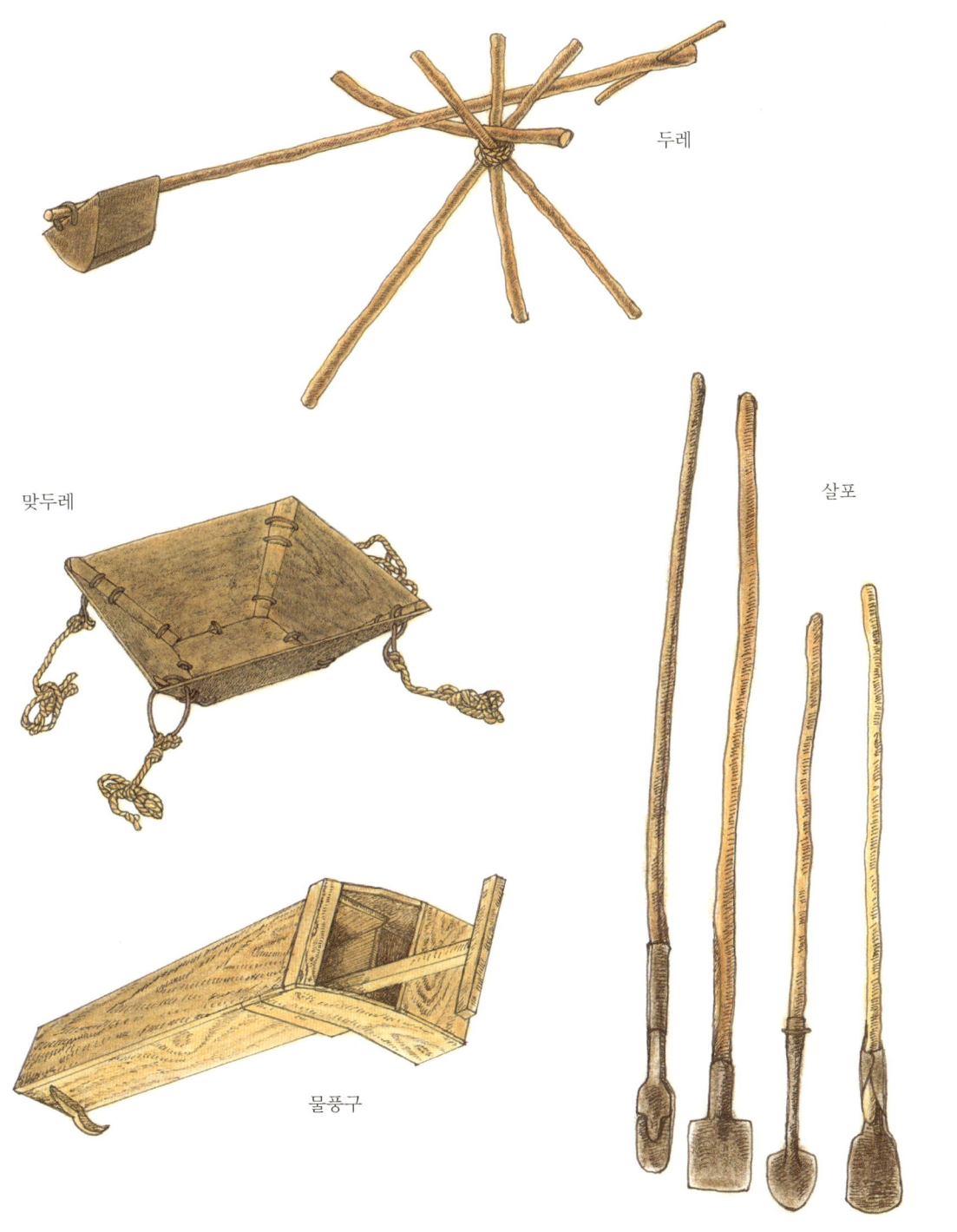

두레

맞두레

살포

물풍구

❶ 무자위

가. 도구의 발달과 원리: 무자위는 우리나라의 재래식 양수기로 수룡 또는 수차라고도 해요. 굴대 한 개에 나무판 여러 개를 나선형으로 붙였는데, 마치 날개 달린 바퀴처럼 생겼어요. 이 날개판을 두 발로 번갈아 밟으면 바퀴가 돌아가면서 물이 올라와 봇도랑으로 흐르지요. 무넘기가 얕은 곳에서 한꺼번에 많은 물을 댈 수 있으며, 무자위는 물을 자아올린다 하여 생긴 이름이에요. 무자위는 양수기와 수력 발전의 어머니라고 할 수 있어요. 무자위가 물을 퍼 올리는 원리가 발달하여 요즈음의 동력 양수기가 나타났어요. 동력 양수기는 발동기나 모터로 양수기의 날개바퀴를 돌려서 땅속 물을 지하수를 자아올리지요. 또 수력 발전기에도 무자위의 원리가 적용돼요. 수력 발전은 높은 곳의 물을 낮은 곳으로 떨어뜨리는 힘으로 전기를 일으키거나, 밤에 낮은 곳의 물을 자아올려 가두었다가 낮에 다시 떨어뜨려 전기를 만들어 내지요.

무자위: 낮은 곳의 물 → 날개판을 밟아 굴대바퀴를 돌림 → 물이 높은 곳으로 올라감.

양수기: 낮은 곳의 물 → 날개바퀴를 모터로 돌림 → 물이 높은 곳으로 올라감.

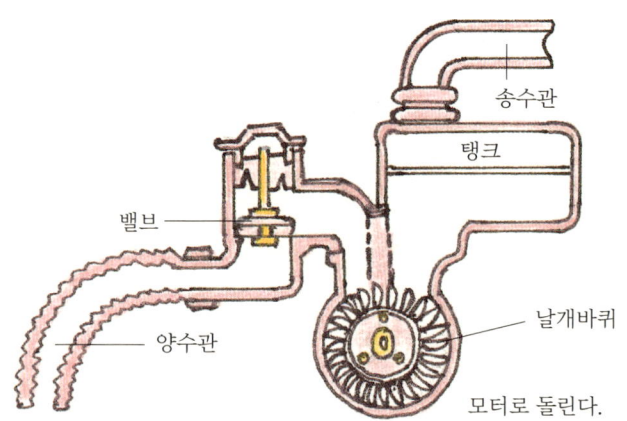

송수관

탱크

밸브

양수관

날개바퀴

모터로 돌린다.

수력 발전: 위치 에너지(높은 곳의 물) → 기계 에너지(낮은 곳으로 떨어지는 힘으로 터빈을 돌림) → 전기 에너지 발생

나. 만드는 법: 무자위는 물레방아나 달구지의 바퀴와 비슷하게 생겼어요.

①나무바퀴에 판자로 된 날개 19장을 바퀴 둘레로 돌려 가며 알맞게 나누어 붙여요.

②날개 둘레에 많은 발판을 나선형으로 붙여요.

③한쪽에 주둥이를 달아 퍼 올린 물을 한곳으로 흘러가게 해요.

④무자위의 아랫부분은 물에 잠기게 설치해요.

⑤한 사람이 올라서서 비스듬히 세운 기둥을 잡고 날개를 밟아 내리면 사람의 무게로 바퀴가 돌아요. 그러면 도는 바퀴 날개가 물을 쳐서 밀어 올려 올라온 물은 널빤지로 만든 물길을 따라 홈통으로 흘러나오게 되지요.

아르키메데스의 스크루(screw)

    아르키메데스는 B.C. 3세기쯤에 살던 그리스의 과학자예요. 그 당시의 왕 히에론 2세는 아르키메데스에게 역사에 남을 만한 멋지고 큰 배를 만들라고 했어요. 사람이 600명이나 탈 수 있고, 정원과 체육관을 갖추고 아프로디테 여신을 모신 신전까지 있는 배를 만들라고 했으니 얼마나 호화롭고 커다란 배였을지 알 수 있지요. 아르키메데스는 크나큰 배로 들어온 물을 퍼내기 위해 스크루(screw)라는 장치를 발명했어요. 이것은 나사 모양의 날개가 원통 모양의 기둥에 달려서 기둥을 회전시켜 기둥 아래쪽에 있는 물을 위쪽으로 퍼 올리게 되어 있었어요. 이 장치의 원리를 이용해 낮은 곳에 있는 강물이나 냇물을 높은 곳으로 끌어 올리는 양수기가 나타났어요. 현대에도 스크루 펌프로 폐수 처리장에서 더러운 물을 퍼 올리고 있으니, 아르키메데스의 스크루는 위대한 발명품이라 할 수 있어요. 그런데 아르키메데스의 스크루는 우리 겨레가 무자위로 물을 퍼 올리는 원리와 비슷했어요.

---

❷ 두레

가. 도구의 발달과 원리: 두레는 낮은 곳에 있는 물을 높은 곳에 있는 논에 물을 퍼 올리는 도구예요. 논둑이 높은 곳에 흐르는 개울물을 막고 통나무의 한쪽 끝을 언덕진 곳에 걸치고 다른 한쪽은 수평이 되게 받침대 위에 얹어요. 걸쳐 놓은 통나무 가운데에 기다란 막대기를 걸치고 막대기의 가운데에 가벼운 오동나무로 만든 커다란 두레박을 달아서 서너 사람이 힘을 모아 물을 퍼 올렸어요. 이때 두레박은 밑바닥은 아주 좁고 위쪽은 넓게 퍼지게 네 귀퉁이를 만들었어요. 네 귀퉁이 위쪽에 줄을 매달고 양쪽에서 노 젓는 것처럼 당겼다 밀었다 하면서

두레

두레박

물을 퍼 올렸어요. 혼자서 할 때는 크기가 작은 두레박을 막대기 끝에 달고 물을 펐어요. 이처럼 두레는 무넘기가 높아서 용두레를 쓸 수 없거나, 물이 있는 곳과 논이 있는 곳의 거리가 멀어 맞두레를 쓸 수 없는 곳에서 주로 썼어요.

우물에서 물을 풀 때 쓰는 두레박은 바로 이 '두레'와 모양새가 비슷하다고 하여 생긴 이름이에요. 줄을 달아맨 것을 두레박이라고 하며, 긴 자루 끝에 바가지를 달아 물을 푸는 것을 타래박이라고 해요. 두레박은 바가지나 널빤지, 양철 같은 것으로 만들어 썼어요.

나. 세시풍속: 물 푸는 소리(드레소리)

모내기 철이면 논에 물을 푸는 일이 많았어요. 여럿이 힘을 모아 물을 퍼 올리면서 부르던 노래를 '물 푸는 소리'라고 하지만, 물 푸는 도구에 따라 용두레소리, 드레소리라고도 했어요. '드레'는 두레의 옛말이에요. 모내기 철에는 물 푸는 소리뿐만 아니라, '모내는 소리, 모 찌는 소리'도 부르며 힘든 일을 즐겁게 했어요.

❸ 맞두레

가. 도구의 구조와 원리: 논 옆에 개울이나 웅덩이가 있을 때 네모난 두레박 네 귀퉁이에 줄을 달아 양쪽에서 두 사람이 마주 잡고 물을 퍼 올리던 것을 맞두레라고 해요. 물이 깊이 고여서 두레나 용두레로는 물을 퍼 올리기 어려운 데에서 쓰지요. 이때 두레박은 나무로 만든 함지 같은 그릇을 쓰기도 했는데, 나무통은 쉽게 깨지거나 망가져서 양철통이나 헌 이남박을 대신 쓰기도 했어요. 두 사람이 맞두레로 물을 푸면서 한 사람이 '어리 하나', '어리 둘' 하고 세면, 다른 한 사람이 '올체' 하며 받아서 장단을 맞추며 일했어요.

나. 만드는 법: 나무나 양철로 함지처럼 바닥이 좁고 위가 넓게 두레박을 만들고, 네 귀퉁이에 튼튼한 줄을 길게 달아 묶어요.

❹ 용두레

가. 도구의 구조와 원리: 용두레는 물이 많고 둑이 높지 않은 곳의 물을 혼자서 퍼 올리는 데 썼어요. 논 옆에 흐르는 개울물을 막기도 하고, 가뭄을 대비해 논 한 귀퉁이에 구덩이를 파고 웅덩이(지방에 따라 '둠벙' 또는 '둔벙'이라고 함)를 만들어 가 두어 둔 물을 혼자 퍼서 논에 댔어요. 깊이 1.5m 되는 통나무를 앞쪽은 넓고 깊 게 파고, 뒤쪽은 좁고 얕게 파낸 다음 뒤쪽에 자루를 달거나, 아예 자루까지 통 나무를 통째로 다듬어 만들었어요. 용두레는 나무표주박이나 바가지를 발전시 킨 것으로, 15~16세기부터 쓰였다는 기록이 남아 있어요.

나. 만드는 법: ①길이 1.5m 정도 되는 통나무를 배 모양으로 길쭉하게 앞쪽은 넓고 깊게 파고, 뒤쪽은 좁고 얕게 파서 물을 담는 물통을 만들어요.

②물통 가운데 양쪽에 작은 구멍을 뚫어 가는 나무를 끼우고 여기에 끈을 묶어요.

③물통 양쪽에 맨 끈을 세 개의 긴 작대기를 원뿔꼴로 모아 세운 꼭대기에 매어 물통을 적당히 들어 올려요.

④물통 끝에 달린 손잡이를 쥐고 앞뒤로 흔들며 물을 퍼 올려요.

❺ 물풍구

가. 도구의 발달과 원리: 나무로 만든 통 안에 물을 가두고 활대로 빨아올려 논에 물을 쏟으면서 부어요. 굵은 대나무 속을 뚫어 대롱으로 만들거나 나무판자로 네모난 통을 만들고, 대롱이나 통 속에 활대를 끼워요. 이때 대롱이나 통은 주사기의 실린더가 되고 활대는 피스톤 구실을 하지요. 대롱이나 통을 물에 잠기게 하고 통에 물이 차면 활대를 잡아당겨 물이 올라오게 해요.

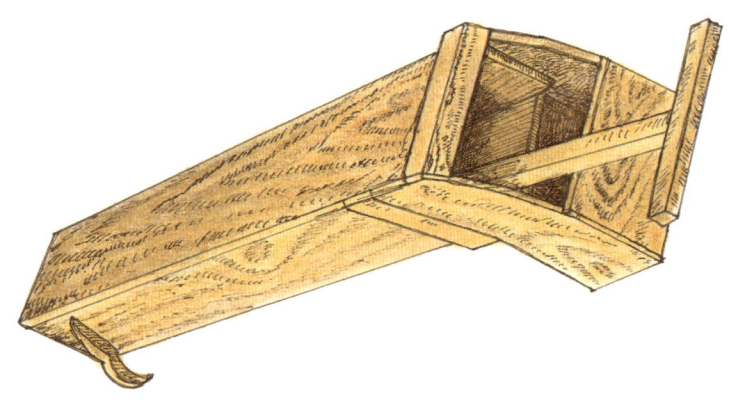

❻ 살포

살포는 물을 푸는 도구가 아니라 논의 물꼬를 트거나 막을 때 썼어요. 긴 자루 끝에 삽이나 괭이 모양의 손바닥만 한 날을 달았어요. 자루가 길기 때문에 논에 들어가지 않고서도 도랑을 내거나 작은 물꼬를 트고 막을 수 있지요. 논에 나갈 때 지팡이 대신 짚고 다니기도 하고, 이랑의 잡초를 밀어 없애는 데도 썼어요.

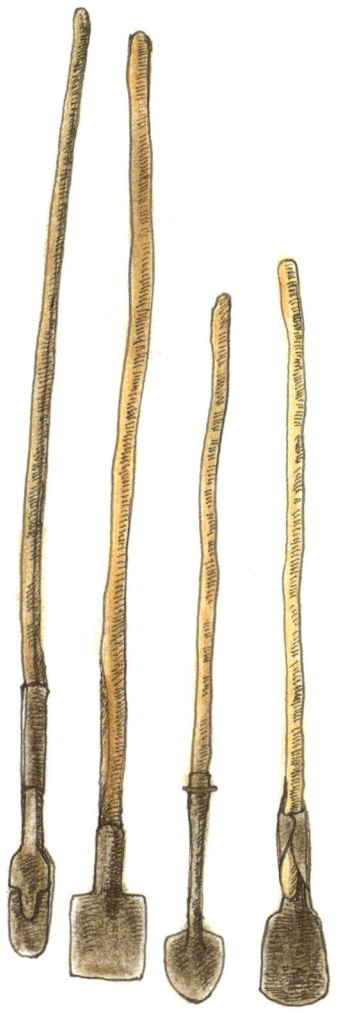

논의 물과 관련된 속담 : 백중에 물 없는 나락 가을할 것 없다

벼농사에서 물이 가장 많이 필요한 백중에 제대로 물을 얻지 못하면 농사를 망친다는 뜻의 속담이에요. 이와 비슷한 뜻으로, "초벌 논매고 가물면 수확을 할 수 있어도 만논 매고 가물면 수확도 못 한다."와 "6월 가뭄에는 먹을 게 있어도 7월 가뭄은 쭉정이도 못 찾는다."라는 속담이 있어요.

백중은 음력으로 7월 15일이에요. 이때는 벼 이삭이 한창 패기 시작하는데, 물이 가장 많이 필요한 시기라고 할 수 있어요. 그런데 가뭄이 들어 논에 물을 알맞게 대지 못하면 벼가 잘 자라지 못하게 되고, 결국 거두어들이는 곡식이 크게 줄어서 흉년이 되고 말아요. 그래서 사람들은 비가 내리기를 바라며 하늘만 쳐다보고 있지 않고, 여러 가지 연장을 써서 논에 물을 댔어요.

7. 힘들어도 가을걷이는 즐거워요.

심어 가꾼 것을 베고 따고 뽑고 캐어 거두는 일을 할 때 쓰는 농기구에 여러 가지가 있어요. 베어 거두는 연장에는 낫이 있고, 따는 연장으로는 전지가 있어요. 캐고 뽑을 때는 괭이, 삼괭이, 호미, 삽, 극젱이 따위를 사용해요.

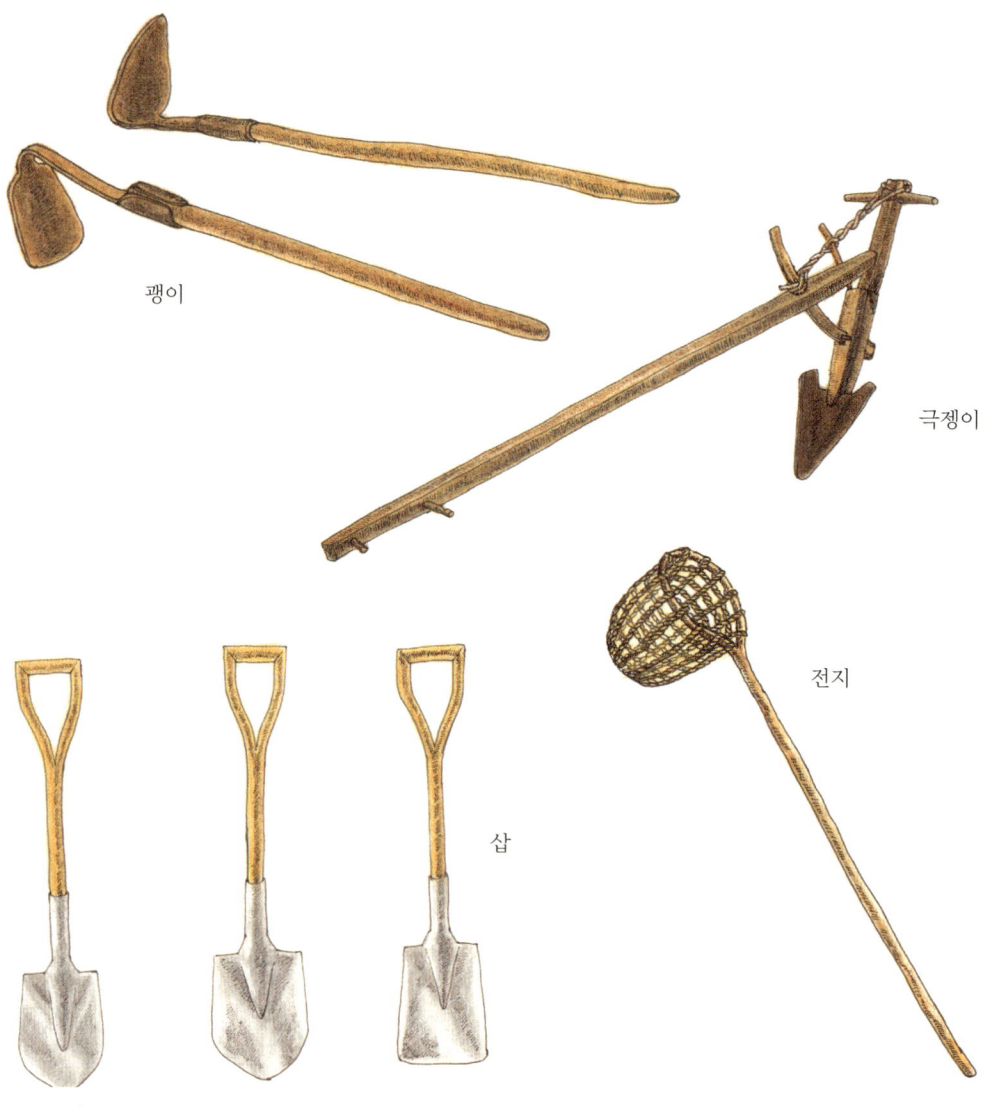

괭이

극젱이

삽

전지

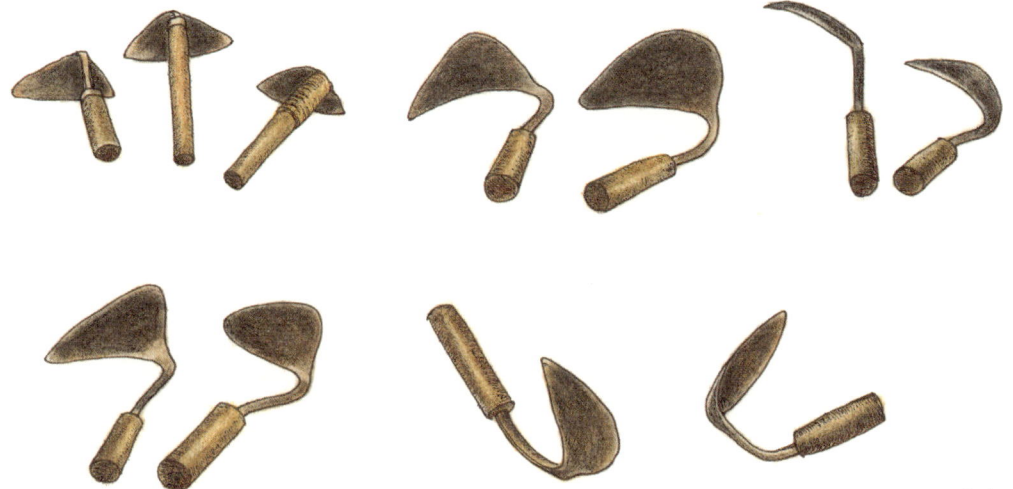

호미

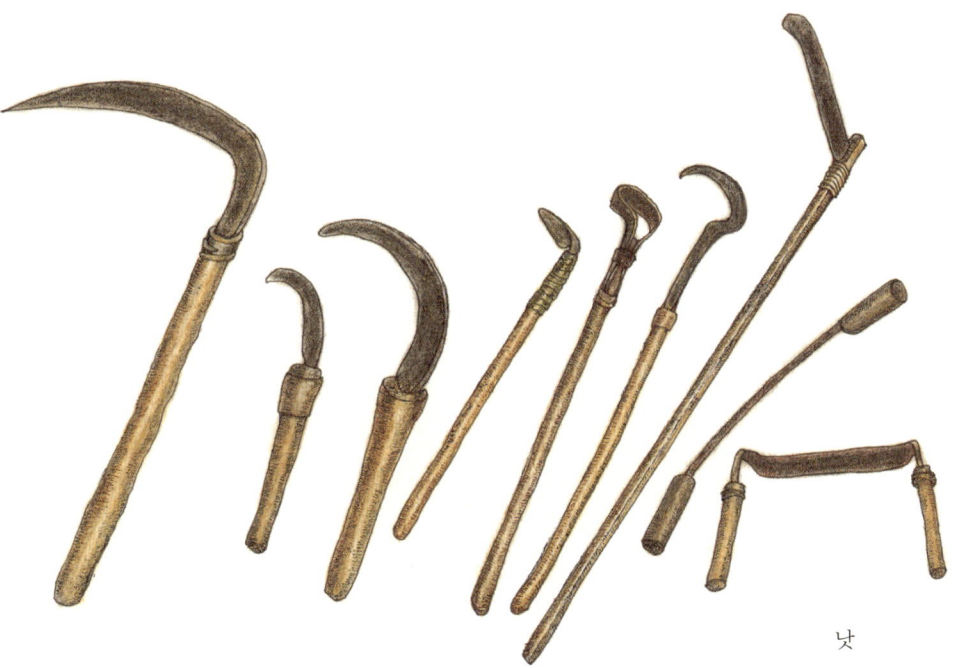

낫

❶ 낫

가. 도구의 발달과 원리: 풀이나 곡식을 베고 나무의 가지를 치거나 벨 때 쓰는 낫은 'ㄱ'자 모양이며 안쪽은 갈아서 날이 되고, 뒤쪽 끝 곧은 슴베에는 나무 자루를 박았어요. 낫의 옛말은 '낟'이에요. 원시 농경 시대에는 이삭을 베는 데 돌로 만든 날을 끼운 돌낫을 썼어요. 한 줄로 늘어선 돌날은 톱니 낫의 구실을 하고, 자루의 구실을 하는 아래턱뼈 모양의 나무는 쥘 수 있도록 적당한 크기로 만들었어요. 오늘날과 같은 모양의 낫은 신석기 시대부터 사용했는데, 돌낫으로 시작하여 뒤에 쇠낫으로 바뀌었어요. 돌칼 모양의 손톱낫은 이삭을 자르는 데 썼고, 쇠낫은 포기를 베는 데 썼어요.

나. 낫의 종류: 낫은 모양이나 쓰임에 따라 조선낫·왜낫·버들낫·밀낫으로 나누어요.

조선낫: 날이 두껍고 손잡이 속에 박히는 뾰족한 부분이 좀 긴 낫으로, 나뭇가지를 베거나 찍을 때 쓴다고 해서 '나무낫'이라고도 해요.

왜낫: 날이 얇고 가늘어서 조선낫보다 가벼워요. 풀이나 곡식의 대를 벨 때 많이 쓴다고 해서 '풀낫'이라고도 하지요. 벼, 보리, 참깨, 들깨, 콩 따위를 벨 때 사용해요.

버들낫: 날의 길이가 짧은 낫으로 버들이나 담뱃잎, 뽕나무 따위를 베는 데 사용해요.

밀낫: 자루가 길고 날이 큰 낫으로 갈대나 들풀을 벨 때 사용해요. 사람이 서서 낫자루를 두 손으로 잡고 바닥을 후리면서 풀을 베어 내요.

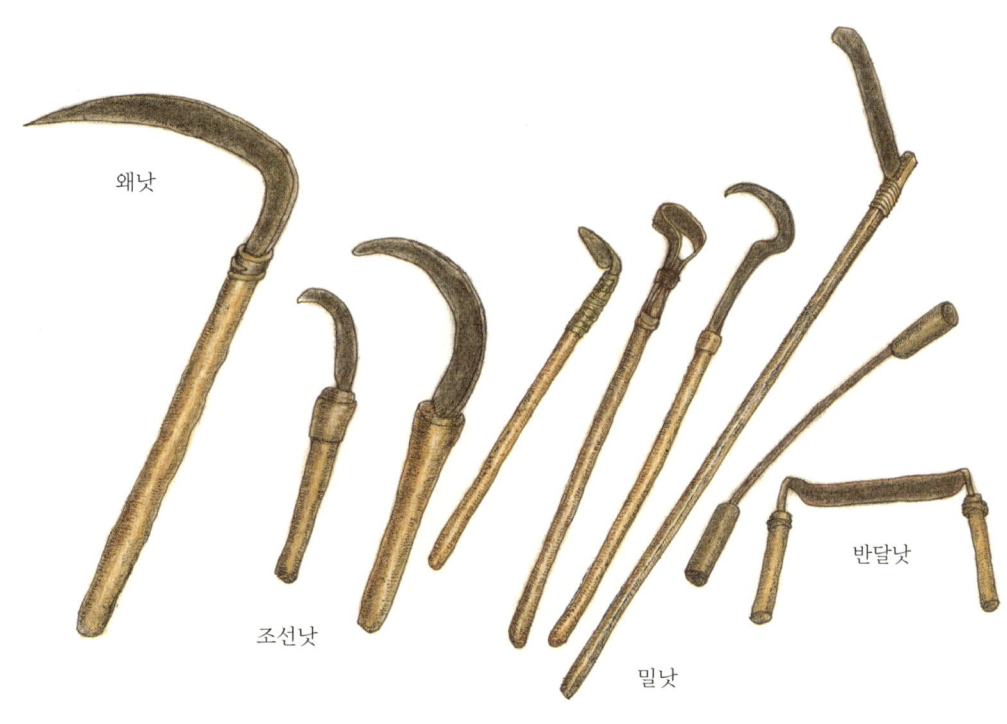

왜낫

조선낫

밀낫

반달낫

※ **낫걸이:** 낫의 날이 상하지 않도록 짚으로 주머니처럼 짠 것으로 벽에 매달아 뒀어요. 낫을 사용하지 않을 때는 낫걸이에 넣어 날도 보호하고 사람이 다치는 일이 없도록 했어요.

다. 세시풍속: 낫치기놀이

예전에는 낫으로 풀을 베고 나무를 하는 일이 농촌이나 산촌에 사는 아이들에게 흔한 일이었어요. 소에게 먹일 풀을 베고, 땔감을 얻으려고 산에 가서 나무를 했어요. 아이들은 쇠꼴을 베거나 나무를 하는 힘들고 지루한 일을 하면서도 가지고 있는 도구로 놀이를 했어요. 그 가운데 하나가 낫치기놀이예요. '낫치기'는 일과 놀이가 하나였음을 보여 주지요. 아이들뿐만 아니라 어른들도 여름에 쇠꼴이나 두엄에 쓰려고 풀을 베거나 겨울에 나무를 하러 가서 낫치기놀이를 즐겼어요. 지역에 따라 '낫꽂기'나 '낫걸이'라 하기도 하는데 흔히 '낫치기'라고 하지요.

놀이 방법에는 두 가지가 있어요. 첫째, 땅에 금을 긋고 낫을 일정한 거리에서 던져 땅에 낫이 꽂히면 이기고 넘어지면 지는 거예요. 둘째, 나무지게나 풀지게를 일정한 거리에 세워 둔 뒤에 낫을 던져 꽂히면 이기게 되는 거예요. 낫을 던질 때는 그냥 던지기도 하고 돌려서 던지기도 하지요. 풀을 베거나 나무를 하다가 낫치기를 해서 이긴 사람이 따먹기도 했지만, 아예 처음부터 낫치기를 해서 진 사람은 두 몫의 일을 하고, 이긴 사람은 놀거나 낮잠을 자는 수도 있어요. 이렇게 낫치기는 심심풀이로 하는 놀이이기도 하지만, 나무 한 짐이나 풀 한 단을 몽땅 걸고서 내기를 하기도 했어요.

이와 비슷한 놀이로 갈퀴치기와 호미던지기가 있어요. 겨울철에 갈퀴로 갈잎이나 솔가지를 긁어모은 뒤에 갈퀴를 던져 나뭇단을 따먹는 놀이를 '갈퀴치기'라고 하고, 여름철에 꼴을 베어 놓고 꼴더미에 호미를 던져 꽂히는 사람이 꼴을 따먹는 놀이를 '호미던지기'라고 해요.

❷ 전지

　감을 딸 때 쓰는 전지는 가위처럼 끝이 벌어진 작대기에 주머니나 망태를 맨 것과 그저 대나무장대 끝을 반으로 갈라놓은 것이 있어요. 대나무장대 전지로 감을 딸 때는 대나무 끝의 갈라진 사이로 감나무 가지를 바짝 끼워서 가지를 꺾어서 따야 열매가 상하지 않아요.

8. 떨어낸 낟알을 깨끗이 고르고 맛있는 쌀밥을 먹어요.

곡식 알갱이를 줄기에서 떨어내는 농기구에 벼훑이, 개상, 짚채, 도리깨, 홀태, 그네, 탈곡기 따위가 있어요. 이삭을 떨어서 낟알을 거두는 일을 '타작'이라고 해요. 타작한 곡식에서 검불과 흙, 돌 따위를 가려내거나 크고 작은 것을 나누는 일을 할 때 쓰는 농기구에는 부뚜, 팔랑개비, 풍구, 드림부채, 키, 이남박, 체 따위가 있어요.

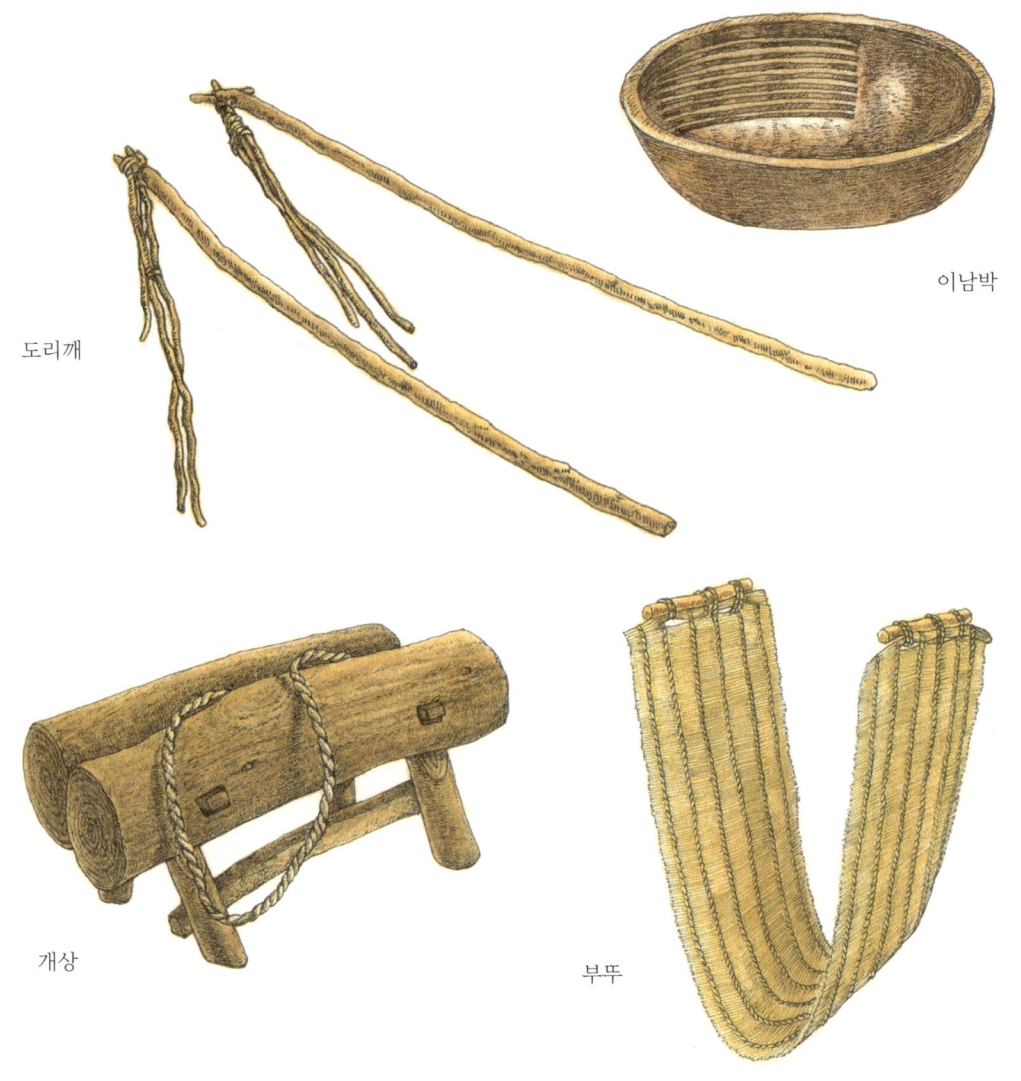

이남박

도리깨

개상

부뚜

벼훑이

그네(홀태)

탈곡기

키

체

풍구

❶ 도리깨

가. 도구의 구조와 원리: 보리, 콩, 깨, 조 같은 곡식의 이삭을 두드려서 껍질 속에 있는 알곡을 떨어낼 때 쓰는 농기구예요. 도리깨로 하루에 보리 2~3가마를 떨 수 있어요. 나락[벼]을 타작할 때도 도리깨를 쓰기도 해요. 머리 위까지 장부를 들었다가 꼭지가 돌게 해 도리깨발을 밑으로 내려쳐야 해서 힘이 많이 들어요. 도리깨는 ① 꼭지, ② 아들(휘추리), ③ 장부(손잡이), ④ 치마(휘추리를 잡아맨 끈)로 이루어져 있어요.

나. 만드는 법: 작대기나 대나무 끝에 턱이 진 꼭지를 가로로 박아 돌아가도록 하고, 그 꼭지 끝에 길이 1m쯤 되는 휘추리 서너 개를 나란히 잡아맨 모양이며, 자루를 공중에서 흔들면 이 나뭇가지들이 돌아가지요. 장부는 대나무를 사람 키만 하게 잘라 만들어요. 휘추리(도리깨발)는 보통 대나무나 질긴 닥나무·물푸레나무처럼 단단한 나뭇가지로 만들어요. 장부 끝에 구멍을 뚫어 꼭지를 직각으로

154

끼운 다음 휘추리를 꼭지에 돌려 묶어요. 이때 휘추리에 쓰이는 대쪽은 1㎝ 정도 넓이에 길이는 40~50㎝ 되도록 자르고, 대쪽 네 개를 묶어서 사용해요.

다. 세시풍속: 보리타작소리

도리깨질로 보리를 털면서 부르는 노래를 '보리타작소리'라고 해요. 콩, 팥 따위도 도리깨로 타작하기 때문에 그냥 '타작노래'라 하기도 하고 도리깨를 쓰므로 '도리깨질소리'라 일컫기도 하며, 타작하는 일이 주로 마당에서 이루어지므로 '마당질노래'라고도 하지요. 보리타작소리는 노랫말에 따라 '옹헤야'라고 뒷소리를 넣어요. 보리타작소리의 뒷소리는 '옹헤야', '어야도홍아', '어이차', '어어어이', '어허 타작이야', '나무야에미타불'로 여러 가지인데, 도리깨를 힘껏 내리칠 때 저절로 나는 소리를 노랫말에 담았어요.

> 억만군사야 뚜드려 보자
> 어허 타작이야
> 천석으로 뚜드르까
> 어허 타작이야
> 만석으로 뚜드르까
> 어허 타작이야

❷ 벼훑이

벼의 이삭을 훑어내는 농기구로, 풋바심이나 볍씨를 받을 때 많이 썼어요. 한 사람이 하루에 닷 말에서 열 말을 훑었어요. 손바닥만 한 나무판자를 빗처럼 깎고 빗살 사이로 벼 이삭을 넣고 알곡을 훑어요. 쪼갠 대나무나 철사, 반으로 접은 수수깡 등을 집게처럼 만든 다음 그 사이에 벼 이삭을 끼우고 잡아당겨서 낟

알을 떨어내기도 하고, 부젓가락처럼 길고 둥근 쇠끝에 자루를 박아 쓰기도 했
어요.

❸ 개상, 탯돌

서까래 같은 통나무 네댓 개를 가로로 엮고, 다리를 네 개 붙인 후 넓적한 돌
을 얹거나 통나무를 그대로 얹은 곳에 볏단을 후려쳐서 낟알을 떨어내요. 절구
를 옆으로 뉘어 놓고 곡식 단을 메어쳐서 떨어내기도 하지요. 개상에 볏단이나
보릿단을 후려쳐서 낟알을 떨어내는 일을 '개상질'이라고 해요. 나무 대신 돌을
쓰기도 하는데 이것을 '탯돌'이라고 하고, 탯돌에 후려쳐서 떨어내는 일은 '태질'
이라고 해요. 단원 김홍도의 풍속화 〈타작도〉를 보면 볏단을 개상에 내려치는
모습이 있어요.

④ 그네(홀태)

가. 도구의 발달과 원리: 수확한 벼, 보리, 밀 따위 이삭의 알곡을 훑는 데 쓰는 농기구예요. 그네가 표준말이지만 대부분의 농가에서 홀태라고 해요. 벼를 한 손아귀씩 집어 주는 사람과 이를 받아 훑는 사람, 또 짚을 묶어 내는 사람으로 나누어 일했어요. 농사일이 많은 집에서는 홀태를 여러 개 놓고 동시에 훑기도 했어요. 홀태는 벼훑이와 손홀태 다음으로 나온 탈곡용 농기구로, 손홀태 다음으로 좀 더 발달한 농기구라 할 수 있어요.

나. 만드는 법: 15~30㎝ 길이의 빗살 30여 개를 30~40㎝ 너비의 두툼하고 각진 나무토막에 촘촘히 박아 고정해요. 이 몸체의 앞·뒤쪽에는 가위다리 모양의 네 개의 나무다리가 40~50㎝ 높이가 되도록 박아 떠받치게 하고, 몸체의 양쪽에 그네처럼 줄을 매고 그 가운데에 널빤지로 된 발판을 걸쳐요. 한쪽 발로 이 발판을 밟

아 그네를 단단히 고정하고, 벼 이삭을 펼쳐 넣어 잡아당겨서 낟알을 훑어내요.

❺ 탈곡기

탈곡기는 벼나 보리 이삭에서 낟알을 떨어내는 데 쓰는 농기계예요. 동력원에 따라 인력용과 동력용으로 나누는데, 인력용 탈곡기를 재래식 탈곡기라고 해요. 둥그런 통에 철사를 구부려 촘촘히 박아 만든 급동을 발로 빠르게 돌리면서 벼나 보리 줄기를 손으로 잡고 이삭을 돌아가는 급동에 먹이면서 낟알을 떨어냈어요. 발로 밟는 탈곡기라 하여 '족답식 탈곡기'라고 하기도 하고, 통이 구른다고 해서 '궁글통', 탈곡기가 돌아가는 소리를 따서 '와랑' 또는 '호롱구'라고도 하지요. 요즘은 큰 농사에 자동탈곡기를 쓰는데, '콤바인'으로 벼나 보리 따위를 베면서 바로 탈곡과 선별 작업을 하여 낟알을 부대에 담아내기 때문에 재래식 탈곡기를 쓰는 일은 거의 없어요.

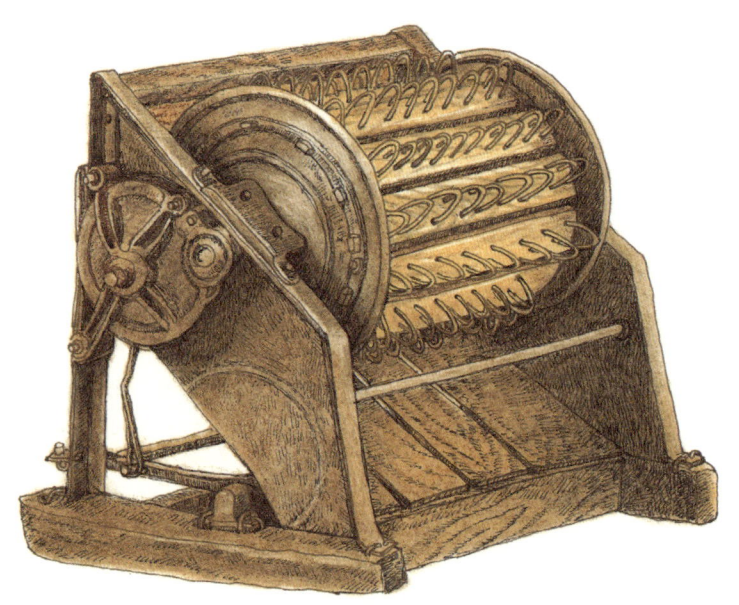

❻ 부뚜

타작마당에서 곡식에 섞인 티끌이나 쭉정이, 검부러기 따위를 날려 없애려고 바람을 일으키는 데 쓰는 돗자리예요. 너비는 좁고 길게 되었으며, 가운데를 발로 밟고 두 끈에는 짧은 막대를 대고 두 손으로 잡아 흔들어서 바람을 내지요. 부뚜를 흔들어서 바람에 일으키는 일을 '부뚜질'이라고 해요. 한 사람이 부뚜질을 하고 다른 한 사람이 그 앞에서 곡식을 삼태기에 담아서 천천히 쏟아 내리면 가벼운 검불이나 티끌, 쭉정이는 날아가고 알맹이만 아래쪽에 쌓이지요. 세월이 지남에 따라 바람개비 또는 팔랑개비가 나왔고, 요즘은 큰 선풍기로 바람을 일으켜 곡식을 고르지요.

7 풍구

가. 도구의 구조와 원리: 곡식에 섞인 쭉정이, 겨, 먼지 따위를 날려서 없애는 데 쓰는 농기구예요. 한쪽에 큰 바람구멍이 있고, 북처럼 생긴 내부에 넓은 깃 여러 개가 달린 바퀴가 있어요. 이것을 돌리면 바람이 일어나요. 풍구로 곡식에 섞인 쭉정이, 겨, 먼지 따위를 없애는 일을 '풍구질'이라고 해요. 풍구는 공기의 기류를 이용하여 곡물을 고르는 농기구로 근대적인 기계 기구의 구조를 갖추었어요. 회전 지름이 50~100㎝ 되는 바람개비(일종의 송풍기)를 달아 바람이 나오는 어귀에서 곡물을 떨어뜨려 곡물에 섞인 쭉정이, 겨, 먼지 따위를 날려서 없애는 방식으로 쓰지요. 따라서 풍구는 송풍 장치, 곡물 투입부, 투입량 조절 장치, 곡물 배출구, 검불 배출구로 짜였어요.

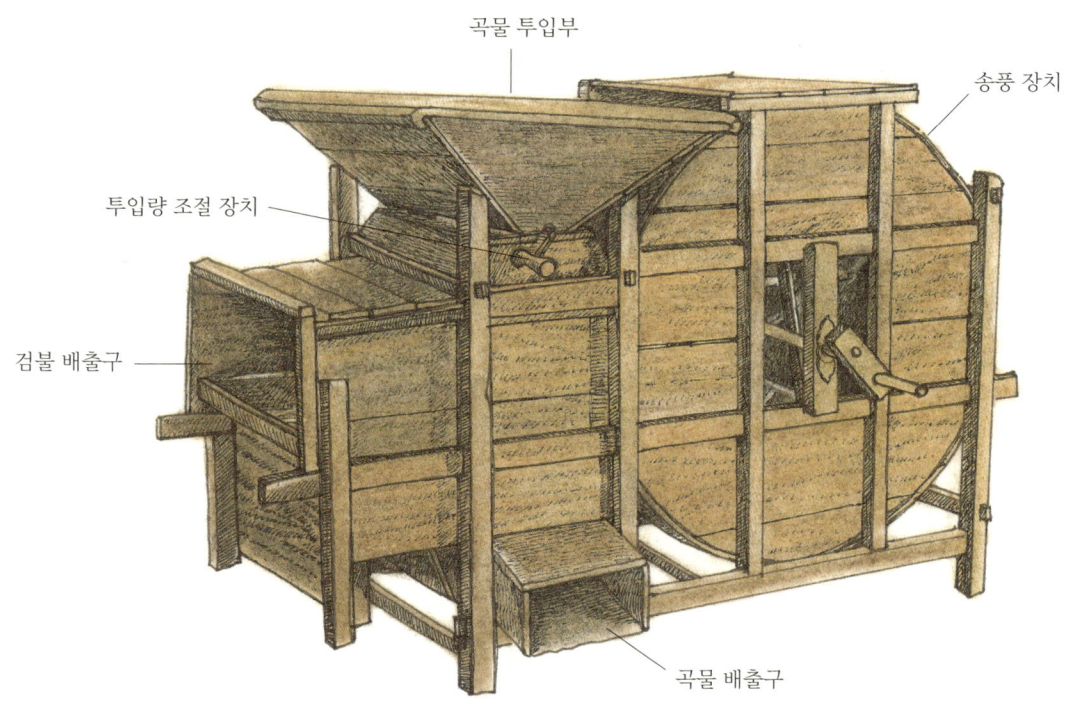

곡물 투입부

송풍 장치

투입량 조절 장치

검불 배출구

곡물 배출구

나. 쓰는 법: 둥근 나무통 안에 여러 개의 날개가 달린 축이 달렸어요. 축을 밖에서 돌리면 큰 바람이 일어나지요. 위에는 깔때기처럼 생긴 아가리가 따로 있어 축을 돌리면서 이곳에 곡식을 부으면 흘러내려가면서 바람에 겉껍질이나 검불이 자연스럽게 옆으로 빠져나가고 싸라기는 중간쯤에서 떨어지며, 온 낟알은 가장 가까운 통로로 떨어져 내려와요. 바람개비의 날개는 얇은 나무판자로 4장을 만들어 다는데, 보통 풍구로 한 시간에 벼 15~20가마를 고를 수 있어요.

⑧ 체

가루를 곱게 치거나 액체를 거르는 데 쓰는 살림살이예요. 얇은 나무로 쳇바퀴를 만들고 그물과 같이 짠 쳇불을 씌워 만들어요. 쳇불의 눈 크기에 따라 어레미, 중거리, 가루체, 고운체로 나누는데 저마다 쓰임새가 달라요. 체는 종류가 다양한 만큼 지방에 따라 부르는 이름도 다양한데, 어레미는 '얼기미, 얼맹이, 도드미'라 하고, 중거리는 '중체, 반체', 가루체는 '신체, 모시미리, 참체, 접체, 벤체' 그리고 고운체는 '풀체, 접체, 술체, 곰방체'라고 해요.

❾ 이남박

안쪽에 여러 줄로 고랑이 지게 돌려 파서 만든 함지박으로 쌀 따위를 씻어 일 때 돌과 모래를 가려내요. 부엌살림으로 많이 쓰지요. 쌀을 이남박에 씻어서 조리로 일어 내고 남은 쌀을 흔들면서 따라내는데, 골에 돌과 모래가 걸려요. 물을 보태 가며 몇 번 되풀이하면 돌과 모래를 가려낼 수 있지요. 이가 있는 함지라고 해서 한자음을 빌어 '이함지(齒函只)'라고 썼어요.

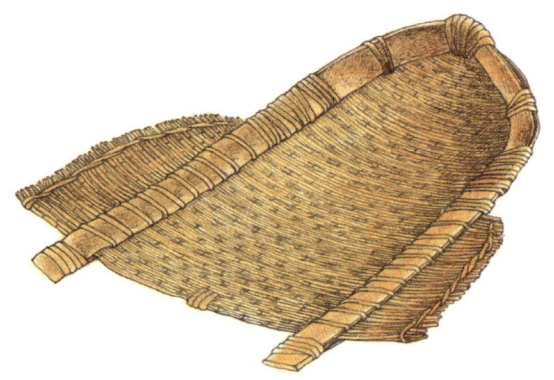

❿ 키

곡식 따위를 까불러 골라내는 도구예요. 앞은 넓고 평평하게, 뒤는 좁고 우긋 하게 엮은 것으로 고리버들이나 대를 납작하게 결어 만들지요. 키를 위아래로 까불러서 곡식에 섞인 검불을 날려 버리거나 앞뒤로 흔들어서 돌이나 쭉정이를 골라내는 일을 '키질'이라고 하는데, 부뚜질이나 풍구질을 하고 난 곡식을 키질 해서 더 깨끗이 고른답니다.

검불 날리는 소리

벼를 턴 다음 키나 돗자리로 바람을 일으켜 벼에 섞여 있는 검불을 날려 보내면서 부르는 민요예요. 바람을 일으키느라 키를 휘두르는 것이 멀리서 보면 마치 나비가 날갯짓하는 모습과 같다고 하여 '나비질소리'라고도 하고, 벼를 떠넘기는 넉가래꾼의 동작을 '베를 지운'다고 하는 데서 '베 지우는 소리'라고도 하지요. 충청남도에서는 '죽가래질소리'라고 하는데, 한 사람이 죽가래로 벼를 퍼 올리면 여럿이 돌아가면서 바람을 일으켜 검불을 날려요. 보통은 두 사람이 넉가래로 벼를 떠넘기면 일곱 사람 정도가 키를 휘둘러 바람을 일으켜요. 그리고 키는 왼손으로 잡고 오른손으로 밖을 쳐서 바람을 일으킬 때 힘을 주도록 한답니다.

> 에호 에호 에호 에호/ 에호 에호 에헤이 에호/ (……)
> 우리 동네 선머슴은 오막낫을 갈아들고
> 이 논두럼에 비어다가 여기저기 쌓아노니
> 난데없는 부엉덕새 허공을 날아든다
> 한 나래를 톡탁 치니 이리 만석이 쏟아져요
> 니 갈 길을 어이 알고 수북수북 쌓이는구나
>
> (강원도 양양, '검불 날리는 소리')

> 에헤라 드림이호/ 에헤라 드림이호/ (……)
> 바람 새를 잘 받어가지고/ 죽가래를 번쩍 들어서
> 벳가리다 콱 찍어 가지고/번쩍 들여서 디려를 봅시다
> 남풍 바람 받어 가지고
> 북풍으로 빼어 버리세
>
> (충남 당진, '죽가래질소리')

163

9. 왜 고추를 멍석에 넣어 말릴까요?

떨거나 털어낸 곡식을 오랫동안 갈무리하려면 잘 말려야 해요. 가을이면 곡식을 햇볕과 바람에 잘 말려 갈무리했어요. 또 겨우내 먹을 호박고지나 무, 가지를 썰어 말랭이를 만드느라 바빴어요. 붉은 고추를 멍석에 넣어 말린 뒤 절구에 찧어 고춧가루로 만들었어요. 오래 두고 먹으려면 잘 말려야 했어요. 말리거나 갈무리할 때 쓰는 자잘한 도구는 볏짚으로 만들어 썼어요. 이삭을 떨어낸 볏짚을 잘 다듬어 엮거나 새끼를 꼬아 멍석, 거적, 도래방석, 가마니, 멱서리 같은 물건을 만들었어요. 짚으로 만들어 쓰던 것이 지금은 공예품으로 인정받아 짚공예가 널리 주목받고 있어요.

1. 말리는 데 쓰는 도구

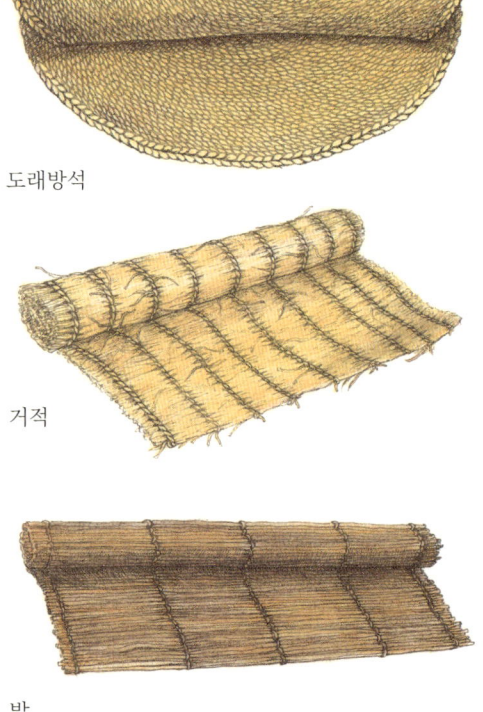

도래방석

거적

발

얼루기

멍석

2. 갈무리하는 데 쓰는 도구

종다래끼

둥구미

장독

나무독

뒤웅박

채독

가마니

섬

통가리

1. 말리는 데 쓰는 도구

❶ 멍석

가. 쓰임새: 곡식을 너는 데 쓰는 짚으로 엮어 만든 큰 자리로, 멍석 한 장에 벼 한 가마를 널 수 있어요. 곡식뿐만 아니라 고추 같은 채소도 널어 말렸고, 잔치 나 큰일이 있을 때면 마당에 멍석을 깔고 사람이 앉기도 했어요. 쓰지 않을 때는 둘둘 말아서 세우거나 물기가 없는 곳에 올려 뒀어요. 또, 둘둘 만 멍석을 새끼 로 묶어 걸어 두기도 했어요. 지방에 따라 멍석을 '덕서기, 덕석, 턱성, 터서기'라 고 해요.

나. 만드는 법: 짚으로 새끼를 꼬아서 직사각형으로 두껍게 짜는데, 크기는 너비 1.5~2m, 길이가 2~3m로 다양해요. 네 귀에 고리 모양의 손잡이를 달기도 하지 요. 짚으로 가늘게 꼰 새끼로 날을 세우고 그 사이를 볏짚으로 엮어 짜는데, 두 께가 2㎝나 될 만큼 두툼해요. 멍석을 짜는 데는 잔손질이 많이 가서 한 닢을 만 들려면 능숙한 사람도 일주일쯤 걸려요.

다. 세시풍속: 멍석말이, 멍석말이놀이, 멍석말이춤

멍석말이: 옛날에 마을에서 부모에게 불효하거나 풍속을 해친 사람을 멍석에 둥글게 말아 물을 뿌려 가면서 몽둥이로 매질하는 벌을 주었어요. 다칠 정도로 심하게 때리지는 않았지만 겁을 주어 다시는 죄를 짓지 않게 했는데, 이것을 '멍석말이' 또는 '덕석말이'라고 해요.

멍석말이놀이: 멍석을 말았다 푸는 모양을 흉내 낸 놀이예요. 처녀들이나 여자아이들이 손과 손을 마주 잡고 노래에 맞춰 말았다 풀면서 노는데, 이 모습이 멍석을 말고 푸는 것 같다고 하여 '멍석말이' 또는 '멍석풀이'라고 이름 붙였어요. 사물을 흉내 낸 놀이로 강강술래 부분에서 활용되었어요.

멍석말이춤: 양주 별산대놀이, 송파 산대놀이, 퇴계 원산대놀이, 강릉 관노가면극 같은 농악이나 탈춤에 나오는 춤사위를 '멍석말이'라고 해요. 멍석을 말듯이 춘다고 하여 붙은 이름이지요. 농악에 맞추어 흥겹게 놀 때 허리를 굽히고 앞으로 나아가면서 멍석을 말듯 두 손을 저어서 노는 것을 '멍석말이춤'이라 부르기도 하지요.

❷ 도래방석

가. 쓰임새: 짚으로 둥글게 짜서 곡식이나 채소를 말리는 자리로 쓰는 물건이에요. 방석처럼 사람이 깔고 앉기도 하지요. 여름철에 마당에 깔고 여럿이 둘러앉아 맷돌질하거나 송편을 빚는 등 그릇을 가운데 놓고 여럿이 둘러앉아 일하기에 좋아요. 도래방석보다 작고 둘레로 울을 돌려 10cm 정도의 운두를 둔 것은 '맷방석'이라고 해요. 주로 맷돌질을 할 때 맷돌 밑에 맷방석을 깔았어요.

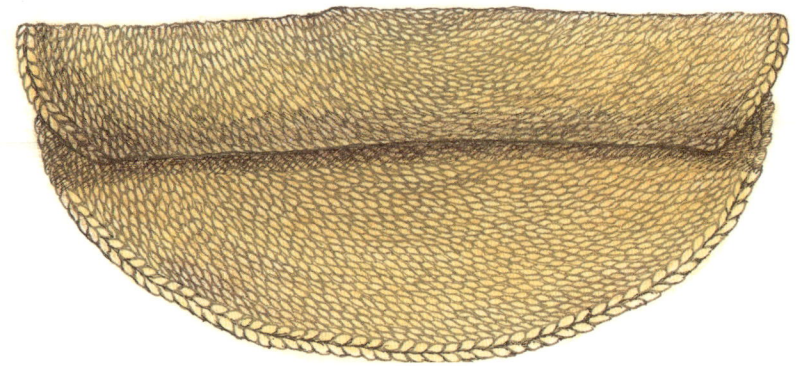

나. 만드는 법: 생김새가 둥글다고 해서 도래방석이라 하는데, 만드는 방법이나 쓰임새는 멍석과 비슷해요. 멍석보다는 날이 가늘고 촘촘하기 때문에 두께가 얇고 가벼워요. 가늘게 꼰 새끼를 중심에서 사방으로 내뻗친 모양으로 펼쳐 놓고 새끼 날을 볏짚으로 한 눈씩 싸서 엮어요. 일정한 간격마다 날을 보태 나가면서 결어야 해요. 크기는 보통 작은 것은 지름이 1m에 지나지 않지만 큰 것은 3m 넘는 것도 있어요.

❸ 거적

가. 쓰임새: 고추 같은 농산물을 말리는 데 많이 써요. 거적은 표면이 거칠고 성글어서 곡식을 넣어 말릴 수는 없어요. 또 거적은 추울 때 온상을 덮기도 하고, 소가 춥지 않게 덕석으로 사용하기도 해요. 한편, 가난하여 관을 마련하지 못하고 짚이나 거적으로 송장을 싸서 장사지내는 것을 거적장사 또는 '고장(藁葬)이라고 했어요.

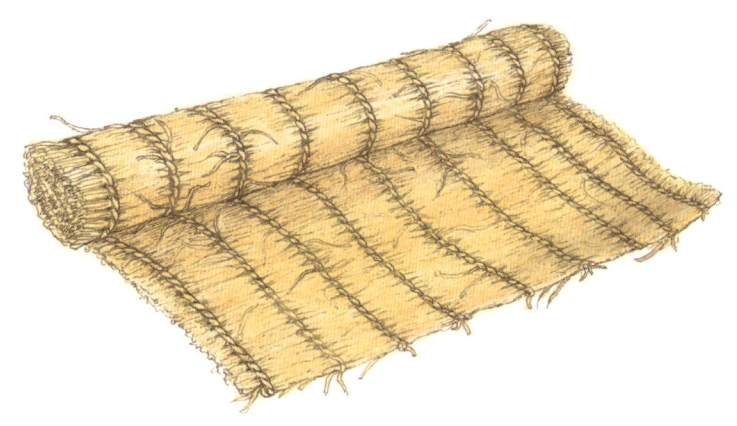

나. 만드는 법: 짚을 듬성듬성 거칠게 자리 모양으로 엮어 만들어요.

❹ 발

가. 쓰임새: 고추나 호박고지, 말랭이와 같은 채소를 널어 말릴 때 썼어요. 흔히 여름철에 활짝 열어 놓은 문이나 창문을 가리는 데도 쓰지요.

나. 만드는 법: 대, 싸리, 갈대, 쑥대, 수수깡 따위로 바람이 잘 통하도록 성글게 엮어서 만들어요.

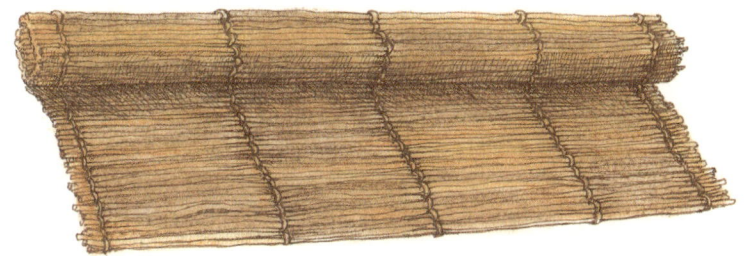

❺ 얼루기

가. 쓰임새: 강원도 같은 산간 지방에서 곡식단을 말리려고 만들어 놓은 시렁 장치 또는 움막이에요. 벼·보리·밀·조·콩·팥 따위를 벤 다음 탈곡하기 적당할 때까지 말리는 데 사용하는 일종의 시설물이지요. 곡식단을 쌓을 때는 이삭 쪽이 안으로 들어가도록 하며, 바닥에서는 세우고 그 위에서부터는 차곡차곡 쟁여 넣어요. 얼루기 가운데는 비어 있어 바람이 통해 잘 마르는데, 흔히 한 달에서 달포쯤 걸려요. 곡식이 다 마르면 곡식단을 거두어 탈곡하지요. 그리고 얼루기를 만들 때 쓰던 나무는 잘 모아 두었다가 이듬해 다시 썼어요. 얼루기 한 틀에서 겉보리 일고여덟 가마 정도의 보릿단을 말릴 수 있어요.

나. 만드는 법: 서까래 나무 6~10개를 고깔 모양으로 세워 놓고 벌어지지 않도록 새끼로 드문드문 얽어매어 고정해요. 얼루기 둘레에 돌려가며 이삭이 안쪽으로 가게 하여 곡식단을 차곡차곡 쌓는데, 얼루기 가운데로 바람이 통하도록 비워두지요. 곡식단을 다 쌓으면 빗물이 스미지 않도록 맨 꼭대기에 짚이나 삼대로 만든 고깔 모양의 덮개를 씌워요. 이때 볏짚의 끝을 모아 엮어서 만든 덮개를 '주저리'라고 하는데, 겨울에 꽃나무나 김칫독 위에 덮어씌워 눈비를 가리고 추위를 막는 데도 주저리를 만들어 썼어요.

다. 세시풍속: 노적가리의 전설

  벼나 보리 같은 곡식을 베어 말리려고 얼루기를 만들기도 하지만, 볏단을 나무에 걸어 놓기도 하며 물기가 없는 곳에 늘어놓고 말리기도 했어요. 이렇게 다 말린 곡식단을 거두어 쌓아 놓은 것은 '낟가리' 또는 '노적가리'라고 해요. 황해도나 평안도 지방에서는 낟가리라 하고, 경기도 이남 지방에서는 노적가리라고 하는데, 이것 또한 이삭을 안쪽으로 가게 해서 차곡차곡 곡식단을 포개 2m쯤 높이로 쌓았어요. 그리고 주저리를 씌워 빗물이 스미지 않게 했어요. 이렇게 쌓아

놓은 노적의 양으로 그 집이 부자인지 아닌지를 판단하기도 했지요. 요즘에는
농기계로 벼를 베어 가면서 바로 탈곡하므로 옛날처럼 얼루기나 낟가리, 또는
노적가리를 볼 수 없지요.

　노적가리에 대해서 몇 가지 전설이 전해지고 있어요. 하나는 임진왜란 때 있
었던 '노적봉의 전설'이에요. 임진왜란 때 이순신 장군은 지금의 전남 목포시 대
의동에서 진을 치고 왜군과 맞서고 있었어요. 싸움을 오래 끌면 식량 문제가 생
기지요. 그래서 이순신 장군은 군사들에게 "산꼭대기에 짚을 옮기도록 하라!"
명령했어요. 군사들은 장군의 명을 따라 부지런히 짚단을 날라서 산꼭대기와 큰 바위를 짚과 섶으로 빙 둘러싸서 식량 무더기처럼 보이게 위장했어요. 이것을 본 왜군의 장수는 "아직도 저렇게 식량이 많구나. 장기전으로 가면 우리가 불리하겠다."라고 되뇌며 더 생각해 볼 겨를도 없이 그대로 군대를 돌려 후퇴했다고 해요. 그래서 지금도 목포에 있는 유달산의 큰 바위 봉우리를 '노적봉'이라고 하지요. '노적봉의 전설'은 식량의 풍부함을 과시하여 적군에게 싸움을 포기하고 후퇴할 마음을 일으키게 하는 작전의 하나로 알려졌어요.

임진왜란 때 노적가리에 관한 전설이 한두 가지 더 있는데, 경기도 남양주시 덕소 건너편의 노적봉은 변협 장군이, 경기도 고양시에 있는 행주산성은 권율 장군이 같은 목적으로 노적가리를 만들었다고 해요.

이 밖에도 고구려의 을지문덕 장군은 수나라의 양제가 200만 대군을 거느리고 바닷길을 건너 쳐들어오자 노적가리를 쌓아 군량미로 위장했어요. 수나라 군대는 이것을 보고 방비가 튼튼하다고 여겨 후퇴한 뒤 살수(지금의 청천강) 하구 쪽으로 상륙했어요. 이때 을지문덕 장군이 이끄는 고구려 군사가 살수를 건너온 수나라의 별동대 30만 5,000여 명을 몰살했어요. 이 싸움을 '살수대첩'이라고 해요.

2. 갈무리하는 데 쓰는 도구

❶ 독

가. 쓰임새: 쌀이나 보리, 밀, 콩 같은 곡식을 갈무리하거나 된장, 고추장, 간장, 술, 김치 들을 담가 두는 데 쓰는 큰 항아리예요. 무엇을 담아 두느냐에 따라 장독, 김칫독, 쌀독이라 이름 붙였어요. 독은 주로 흙으로 빚어 구운 것을 사다 썼지만, 짚이나 나무로 만들어 쓰기도 했어요.

나. 종류
장독: 간장, 된장, 고추장 따위를 담아 두거나 담그는 독.
김칫독: 김치를 담아 두는 독.
쌀독: 쌀을 넣어 두는 독.
짚독: 짚을 곱게 다듬질해서 꼰 새끼줄로 만든 '짚독'은 뚜껑까지 만들어서 벼나 잡곡을 담아 갈무리했어요.

장독

나무독

나무독: 산골에서는 통나무 속을 파내서 '나무독'을 만들었는데, 감자나 김치를 담아 두는 데 썼어요. 통나무 속을 비워 만든 김칫독을 '나무김칫독'이라고 해요.

채독

채독: 싸릿개비나 버들가지로 만든 '채독'에는 감자를 담고, 채독에 기름종이를 바른 '유지독'에는 마른 곡식을 담아 갈무리했어요.

다. 세시풍속: 장독대와 금줄

장독대는 부엌과 가까운 뒤뜰 높직한 곳에 돌로 단을 쌓아 마련했어요. 뒤뜰이 마땅하지 않은 곳에선 우물가와 가까우면서 바람이 잘 통하며 양지바른 곳에 높직하게 만들었어요. 옛날에는 장독대의 자리가 좋고 장독이 번듯하고 가지런하면 그 집안이 크게 일어난다고 믿었어요. 그래서 장독을 반질반질하게 잘 닦으며 장독대를 깨끗이 했고, 10월 상달에 장독대에 고사를 지내며 장맛이 변하지 않고 늘 맛있게 해 달라고 기원했어요.

장 담그는 날에는 메주 한 덩이, 붉은 고추, 소금을 소반에 놓고 고사를 지낸 다음 장 담글 때 같이 넣기도 하고 숯을 달궈 띄우기도 했어요. 잡귀나 도깨비가 먼저 맛을 보면 장맛이 변한다고 하여 금줄인 왼새끼를 꼬아 독 어깨에 매고 붉은 고추와 숯을 장독에 넣거나 청솔가지와 함께 매달기도 했어요. 또 종이로 하얀 버선본을 오려 거꾸로 붙여 놓기도 하는데, 장맛이 변했더라도 다시 제맛으로 돌아오라는 뜻이에요. 된장독에 친 금줄에서 왼새끼와 흰색 한지는 장을 신성시한다는 뜻이고, 붉은 것은 부정을 물리치는 힘, 숯은 깨끗하게 정화한다는 것을 상징하고 있어요. 장독에 숯, 고추, 대추를 넣는 것은 숯과 같이 검고 고추처럼 붉고 대추처럼 단맛이 나라는 마음의 표현이기도 하지만, 과학적 근거도 있어요. 장독에 맨 금줄은 된장을 걸러 간장을 달일 때 걷어 내요. 한편 된장을 담글 때 한지를 입에 물고 침이 튀는 것을 막으며 정성을 기울였어요.

라. 독에 얽힌 말

독 안에 든 쥐[관용구]: 궁지에서 벗어날 수 없는 처지를 빗대어 이르는 말.

독 안에 들다[관용구]: 이미 잡힌 것이나 다름없다.

독 틈에서 쥐 잡기[속담]: 독과 독 사이에 숨어 있는 쥐를 잡으려다가 독을 깨뜨릴 수 있다는 뜻으로, 어떤 작은 성과를 내려다가 큰 손실을 볼 수 있는 위태로운 일을 함을 빗대어 이르는 말.

쌀독에서 인심 난다[속담]: 자신이 넉넉해야 다른 사람도 도울 수 있음을 빗대어 이르는 말.

쌀독에 거미줄 치다[속담]: 먹을 양식이 떨어진 지 오래됨을 빗대어 이르는 말.

쥐 잡으려다가 쌀독 깬다[속담]: 적은 이익이나마 얻으려고 한 일이 도리어 큰 손실을 입게 되었음을 빗대어 이르는 말.

우리 조상은 언제부터 독 또는 옹기를 썼을까요?

옹기는 질그릇과 오지그릇을 아울러 이르는 말이에요. 옹기의 옹(甕)은 '독'을 뜻하는 한자말이에요. 독은 선사 시대부터 만들어져 먹을거리를 갈무리하거나 시신을 넣는 관으로도 썼어요. 삼국 시대에는 살림살이에 꼭 필요한 그릇으로 쓰였어요. 고구려의 안악 3호분 고분 벽화에 크고 작은 독을 늘어놓은 그림이 있으며, 백제와 신라, 그리고 고려 시대에도 쌀이나 술, 기름과 간장, 젓갈 따위를 저장하였다는 기록이 있어요. 조선 시대에 성현이 쓴 〈용재총화〉에는 "사람에게 쓰이는 것으로 도기(陶器)는 가장 필요한 그릇이다. 지금의 마포, 노량진 등지에서는 진흙 굽는 것을 업으로 삼으며 이는 질그릇 항아리, 독 종류이다."라는 기록이 전해져요. 옹기는 18, 19세기를 거치면서 백성들의 생활에 급속하게 확산되어 일상생활에 긴요하게 쓰였으며, 지역에 따라 모양이나 무늬도 다양하게 발전했어요.

옹기는 크기에 따라 독, 항아리, 단지로 나눌 수 있어요.

옹기의 특징
통기성: 높은 온도로 구울 때 물기가 빠져나가면서 숨구멍이 생겨 안과 밖 사이로 공기가 통하게 돼요. 그래서 옹기는 예부터 숨 쉬는 그릇으로 알려졌어요.

저장성: 옹기 벽의 숨구멍이 불순물을 밀어내는 작용을 하여 내용물이 부패하지 않고 오랫동안 갈무리할 수 있는 뛰어난 저장 능력을 가졌어요.

발효성: 우리나라 식품의 가장 큰 특징은 발효식품이라는 점인데, 발효식품은 대부분 옹기 안에서 발효 숙성하게 돼요.

경제성: 옹기를 만들 때 드는 흙이나 땔감, 유약은 우리 주변에서 쉽게 구할 수 있었어요. 그래서 옹기는 백성들도 부담스럽지 않은 싼값에 사서 쓸 수 있었어요.

---

❷ 뒤주

쌀이나 보리와 같은 곡식을 담아 두는 뒤주는 나무로 만들어 통풍이 잘되고 쥐나 벌레의 피해를 막을 수 있어요. 통나무로 만들거나 널을 짜서 만드는데, 통나무로 만든 뒤주는 밑동과 머리에 따로 널을 대어 막고, 머리 부분의 한쪽을 열도록 문짝을 달아 이곳으로 낟알을 넣거나 퍼냈어요. 널을 짜서 만든 뒤주는 네 기둥을 세우고 벽과 바닥을 널로 마감하여 공간을 마련한 다음 머리에는 천판을 붙였어요. 천판은 두 짝으로 만들어 뒤편의 것은 뒤주 뒤편 몸체에 붙여 달아 붙박이로 하고 앞쪽으로 열고 닫아요. 재료는 회화나무가 가장 좋으며, 두꺼운 통판으로 듬직하게 궤짝처럼 짜고 네 기둥에는 짧은 발을 달아요. 뚜껑은 위로 제쳐서 열 수 있어요. 무쇠나 놋으로 만든 장식을 붙이기도 해요.

※ **나락뒤주**: 주로 쌀을 담아 두는 뒤주와 달리 벼(나락)를 갈무리하는 뒤주를 나락뒤주라고 해요. 마당 한 귀퉁이에 짚이나 대나무로 둘러 세우고 지붕에는 비가 스며들지 않게 이엉과 볏짚을 잘 덮어요. 농사가 많지 않은 집에서는 부엌 모퉁이에 널쪽을 차곡차곡 끼워 만들어 쓰기도 해요. 또한, 한 칸이나 서너 칸짜리 집을 따로 지어서 나락을 갈무리했는데, 널빤지로 벽을 만들고 지붕에는 짚이나 기와를 올려 덮었어요. 지역에 따라 나락뒤주를 '나락두지, 두대통, 볏두지, 둑집'이라고 하지요.

❸ 섬

가. 쓰임새: 짚으로 엮어 곡식을 담거나 갈무리하는 데 쓰는 그릇이에요. 벼를 담으면 '볏섬'이 되고, 쌀을 담으면 '쌀섬', 숯을 담으면 '숯섬'이 되지요. 또, 소금을 담기도 했어요. 곡식이나 소금을 섬에 담아 분량을 헤아리기도 하는데, '벼 한 섬을 지게에 지고 간다. 보리 다섯 섬에 소금 두 섬을 주었다.'처럼 쓰여요.

나. 만드는 법: 모양은 가마니처럼 생겼어요. 짚을 거칠게 쳐서 양 끝을 안으로 우겨 넣고 꿰매는데, 가마니보다 덜 촘촘해요. 같은 방법으로 섬보다 작게 만든 것을 '오쟁이'라고 해요.

다. 세시풍속: 다리 공 들인다.

남부 지방에서는 한해의 운수가 나쁘리라는 불안이 들면 액땜을 하려고 섬이나 오쟁이에 밥·돈·모래 따위를 넣어 정월 열나흗날, 남모르게 도랑이나 개천에 놔뒀어요. 이렇게 하면 도랑이나 개천을 건너는 사람이 발을 적시지 않고 물을 건널 수 있어서 좋은 일을 하게 되는 셈이지요. 이렇게 섬이나 오쟁이로 다리를 만들어 액운을 물리치려는 것을 '다리 공 들인다'고 해요. 이때 섬이나 오쟁이 속의 돈은 아이들 차지가 되었어요.

❹ 가마니

가. 쓰임새: 가마니는 짚으로 만든 자루 또는 그릇이라고 할 수 있어요. 줄여서 '가마'라고도 하지요. 농촌에서는 주로 곡식을 담거나 거름을 담는 데 쓰지만, 소금밭에서는 소금을, 탄광에서는 석탄을 담기도 했어요. 이렇게 담은 곡식이나 소금의 분량을 세기도 하지요. 한 가마는 열 말(180리터)이고, 쌀 한 가마는 80킬로그램이에요. 그러니까 쌀 한 말은 8킬로그램인 셈이지요.

나. 만드는 법: 가마니틀로 새끼나 짚을 엮어 짜는데, 가늘게 새끼를 꼬아 날로 삼고 짚을 씨로 하여 돗자리 치듯이 쳐서 양쪽 가장자리를 꿰매 만들어요. 가마니틀은 굵은 나무로 직사각형의 틀을 맞춘 뒤, 양쪽으로 2개의 기둥을 박아 세우고 그 끝에 둥근 나무로 된 도리를 끼워요. 도리와 밑의 바탕 받침에 새끼 날을 둘러 감고 옆에서 바늘로 짚을 메기면 바디로 탁탁 다지며 짰어요.

가마니   가마니틀

❺ 둥구미 · 종다래끼

짚이나 싸리 같은 걸로 촘촘하게 결어서 만든 그릇으로, 자잘한 잡곡은 둥구미, 종다래끼에 담아 갈무리했어요. 바람이 잘 통하고 습기가 차지 않아 오랫동안 둘 수 있어요.

둥구미(멱둥구미): 곡식이나 채소를 담는 데 쓰는 그릇으로 멱서리보다 크기가 작아서 사용과 운반이 편리했어요. 산업 기술이 발달하면서 짚으로 된 둥구미는 사라지고 플라스틱 용기로 대체되었어요. 요즘에는 짚공예로 옛 멱둥구미의 제작 기법을 활용하여 꽃병과 같은 다양한 공예품을 만들어 팔거나 쓰고 있어요.

종다래끼: 짚이나 싸리로 엮은 바구니로, 쓰임새가 다양해요. 씨를 심거나 뿌릴 때, 곡식을 담아 나를 때, 들이나 산에서 캔 나물이나 고추를 따서 담을 때 쓰지요. 또 어린이들이 종다래끼로 고기를 잡기도 했어요. 주둥이가 좁고 밑이 넓으며 바닥은 네모꼴로 생겼는데, 주둥이 양쪽에 끈을 달아 허리에 차거나 멜빵을 달아 어깨에 메기도 하지요.

둥구미

종다래끼

씨 뿌리는 방법: 만종 · 호종

만종: 종다래끼에 씨앗을 담아 왼쪽 겨드랑이에 끼고 오른손으로 적당히 뿌리되, 뿌리면서 걸어가다가 대충 세 걸음쯤 가서 다시 뿌리는 방법이에요.

호종: 구멍 뚫은 바가지에 씨앗을 담고서 씨앗이 넉넉히 놓이게 하여 되도록 씨가 골고루 뿌리도록 하는 방법이에요.

---

❻ 뒤웅박

가. 쓰임새: 자잘한 잡곡이나 씨앗을 갈무리해서 처마 밑이나 방문 밖에 걸어 두는 바가지예요. 여름에 뒤웅박 속에 밥을 넣어 두면 박이 물기를 빨아들여 밥이 잘 쉬지 않아요. 뒤웅박에 끈을 달아 매달아 두고 쓴 데서 '끈 떨어진 뒤웅박'이란 말이 나왔어요. 이는 의지할 데가 없이 꼼짝 못하게 되었거나, 아무짝에도 쓸 모없게 되었음을 빗대어 이르는 말이에요.

나. 만드는 법: 완전히 익지 않은 늦가을의 박을 타지 않고 꼭지 부근에 손이 들어갈 만한 구멍을 둥글게 내어 속을 파내고 그대로 말려요. 끈을 달아 마루나 벽 같은 데 걸어 두고 꽃씨나 채소의 씨앗을 넣어 두어요.

다. 옛이야기: 마귀할멈과 뒤웅박

옛날 안산에 마귀할멈이 살았어요. 마귀할멈은 나쁜 사람을 골탕 먹이려고 뒤웅박에 구멍을 뚫고 깍두기(하루살이처럼 작고 떼를 지어 날아다니는 날벌레의 일종으로, 특히 바닷가에서 많이 볼 수 있고 사람을 문다)를 가득 담아 어깨에 메고 다녔어요. 하루는 마귀할멈이 청태산 골짜기를 지나가고 있는데, 뒤가 하도 급해 그 자리에서 똥을 누었어요. 그런데 마귀할멈의 똥이 너럭바위가 되었어요. 또, 지금의 송산면 웅도에 있는 큰 바위도 마귀할멈의 똥이라고 해요. 광덕산의 싸리나무 잎은 한쪽으로 휘어져 있는데, 마귀할멈이 싸리 순으로 밑을 닦아서 그렇대요. 아무튼 마귀할멈은 이곳저곳에 똥을 누고 다녔는데, 어느 날 똥을 누고 일어서다가 그만 뒤웅박을 놓쳐 버렸어요. 그래서 뒤웅박 속에 있던 깍두기가 마을에 확 퍼지게 되었어요. 마귀할멈의 뒤웅박에 깍두기가 얼마나 많았던지 누군가 논 옆에 소 한 마리를 매어 두었는데, 그만 깍두기에 물려 죽었을 정도로 많았다고 하네요.

❼ 씨오쟁이

섬보다 작은 것을 오쟁이라 하고, 오쟁이보다 더 작게 만들어 씨앗을 갈무리해 두는 것을 씨오쟁이라고 하는데, 짚으로 병 모양으로 목을 잘록하게 짜 만들어 새끼나 노끈으로 목을 묶어 집 한 귀퉁이에 매달아 놓고 썼어요.

❽ 통가리

가. 구조와 쓰임: 통가리는 연장이라기보다 필요할 때마다 만들어 쓰던 시설물이에요. 볏짚이나 가마니로 둥글게 둘러치거나 발을 둥글게 둘러쳐 이엉으로 지붕을 얹었어요. 단으로 묶은 곡식이나 장작을 차곡차곡 쌓은 것을 '가리'라고 하고, 볏단을 쌓은 더미를 '볏가리'라고 하는 것처럼, 원통형으로 만들어 갈무리하는 데 쓰는 물건이라는 뜻이 있어요. 곡식통가리는 헛간이나 추녀 밑에 설치해서 곡식을 담아 두고, 감자나 고구마는 얼지 않게 방 안에 통가리를 만들어 갈무리했어요.

나. 만드는 법: 싸리, 수수깡, 쑥대 같은 것으로 촘촘히 엮은 발로 지름이 1~3m, 높이 1~2m 울을 만들고 그 안에 갈무리할 감자나 고구마를 담아요. 꺼내기 쉽게 울 가운데에 판자나 짚단으로 쪽문을 만들어요. 곡식을 담아 두는 통가리는 볏짚과 가마니를 이용해 만들지요. 길게 편 가마니를 둥글게 말아 원통 모양을 만들어요. 비가 올 때 빗물이 통가리 벽이나 아래 밑받침을 타고 통가리 안으로

들어가는 것을 막기 위해 벌어진 모양으로 만들지요. 통가리 안에 벼를 다 채우면 가운데를 봉긋하게 되도록 물미를 잡고, 그 위에 짚단으로 물미를 완전하게 잡아 고른 후 이엉으로 지붕을 얹은 다음, 짚을 고깔처럼 엮어 맨 꼭대기에 올려요. 그러고 나서 새끼줄로 바람에 날리지 않도록 단단히 묶으면 통가리가 완성되지요. 옆에서 보면 위가 약간 벌어진 원통에 원뿔을 씌워 놓은 모양이고 위에서 내려다보면 원형을 이루어요.

다. 세시풍속: 뒷간에 갈 적마다 통가리를 두들겨 쥐를 쫓았어요. 통가리에 넣어둔 곡식을 쥐가 훔쳐 먹지 않게 여러 방법을 썼어요. 형편이 넉넉한 집에서는 함석으로 통가리의 밖을 둘러싸기도 했고, 형편이 안 되는 집에서는 통가리 옆에 작대기 같은 작은 몽둥이를 놔두고 지나다닐 때나 밤에 뒷간 갈 때 통가리를 두들겨 쥐를 쫓았어요. 어떤 집에서는 통가리 둘레에 밤송이를 많이 주워다 뿌려서 통가리에 쥐가 다가가지 못하게 했어요.

10. 물레방아는 수력 발전기의 아버지예요.

곡식의 껍질이나 겨를 벗겨 내거나 부수거나 가루로 만드는 일을 '방아'라고 해요. 가을걷이가 끝나면 갈무리해 둔 곡식을 햇볕에 잘 말려 방아를 찧는데, 보통 추운 겨울철에 많이 했어요. 방아에는 '찧기, 쓿기, 빻기, 타기' 같은 일이 있어요. 찧기란 쓿고 빻는 일을 통틀어 하는 말이고, 쓿기는 곡식의 겨를 벗겨 깨끗하게 하는 일, 빻기는 가루로 만드는 일, 타기는 곡식을 성글게 부수는 일이에요. 곡식에 충격을 주어 곡식의 알갱이끼리 또는 알갱이와 연장 사이의 마찰력과 충격력으로 쓿거나 빻는 절구, 디딜방아, 물방아, 물레방아가 있어요. 또 서로 반대 방향으로 운동하는 물체 사이에 곡식을 넣어 쓿거나 타거나 빻는 매통, 맷돌, 연자매가 있어요. 대체로 곡식의 양이 많으면 디딜방아와 연자방아를 쓰고 적으면 절구나 맷돌을 사용하는데, 나락을 쌀로 만드는 쌀방아는 디딜방아, 물방아, 물레방아, 연자방아를 썼어요.

방아를 찧거나 빻는 곳을 '방앗간'이라고 해서 따로 지었어요. 일제 강점기를 거치면서 도정기가 들어오면서 방앗간의 자취는 거의 사라졌어요. 요즘에는 대규모 쌀 종합 처리장에서 쌀방아를 찧어요. 전통 시장의 소규모 방앗간에서 고추방아나 떡방아를 찧기도 하는데, 발동기나 전동기를 갖춘 기계를 쓰고 있어요. 먼 옛날부터 방아를 찧어서 밥을 해 먹었기 때문에 기계로 문지르고 깎아서 도정을 하는 오늘날에도 '방아 찧는다'는 말을 흔히 쓰고 있어요.

물레방아

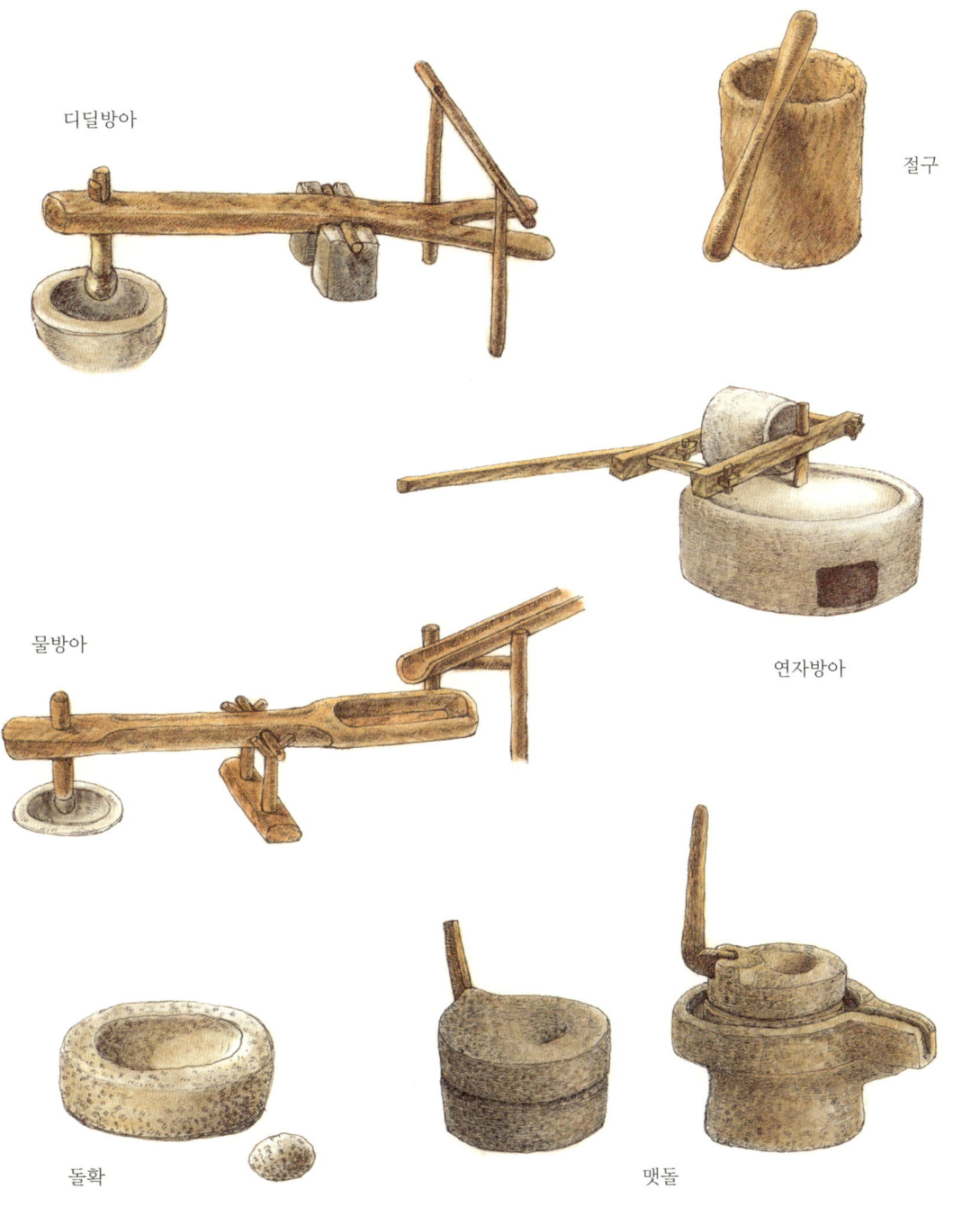

디딜방아

절구

물방아

연자방아

돌확

맷돌

❶ 물레방아

가. 도구의 발달과 원리: 한마디로 물의 힘으로 찧는 방아를 물레방아라고 하는데, 이것은 조선 후기의 학자 박지원이 청나라에 갔을 때 쓴 〈열하일기〉(1780년)에서 처음 소개했어요. 박지원은 1792년 안의(현재의 함양) 현감이 되자 물레방아를 만들어 실제 사용하게 했어요. 이를 기념하여 함양에서는 해마다 9월 말이나 10월 초에 물레방아골 축제를 열고 있어요.

물레방아는 흐르는 물의 힘으로 바퀴를 돌려 곡식을 찧는 방아로, 낮은 곳으로 흐르는 물의 힘으로 바퀴를 돌려 곡식을 찧거나 빻아요. 위에서 물이 떨어지는 힘으로 나무바퀴가 돌아가면 눌림대가 방아채의 끝을 눌러 방아채가 올라갔다 내려오면서 방아채 끝에 달린 공이가 방아확 속에 있는 곡식을 찧거나 빻지요. 위에서 물이 떨어지는 힘이 위치 에너지, 물이 떨어지는 힘으로 물레를 돌리는 것이 운동 에너지예요. 물레방아는 이 운동 에너지로 곡식을 빻지만, 이것을 발전기에 이용해 전기 에너지로 바꾸면 전기를 얻을 수 있어요. 아주 작은 힘으로도 발전할 수 있는 간이 발전기나 전동기를 이용해서 여러 가지 방법으로 전기를 얻어서 생활 속에 활용할 수 있어요. 또 학습 자료로도 유용하게 사용할 수 있어요.

나. 만드는 법: 방아는 보통 소나무로 만들어요. 공이는 단단한 박달나무로 만드는데 공이 끝에 쇠를 박으면 더 단단해져요. 마찰열을 낮추기 위해 수로 끝에 대나무로 만든 홈대를 달아 물이 이리로 떨어지게 해요. 방아굴대에 설치된 눌림대를 서로 다른 방향으로 만들어 방앗공이가 번갈아 가며 오르내리게 하고, 돌확은 땅에 묻어요. 물의 동력을 받는 바퀴는 나무로 만들지만, 나머지 부분은 철재로 만들어요. 밀채물레바퀴의 구조는 물레의 살과 살을 연결하여 너비 30㎝, 두께 5㎝ 정도의 널판을 가로 대놓는데, 흐르는 물이 이 널판을 밀고 나가면서 물레가 돌아가요.

다. 세시풍속: 물레방앗간 고사

물레방아는 흔히 마을에서 계를 모아 공동으로 세웠어요. 계원이 아닌 사람의 방아를 찧을 때는 삯을 받아 모았다가 물레방아를 고칠 때 쓰거나 고사를 지내거나 잔치를 벌일 때 썼어요. 방앗간을 짓고 방아를 걸고 나면 먼저 고사를 지냈어요. 이때 택일을 하고 고사를 지내는 날까지 방앗간 어귀의 좌우 양쪽에 붉은 흙 세 무더기를 쌓아 두었는데, 흙의 붉은 기운이 잡귀를 막아 준다고 믿었어요. 또, 방앗간 둘레에 새끼줄을 둘러서 부정 탄 사람이 드나드는 것을 막았어요. 가을에 집안의 안녕을 비는 굿을 할 때도 방아 앞에 떡 한 켜와 정화수를 차려 놓기도 했어요. 어떤 집에서는 매달 초하루와 보름에 떡 고사를 지냈어요. 그러면 방앗간의 도깨비가 만족해서 방아 동티가 나지 않는다고 했어요.

물레방아 간이 발전소 만들기

재료: 수족관용 물레방아, 꼬마전구(발광 다이오드), 압력밥솥, 전선, 베어링, 전동기(문구점에서 판매하는 전동기로는 전류가 생성되지 않으므로 카세트나 전축에 사용되고 있는 전동기를 이용해요.) 전선, 스위치, 휴대용 가스레인지 따위.

1. 물통에 나무막대를 걸쳐 고정하고 전동기를 고정해요.
2. 전동기의 축에 수족관용 물레방아를 끼워 넣어요.

3. 전동기의 양 단자에 꼬마전구를 연결해요.
4. 주전자에 물을 넣어 높이 들고 물레방아에 물을 떨어뜨리면서 돌게 하지요.
5. 주전자로 물을 떨어뜨리면 발전기(전동기)의 회전축이 움직여 꼬마전구에 불이 들어온답니다.

---

❷ 디딜방아

가. 도구의 발달과 원리: 디딜방아는 사람의 힘으로 찧는 방아예요. 발로 디디어 곡식을 찧거나 빻는다고 해서 디딜방아라 이름 붙였어요. 디딜방아는 곡식을 찧는 것 말고도 떡을 찧거나 고추를 빻기도 하며, 메주콩을 이기는 데도 썼어요. 디딜방아는 절구와 같은 기능을 하지만, 발로 방아다리를 디디어 방아채를 움직여 충격력을 키워서 더 잘 빻도록 발전한 방아예요. 우리나라에서 디딜방아를 언제부터 만들어 썼는지는 정확히 알 수 없어요. 대체로 4세기 이전부터 사용하지 않았을까 짐작하는데, 357년쯤에 만들어진 고구려의 안악 고분 제3호분의 벽화에 디딜방앗간의 장면이 잘 나타나 있어 디딜방아의 모습을 엿볼 수 있어요.

디딜방아는 방아다리가 하나인 외다리방아와 둘인 양다리방아가 있어요. 방아채의 앞머리 부분에 공이가 달려서 돌로 만든 확 속의 곡식을 찧거나 껍질을 벗기는 구실을 하지요. 방아다리를 디뎠다가 얼른 놓는 서슬에 내리쳐진 공이의 힘으로 곡식을 찧거나 왕겨가 벗겨졌어요. 또 공이 끝에는 쓰임새에 따라 모양이 다른 촉을 붙여서 쓰기도 했어요. 쇠나 돌로 부처님 머리처럼 오돌토돌하게 만든 촉은 왕겨를 벗기는 데 쓰고, 돌로 된 밋밋한 촉은 빻는 데 쓰며, 촉이 없는 나무공이는 쓿는 데 사용해요. 방아다리를 딛는 부분에는 딛는 사람이 편하라고 발 디딜 디딤돌과 가로 손잡이를 달아서 발을 딛는 이가 균형을 잃지 않게 했어요. 그 밖에 천장 들보에 끈을 묶어 내려 잡도록 한 것도 있어요. 세계적으로 디딜방아는 외다리방아이지만, 우리나라에서는 두다리방아도 만들어 썼어요.

나. 구조

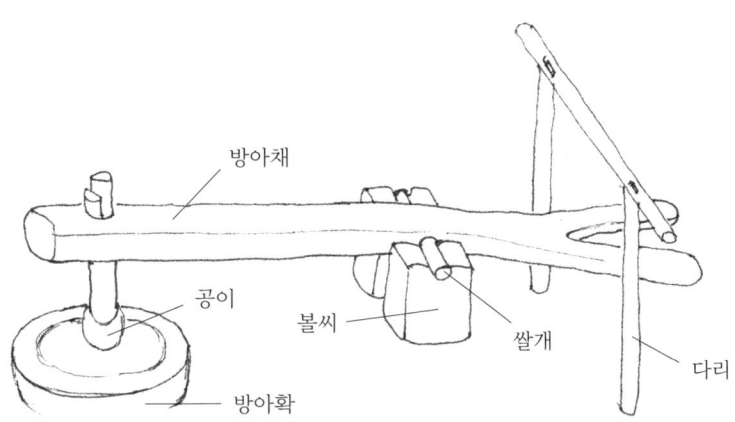

다. **만드는 법:** 디딜방아는 약 3m 길이의 긴 통나무를 깎아 만들어요. 방아의 몸체나 공이는 참나무 · 느티나무 · 대추나무 · 밤나무 따위의 목질이 단단한 나무로 만들어요. 방아다리와 공이 사이의 방아채 중간쯤에는 위가 'U' 자 모양으로 홈이 팬 직사각형의 지렛대 구실을 하는 볼씨[받침대]를 양쪽에 세워 그 사이에 방아채를 가로질러 쌀개[굴대]를 끼워 올려놓아요. 방아채 앞머리 부분에는 구멍을 뚫어 밑으로 공이를 박아 놓았으며, 공이 아래에는 확을 땅속에 묻어 두거나 키가 작은 돌절구를 확 대신에 쓰기도 해요.

라. 세시풍속: 디딜방아 고사

디딜방아는 예로부터 농가에서 매우 중요하게 여기는 농기구였어요. 그래서 디딜방아에 따른 민간 신앙이 꽤 많아요. 방아를 만들 때도 나무를 고르고 벨 날을 택일했고, 다 만들고 나서 앉히는 날도 좋은 날로 잡아 방아가 탈 없이 오래 가기를 바라는 마음으로 방아 상량문을 써서 방아를 걸었어요. 그리고 촛불을 켜고 떡시루에 정화수를 차려 놓고 여주인이 정성을 다해 고사를 지냈어요. 어쩌다 고사를 지내지 않거나 지내더라도 정성이 부족하면 방아 동티가 생겨 식구 중 한 사람이 원인 모를 병에 걸리게 되었어요. 그러면 이때도 날을 받아 무당이 방아머리를 도끼로 찍는 시늉을 하면서 동티 잡이 축원을 외웠어요. 한편, 첫 방아는 남의 것이 아니라 반드시 주인집 방아를 찧으며, 방아를 다른 곳으로 옮길 때도 미리 날을 받아 고사를 올렸어요. 이렇게 해야 방아 동티가 일어나지 않는다고 믿었어요. 어떤 지역에서는 이웃 마을에 장티푸스나 천연두 같은 전염병이 돌 때 디딜방아로 액막이를 했어요. 예컨대 한밤중에 다른 마을의 디딜방아를 훔쳐 와 마을 어귀의 고개나 서낭당이 있는 자리에 거꾸로 세워 뒀어요. 그러면 지나가는 사람들이 이것을 보고 전염병이 도는 마을의 출입을 하지 않아 전염병이 퍼지는 것을 막을 수 있었어요. 그뿐 아니라, 민간에는 한 집에 임신부가 둘 있고 이들이 같은 해에 해산하게 되면 좋지 않다고 믿었어요. 그래서 한 부인이 안채에서 아이를 낳으면 다른 부인은 어쩔 수 없이 방앗간을 산실(産室)로 삼아 거기에서 아기를 낳고 탯줄을 자른 뒤에 안채로 들어갔어요.

❸ 물방아

가. 도구의 구조와 원리: 보리·기장·조·옥수수 따위의 곡식을 찧는 데 쓰는 물방아는 물의 힘을 이용하는 점에서는 물레방아가 같아요. 하지만, 물방아는 물레방아보다 물이 적은 곳에 설치했어요. 흐르는 물에서 쏟아지는 물이 물받이에 가득 차면 물의 무게 때문에 물받이 쪽이 주저앉고 공이 쪽은 들려 올라가지요. 이때 물받이에 담겼던 물이 쏟아지면서 공이가 떨어지면서 곡식을 찧거나 빻아요. 방앗삯으로 보통 겉곡 한 가마에 알곡 두 되를 냈다고 해요.

나. 만드는 법: 굵고 긴 통나무의 한끝을 여물통처럼 길게 파서 물이 담기도록 하고 다른 끝에는 구멍을 뚫고 공이를 박아요. 또, 공이가 오르내릴 때 쌀개를 고정하는 두 기둥에 몸채가 닿지 않도록 가운데를 양쪽에서 발라내요. 확이 박힌 부분에는 긴 작대기 서너 개를 원뿔꼴로 벌려 세우고 위를 덮어 방앗간으로 삼아요.

❹ 절구

가. 쓰임새: 곡식을 빻거나 찧는 살림살이예요. 절구에 공이를 쳐서 찧거나 빻는 일을 '절구질' 또는 '공이질'이라고 하는데, 절구가 크고 일감이 많을 때는 두 사람이 마주 서서 절구질을 하지요. 이것을 '쌍절구질'이라고 하기도 해요.

절구는 쓰임새가 아주 많은데, 곡식을 찧거나 빻을 때뿐만 아니라 양념을 빻거나 메주콩을 찧고, 떡방아를 찧을 때도 사용해요. 깨소금, 마늘, 생강 따위의 양념감을 찧는 작은 절구를 '양념절구'라고 하는데, 주로 쇠절구와 나무절구를 많이 써요. 돌절구에는 돌공이를, 쇠절구에는 쇠공이를, 나무절구에는 나무공이를 쓰는 것이 보통이지만, 나무공이는 아무 절구에나 흔하게 쓰고 있어요. 농가에서는 1970년대에도 보리를 절구통에 넣고 절굿공이로 찧어서 보리밥을 해 먹었어요. 보리를 절구통에 넣고 절굿공이로 찧으면 보리의 겉껍질이 벗겨지고 속의 하얀 살이 드러나는데, 이것을 키질하여 보리쌀을 골랐어요.

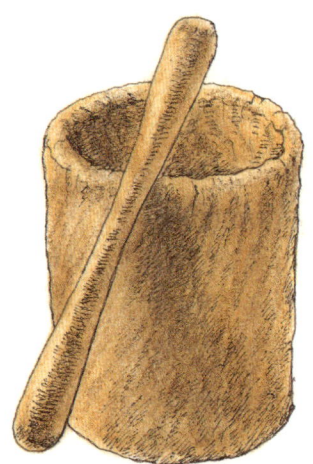

나. 만드는 법: 절구는 통나무나 돌, 또는 쇠로 만드는데, 그 재질에 따라 나무절구, 돌절구, 쇠절구로 나누어요. 어느 것이나 절구통은 우묵하게 구멍을 만들어

요. 공이도 나무, 돌, 쇠로 만들어요. 나무공이는 위아래가 둥글고 손에 쥘 부분만 파내어 만들어요.

다. 세시 풍속: 도구통 각시 영금 준다.

경상남도 지방에서는 음력 정월의 첫 축일을 '첫 소날'이라 하여 이날 절구질을 하면 집안의 소가 골이 아파서 죽거나 병이 생긴다고 하여 삼갔어요. 또, 우리나라의 중부 이남에서는 보름날 새벽에 절굿공이를 가지고 집 마당이나 밭에 가서 "디지기방아 찧자, 디지기방아 찧자." 하면서 밭을 찧으며 다녔어요. 이렇게 하면 굼벵이나 두더지 · 독벌레들이 없어진다고 여겼지요. 전라남도 지방에서는 보름날 아침 절굿공이로 마당의 네 귀퉁이를 찧고 나서 땅이 얼마나 들어갔는가를 살폈어요. 이때 동쪽은 봄, 남쪽은 여름, 서쪽은 가을, 북쪽은 겨울로 여기고 땅이 많이 팬 쪽의 땅은 그 해에 물이 흔하고 그렇지 않은 곳에는 가뭄이 든다고 점을 쳤어요. 전라남도 지방에는 절구에 여신이 깃들어 있다는 민간 신앙이 있는데, 보름날 아침에 절구 둘레에 열두 달을 상징하는 열두 가지 음식에 콩 · 보리 · 조 · 팥 · 쌀 등의 곡식을 섞어 놓고 그 해 농사가 잘되나 안 되나 점을 쳤어요. 모양이 변하지 않은 그릇에 해당하는 날에는 가뭄이 들고, 틈이 벌어진 그릇의 달에는 물이 흔할 테지만, 벌어진 틈이 작으면 비가 내려도 풍년이 되지 않을 것이라 여겼어요. 끼니때가 되면 벼와 보리 같은 곡식을 절구에 찧어 밥을 해 먹었기 때문에 절구통의 여신은 영험하다고 믿었어요. 이를 "도구통 각시 영금 준다."고 말했어요.

❺ 맷돌

가. 도구의 발달과 원리: 콩, 팥, 메밀, 녹두 같은 곡식을 가는 데 쓰는 살림살이예요. 둥글넓적한 돌 두 개를 포갠 다음 위쪽 돌에 뚫린 구멍으로 갈 곡식을 넣고

손잡이를 돌려서 곡식을 갈지요. 이 나무 손잡이를 '어처구니'라고 해요. 뜻밖이거나 한심해서 기가 막힐 때 '어처구니가 없다'는 말을 하지요. 바로 여기서 나온 말이에요. 어처구니가 없으면 맷돌을 갈 수 없지요. 맷돌질하려면 맷돌을 올린 커다란 함지박이 있어야 해요. 이것을 '매함지'라고 하고, 어떤 것은 맷돌의 아래짝과 매함지를 한 덩어리로 만들기도 하는데, 이것을 '풀매'라고 해요.

맷돌에서 우리 조상의 슬기를 엿볼 수 있어요. 맷돌 위짝을 돌리면 원심력으로 갈린 곡식이 아래로 빠져나와요. 게다가 윗돌과 아랫돌이 닿는 부분을 오톨도톨하게 만들어서 마찰력을 높였어요. 이것이 발전하여 연자방아가 나타났어요. 또 갈린 곡식이 잘 빠지도록 아래짝은 위로 봉긋하게, 위짝은 오목하게 만들었어요. 맷돌은 오늘날의 전기 분쇄기와는 달리 천천히 돌리면서 갈기 때문에 영양소의 파괴가 적고, 식품의 맛이 훨씬 좋아요. 맷돌을 갈 때 생기는 열을 식히는 냉각 기능도 뛰어나서 콩물같이 물기 있는 식품의 변질도 거의 없어요.

나. 구조와 쓰임새: 맷돌은 아랫돌과 윗돌을 같은 크기로 만들고, 아랫돌 한가운데에 수쇠, 윗돌에는 암쇠를 끼워 맷돌을 돌릴 때 벗어나지 않게 만들어요. 윗돌에는 수직으로 손잡이인 어처구니를 달고, 곡물을 넣을 구멍을 뚫어요. 윗돌과 아랫돌이 마찰하는 면이 울퉁불퉁해서 곡물이 잘 갈리도록 했어요. 또, 갈린 곡물이 잘 빠지도록 아랫돌은 위로 볼록하게, 윗돌은 오목하게 만들어요. 불린 콩을 맷돌에 갈아 끓여서 두부를 만들기도 하고, 잘 말린 팥이나 녹두를 맷돌에 타서 떡고물에 쓰고 하지요. 또, 불린 녹두나 동부를 맷돌에 갈아서 부침개를 부쳐 먹기도 하는데, 요즘에는 맷돌보다 믹서나 도깨비방망이라는 것을 더 많이 쓰지요.

고줏대
방틀
후리채
고줏구멍
테

❻ 연자방아

가. 도구의 구조와 원리: 돌로 만든 방아를 가축의 힘으로 돌려 찧는 방아예요. 두 돌이 맞물려 돌아가면서 방아를 찧는 것이 맷돌과 닮았다고 '연자매'라고도 부르지요. 둥글고 너른 돌판 위에 그보다 작고 둥근 돌을 옆으로 세워 얹은 것을 소나 말이 끌어 돌려서 보리와 조 같은 곡식을 찧고 빻았어요. 연자방아는 받침돌인 '알돌' 한가운데에 '중수리'라는 기둥을 세워 이를 중심으로 '웃돌'이 회전하면서 알돌에 얹어 놓은 곡식을 찧거나 빻았어요. '중수리'에서 '웃돌'이 엇나가지 않도록 '상장틀', '새역'이 쓰였으며, '채경'을 통해 전달된 동력으로 회전할 수 있도록 '웃돌' 한가운데에 장통을 만들고 '상장틀'에 '조쟁이'를 장치하여 알돌

위에서 회전하여도 엇나가지 않으면서 쓸 수 있도록 했어요.

고줏대 : 밑돌 가운데 구멍에 박아 놓은 기둥나무
고줏구멍 : 밑돌 한가운데에 고줏대를 박기 위하여 뚫어 놓은 네모난 구멍
방틀 : 우물 정자(井字) 모양으로 굵은 나무로 짠 틀. 이것을 윗돌에 끼워서 마소가 끌도록 해요.
후리채 : 방틀에 끼우는 단단한 나무. 여기에 끈을 달아 소에 매는데, 이것은 마소가 끌기에 편리하도록 어
스러지게 박아요.
테 : 곡식이 밖으로 떨어지지 않도록 밑돌 주위에 비스듬히 둘러놓은 나무

나. 종류: 보리나 조 같은 곡식을 찧는 연자방아가 있고, 가루를 빻는 연자방아가
있어요. 가루를 빻는 연자방아를 '가루매'라고 따로 이름 붙이기도 했는데, 돌의
무게만을 이용하기 때문에 돌의 표면이 매끈하고 크기가 작아 사람이 돌렸어요.

다. 세시풍속: 연자방아 놀이

연자방아는 소나 말을 이용하여 곡식을 찧는 방아로, 마을의 공동 연자방아는
계를 조직하여 만들고 마을 사람들이 함께 연자방아 놀이를 하며 놀았어요. 연
자방아 놀이는 가을걷이와 타작마당, 돌 운반 및 방아 제작 마당, 방아 찧기 마당
의 세 마당으로 짜여 있는데, 방아의 제작과 함께 세시풍속이 잘 나타나 있어요.

가을걷이와 타작마당: 낫과 칡덩굴을 지게에 얹고 들에 나가 곡식을 베어서 칡으
로 단을 묶어요. 이를 지게에 지고 마을로 돌아와 도리깨질과 태질로 거두어들
인 곡식을 타작해요.
돌 운반 및 방아 제작 마당: 마을의 젊은이들이 산과 계곡으로 나가 방아를 만들 수
있는 돌과 목재를 구해, 돌은 소로 끌거나 지렛대로 나르고 목재는 목도나 지게
에 지고 마을로 가져와요. 운반한 돌은 정과 망치로 다듬어 바닥 돌과 윗돌을 만
들고, 목재는 낫과 도끼를 이용해 틀목과 방아집을 만들어요.
방아 찧기 마당: 만든 모든 부품을 조립하고 방아집을 세운 뒤 방아가 완성되면

틀목에 소를 메어 소몰이꾼의 소몰이소리에 맞추어 방아 찧기를 시작하지요. 마을 사람들은 방아를 찧으면서 '방아타령, 맷돌소리, 방아 찧는 소리, 말방아소리'를 부르며 농악을 울리면서 한바탕 흥을 돋우며 놀아요.

❼ 매통

가. 도구의 구조와 원리: 매통은 마찰력과 원심력을 이용한 도구예요. 매통을 돌리면 위짝은 원운동을 하며 원심력이 생겨요. 그래서 곡식이 바깥쪽으로 밀려 나오게 되지요. 매통 위짝의 밑부분과 아래짝 윗부분에는 톱니 모양의 홈을 파서 바닥을 거칠게 함으로써 마찰력을 높였어요. 그래서 벼 껍질이 잘 벗겨지도록 했어요.

나. 만드는 법: 매통은 주로 100년 이상 자라 굵고 단단한 아름드리 소나무를 잘라 아래위 두 짝으로 만들어요. 맞닿는 면의 위짝은 우묵하게 파내고 아래짝은 봉긋하게 다듬어 만들어요. 두 짝이 서로 맞닿는 면에는 톱니처럼 요철로 팠는데, 이것이 껍질을 벗기는 구실을 해요. 위짝의 윗마구리는 우긋하게 파고 가운데에는 벼를 흘려 넣도록 지름 5㎝가량의 구멍을 뚫었는데, 깔때기처럼 되어 있어요. 아래짝에는 위짝 가운데 홈에 넣을 수 있도록 봉긋한 곳에 30~50cm 정도

의 막대 축을 박아 위·아래짝이 비틀어지지 않고 고정하는 구실을 하도록 했어요. 위짝의 중간 좌우 양쪽에 자루를 박고 아래짝의 수직 막대를 회전축으로 삼아 이리저리 돌리면서 벼를 갈았어요.

다. 쓰임새: 벼의 껍질을 벗겨 현미를 만들 때 쓰는 도구로, 요즘처럼 도정기(정미기)가 발달하지 않은 옛날에는 가정에 꼭 필요한 도구였어요. 매통에 한 번에 홈으로 들어가는 곡식의 양은 한 말쯤 됐어요. 삼태기로 곡식을 퍼부으면 위짝이 돌아가면서 껍질이 벗겨지지요. 껍질과 낟알을 받으려고 아래짝의 바닥에는 도래방석이나 맷방석을 깔았고, 벼 한 말의 껍질을 벗기는 데 10분쯤 걸렸어요.

마찰력과 원심력을 이용한 '맷돌, 연자방아, 매통'

'마찰력'이란 공이 바닥을 굴러갈 때 공이 굴러가지 못하도록 바닥면이 방해하려는 힘을 말해요. 마찰력 때문에 공은 다시 힘을 가하지 않으면 계속 굴러가지 못하고 멈추게 되지요. 바닥이 거칠수록 마찰력은 커지고, 바닥이 매끄러울수록 마찰력은 작아져요.

'원심력'은 물체가 원운동을 할 때 회전 중심에서 멀어지려는 힘이에요. 원심력은 관성의 법칙 때문에 나는데, '관성'이란 외부의 힘을 받지 않으면 멈춘 물체는 계속 멈추어 있으려 하고, 움직이는 물체는 계속 일정한 속도로 움직이려고 하는 성질을 말해요. 관성의 법칙을 따르면 물체는 일정한 속도로 직선 운동을 해서 원운동을 할 수 없어요. 그래서 물체가 원운동을 하려면 직선 운동을 하는 물체를 중심으로 끌어당기는 힘이 필요하지요. 이렇게 회전 중심으로 물체를 잡아당기는 힘을 '구심력'이라고 해요.

맷돌, 연자방아, 매통은 바로 이러한 마찰력과 원심력을 이용해 만든 도구예요. 사람이나 가축의 힘으로 위짝 돌을 돌리면 원심력으로 갈린 것이 바깥쪽으로 밀려 나온 뒤에 밑으로 떨어져요. 또 위짝과 아래짝 돌이 만나는 면에서 생기는 힘으로 곡식이 갈리게 되고, 홈을 파서 오톨도톨하게 함으로써 마찰력을 높였어요.

❽ 돌확

가. 원리와 쓰임새: 큰 방아나 절구에 찧을 것이 못 되는 적은 양의 곡식, 주로 보리를 찧는 데 쓰거나 고추·마늘·생강 따위 양념을 갈기도 하고 소금 등을 빻기도 하는 살림살이예요. 돌로 만들었다고 '돌확'인데, 흙을 구워 만든 오지확을 '확독'이라 하기도 하고, 자배기라고도 해요. 돌확에 보리를 넣고 갈돌로 돌려가며 바닥을 문질러 대끼거나 젖은 고추를 잘라 넣고 갈돌을 확확 문질러 으깨지요. 사람의 힘으로 돌확과 갈돌의 마찰력을 일으키는데, 돌확의 안쪽을 우툴두툴하게 해서 마찰력을 높였어요.

자배기는 전라남도의 바닷가 마을에서 많이 쓰고, 돌확은 전라북도·경상도·충청도에서 많이 쓰는데, 양념을 여기에 갈면 고소하며 제맛이 난다고 해요. 돌확은 요즘에도 많이 쓰는데, 김치를 담글 때 돌확(확독)에 양념을 갈고 거기에 김칫소를 넣어 버무리거나 김칫거리를 버무리는 그릇으로도 많이 사용해요.

나. 만드는 법: 넓적한 돌에 지름이 50~60cm, 깊이를 15~20cm 되게 쪼아 파내요. 돌로 만들거나 흙을 구워 만들어요. '갈돌'은 돌확에 곡식이나 열매, 양념 따위를 갈 때 쓰는 주먹 크기의 돌이에요. 오지로 된 확은 돌로 된 갈돌을 쓰면 쉽게 깨질 수 있어요. 그래서 오지로 만든 갈돌을 사용해요. 오지 확독과 갈돌은 그릇가게에서 쉽게 살 수 있어요.

11. 많은 물건이나 무거운 짐을 어떻게 나를까요?

  짐을 나르는 방법에는 사람이 들고, 메고, 이고, 지는 방법과 도구를 써서 밀거
나 끄는 방법, 집짐승의 힘을 이용하는 방법 등 아주 다양해요. 먼저, 들거나 이
는 살림살이에는 소쿠리, 바구니, 다래끼, 광주리, 망태기, 멱둥구미 따위가 있어
요. 메는 것에는 망태기, 지는 것에는 지게를 가장 많이 사용해요. 밀거나 끄는
것에는 수레가 있는데 소가 끄는 달구지(우차), 말이 끄는 마차, 사람이 끄는 손수
레가 있어요. 짐을 나를 때 노새, 당나귀, 말, 소 같은 집짐승을 이용했는데, 특히
소를 가장 많이 이용했어요. 이때 거지게 · 길마 · 옹구 · 걸채 같은 것을 만들어
썼어요.

지게와 발채

지게

쟁기지게

들것

걸채

옹구

길마

발구

망태기

주루막

꼴망태

사륜달구지

이륜달구지

❶ 지게

가. 특성과 우수성: 지게는 사람이 등에 지고 그 위에 짐을 실어 나르는 도구로, 우리 겨레가 발명한 뛰어난 도구 가운데 하나예요. 사람이 직접 물건을 나르는 방법 가운데 양손으로 들거나 어깨에 지는 것보다 힘은 덜 들이면서 더 많은 물건을 나를 수 있어요. 어깨와 등에 걸쳐 몸 전체에 짐의 무게를 고르게 전달하여 에너지 소비가 비교적 적다고 할 수 있지요. 좁고 비탈진 길에서도 짐을 져 나를 수 있는 장점이 있어요. 독일 기자 지그프리트 겐테는 예전에 한국 땅에 와서 이 지게를 보고 1901년에 펴낸 《한국견문록》에서 "사람이 어깨 근육을 이용해서 힘을 덜 들이고 수월하게 운반할 수 있게 만든 것으로 조선인의 탁월한 발명품이라 말하고 싶다."라고 했고, 프랑스 민속학자 샤를 바라도 "지게는 양어깨와 등의 힘을 조화시킨 창의적이고 과학적인 운반 기구이다."라고 말했어요. 또, 일본

사람이 쓰는 지게는 우리나라에서 건너갔는데, 일본말로 지게를 '조센가루이' 또는 '조센 오이코'라고 해요. 대마도에서는 우리 이름 그대로 '지케' 혹은 '지케이'라고 하지요. 오늘날 지게는 등산용 배낭의 등받이나 멜빵에 응용되고 있으며, 비슷한 원리로 아기를 업거나 안을 때 쓰는 아기띠로 이용되고 있어요.

나. 구조

지게 몸체: 가지가 달린 자연목 2개를 위는 좁고 아래는 넓게 벌려 나란히 한 다음 세장을 끼우고 탕개로 조여서 고정한 부분이에요. 지게를 만들 때 주로 몸체는 튼튼하고 탄력이 있는 소나무를 사용하며, 세장은 박달나무나 밤나무처럼 비교적 단단한 나무로 만들어요.

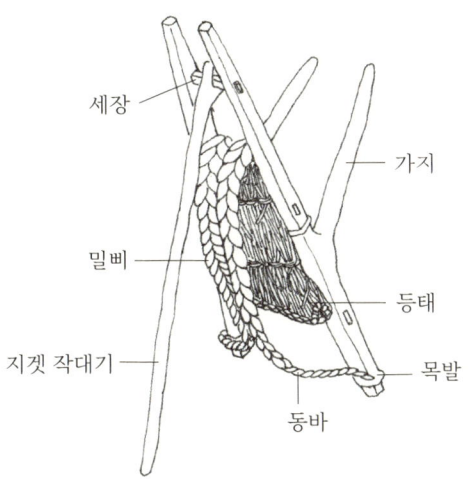

세장 : 지게의 두 짝이 서로 짜여 있도록 가로질러 박은 나무
가지 : 지게 몸에서 조금 위로 뻗어 나온, 짐을 떠받치는 나무
등태 : 등이 아프지 않도록 짚으로 통통하게 엮어서 댄, 지게를 질 때 등이 닿는 곳
목발 : 멜 끈의 아랫도리가 걸리도록 턱을 쳐 놓은, 지게 몸의 맨 아랫부분
밀삐 : 짚으로 엮은 끈. 밀삐세장과 목발에 묶어요.
동바 : 지게에 짐을 싣고 위로 눌러 매기 위하여 목발에 매어 가지에 감아 놓은 줄
지겟작대기 : 지게를 세울 때 버텨 놓는, 끝이 아귀진 나무

발채

지겟작대기

발채: 흐트러지기 쉬운 짐을 실으려고 지게에 얹는, 소쿠리 같은 물건을 발채라고 하는데, 싸릿대나 대오리로 둥글넓적하게 부챗살처럼 걸어서 접었다 펼 수 있게 만들어요. 발채를 얹은 지게를 '바지게'라고 해요. 바지게에는 흐트러지기 쉬운 농산물이나 두엄, 검불이나 싸리나무 같은 부스러기 짐을 담아 나를 때 사용해요.

지겟작대기: 지게를 버티어 세울 때 쓰는, 끝이 'Y' 자 꼴로 된 작대기예요. 지게를 세울 때 두 갈래로 갈라져 있는 윗부분을 세장에 걸어 놓으며, 지게를 지고 비탈길을 내려올 때 지팡이로도 쓰고 풀숲을 헤쳐 나갈 때 이것으로 길을 트기도 하지요. 볏단이나 보릿단을 나를 때는 새고자리에 작대기를 꽂아 더 많이 쌓아 나르기도 했어요.

다. 크기: 지게의 크기는 쓰는 사람의 키에 따라 다르기 때문에 아이들 것은 1m에서 큰 것은 1.5m나 되는 것이 있어요. 지겟다리가 짧으면 지게 위에 물건을 싣거나 지고 갈 때 편리하지만 지게를 지고 일어서기가 불편하고, 지겟다리가 길면 물건을 싣는 것이 조금 불편하나 지게를 지고 일어나기가 쉽다는 장단점이 있어요. 그래서 평지가 많은 농촌에서 쓰는 지게는 지겟다리가 길고, 산골에서 쓰는 지게는 지겟다리가 짧은 특성이 있지요. 지게로 나를 수 있는 짐은 지는 사람의 기운에 따라 큰 차이가 있어요. 어른으로 치면 보통 30~50kg이 적당한데, 가까운 곳은 100kg 넘게 지고 가기도 해요.

쟁기지게

라. 종류

쟁기지게: 지게에는 쟁기를 나르는 데 쓰는 쟁기지게와 물이나 거름 같은 액체를 통에 담아 나르는 거름지게도 있어요. 쟁기지게는 가지의 길이가 15㎝ 정도로 짧고 새고자리 쪽으로 높게 되어 있는데, 여기에 쟁기의 성에를 걸쳐 얹어요.

물지게: 물지게는 농가의 지게와는 모양과 기능이 아주 달라요. 물지게는 40~50㎝ 되는 2개의 나무토막에 판자로 된 등태를 박고 한 팔 되는 곧은 나무를 지겟가지로 걸친 다음, 가지 끝에 거름통이나 물통을 거는 갈고리에 매달아서 져요.

쪽지게: 쪽지게는 대도시의 지게꾼들이 각목으로 만들어 사용한 것인데, 6·25

전쟁 때 많이 썼다고 해요. 산꼭대기의 진지에 일꾼들이 쪽지게에 식량이나 탄환 같은 보급 물자를 져 날랐지요. 또 예전의 보부상들이 썼던 가지가 달리지 않은 맨지게도 쪽지게라고 했고, 등짐장수들도 이와 같은 지게를 썼어요.

옥지게: 옥지게는 강원도 산간 지방의 지게로, 물매가 급한 산에서 땔나무 따위를 가득 실어 나를 때 사람이 지게를 지기 어려우므로 이를 끌어 내리기 위해 가지를 직각에 가깝게 구부려 놓은 거예요. 사람은 지게 아랫도리를 두 손으로 쥐고 앞에서 끌어 내리지요.

마. 철 따라 다른 지게의 쓰임새

봄: 논밭에 거름을 나를 때 써요.

여름: 소에게 먹일 꼴이나 거름에 쓸 풀을 베어 나를 때 써요.

가을: 볏단이나 곡식을 거두어들일 때 써요.

겨울: 땔나무로 쓸 나무나 검불을 긁어모아 나를 때 써요.

바. 세시풍속 : 지게놀이

봄이나 가을철에 남자들이 산에 땔나무를 하러 다니면서 지게를 가지고 놀던 민속놀이예요. 지역마다 조금 다르지만, 지게놀이에는 사람들이 양쪽으로 갈라 서서 지게 가지 잡고 뛰어넘기, 지게 목발 잡고 들기, 지겟 작대기 잡고 들기, 지게 타고 걷기, 물지게 돌리기를 했어요. 옛사람들은 이렇게 산에 일을 하러 가거나 쉴 참에 지게놀이로 흥을 돋우며 힘을 냈어요.

❷ 소나 말을 이용한 운반 도구

소나 말의 등에 걸쳐 물건을 담아 운반하는 도구는 옹구를 비롯하여 걸채, 거지게 따위가 있어요. 쓰임은 거의 비슷하나 그 싣는 종류가 조금씩 달라요. 예컨대 옹구는 논밭에 두엄을 낼 때나 무·호박·배추·감자 그리고 흙·모래 따위를 담아 나르는 도구예요. 걸채는 벼나 보릿단을 옮기는 데 쓰였고, 지게와 비슷한 거지게는 나무나 벼 가마니를 나르는 데 주로 썼어요.

1) **길마**: 물건을 양쪽에 실어 소가 균형을 잃지 않도록 하는 운반 도구예요. 말굽쇠 모양으로 구부러진 나무 두 개를 앞뒤로 나란히 놓고, 안쪽 양편에 막대 두 개를 대어 고정해요. 안쪽에는 짚으로 짠 언치를 대어 소 등에 얹는데, 주로 소나무로 만들어요. 길마는 옹구나 걸채, 거지게를 올려놓는 받침대 구실도 했고, 장터 같은 먼 곳을 다녀올 때 많이 썼어요.

길마

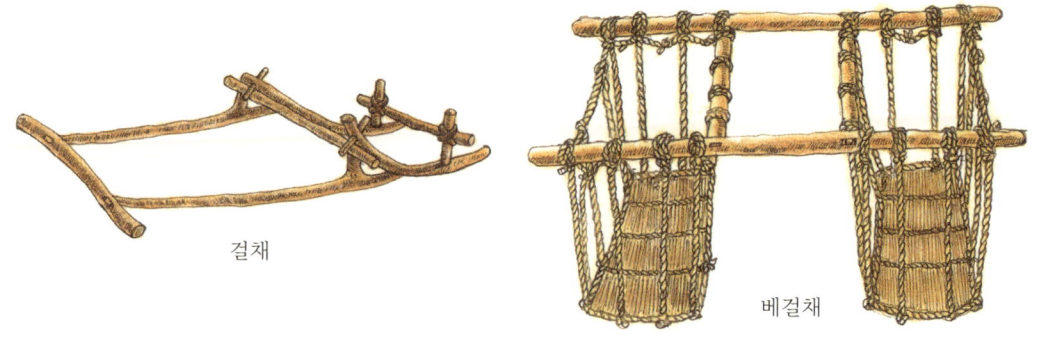

걸채

베걸채

2) **걸채:** 말이나 소의 길마 위에 덧얹어 볏단이나 보릿단을 실어 나르는 도구예요.

3) **발구:** 소나 말이 끌어 물건을 나르는 도구예요. 긴 나무 두 개를 나란히 얽어서 거름이나 땔감, 또는 사람을 나르는 데에 썼어요. 얼음이 깔리거나 눈이 깊어서 달구지를 이용할 수 없는 곳에서 많이 쓰는데, 함경도 · 평안도 · 강원도를 비롯한 산간 지방에서 볼 수 있어요. 외발구와 쌍발구 두 가지가 있는데, 외발구는 강원도 등지의 산간 지대에서 눈이 많이 쌓였을 때나 산에서 통나무와 섶나무를 나르는 데 사용해요. 쌍발구는 앞채와 뒤채 두 부분으로 이루어졌는데, 산에 나무하러 갈 때 기슭까지는 앞뒤 두 채를 이어서 끌고 가고, 산으로 오를 때에는 소의 힘을 덜어 주기 위해 앞채만 사용해요.

발구

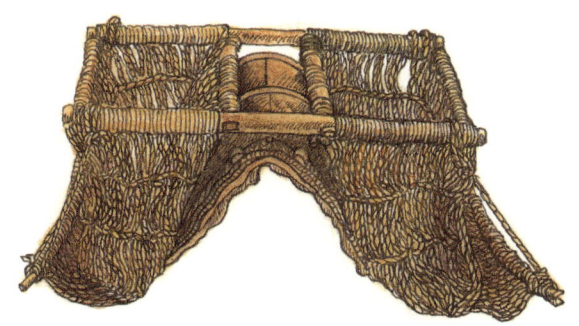

4) **옹구**: 새끼로 망태처럼 엮어서 길마 위에 얹어 물건을 날랐어요. 짐을 실을 때에는 긴 막대기를 줄과 줄 사이사이로 꿰 놓았다가 부릴 때 막대기를 빼면 바닥이 열리면서 물건이 쏟아져 나와요. 옹구로 무 · 호박 · 감자 · 배추 따위나 두엄을 날랐어요.

5) **달구지**: 소나 말이 끄는 짐수레로, 한 번에 많은 짐을 실어 멀리 나를 수 있어요.

가. 달구지의 발달과 원리: 달구지는 소나 말이 끄는 수레로, 바퀴를 달아 굴러가게 했어요. 사람이 타거나 짐을 실어 나르는 달구지는 소가 끌면 '소달구지' 또는 '우차'라고 하고, 말이 끌면 '마차'라고 해요. 달구지로는 곡식 가마니를 비롯해 모래에 이르기까지 온갖 짐을 나를 수 있어요. 짐 말고 사람이 탈 수 있도록 뚜껑이 있고 천으로 장막을 친 가마가 수레에 얹혀 있는 것 같은 다양한 모양의 수레가 발달했어요. 우리나라는 철기 시대 초부터 짐을 옮길 때 달구지를 이용했

이륜달구지

사륜달구지

어요. 고구려 시대의 고분 벽화를 보면 달구지의 쓰임새를 알 수 있어요. 달구지는 곡식 가마니뿐 아니라 나무, 이삿짐 같은 짐을 나르는 데 썼지만, 경운기가 나오면서 차츰 줄어들기 시작했어요.

나. 달구지의 구조: 우리나라 달구지는 바퀴가 두 개 달린 것과 네 개 달린 것 두 가지가 있어요. 두 바퀴 달구지는 대체로 소가 끄는데, 소 등에 길마를 얹지 않고 챗대를 길게 하여 소의 등에 걸고 챗대가 등에서 벗어나지 않도록 양쪽에서 목 앞으로 끈을 둘러 감아요. 두 바퀴 달구지의 바퀴는 조금 큰 편이에요. 수레의 바닥이 바위나 돌 같은 데 걸리거나 닿지 않게 상틀을 높였기 때문이지요. 네 바퀴 달구지는 소와 말이 끌었어요. 보통 도회지에서 짐을 나를 때는 주로 말을, 농가에서 곡식 같은 짐을 나를 때는 주로 소를 이용했어요. 네 바퀴 달구지는 앞바퀴가 뒷바퀴보다 작아요. 또 거덜이가 장치되어 있기 때문에 좌우로 움직여서 방향을 잡아요. 네 바퀴 달구지는 평야가 많은 곳에서 주로 썼고, 두 바퀴 달구지는 길이 험한 산악 지대나 북한 지방에서 많이 썼어요. 달구지 바퀴는 나무로 만들었는데 텟쇠를 둘러서 보강했어요. 나무바퀴 말고 돌로 만든 돌바퀴 달구지도 있어요. 한때는 자동차 타이어를 달구지 바퀴로 쓰기도 했지요.

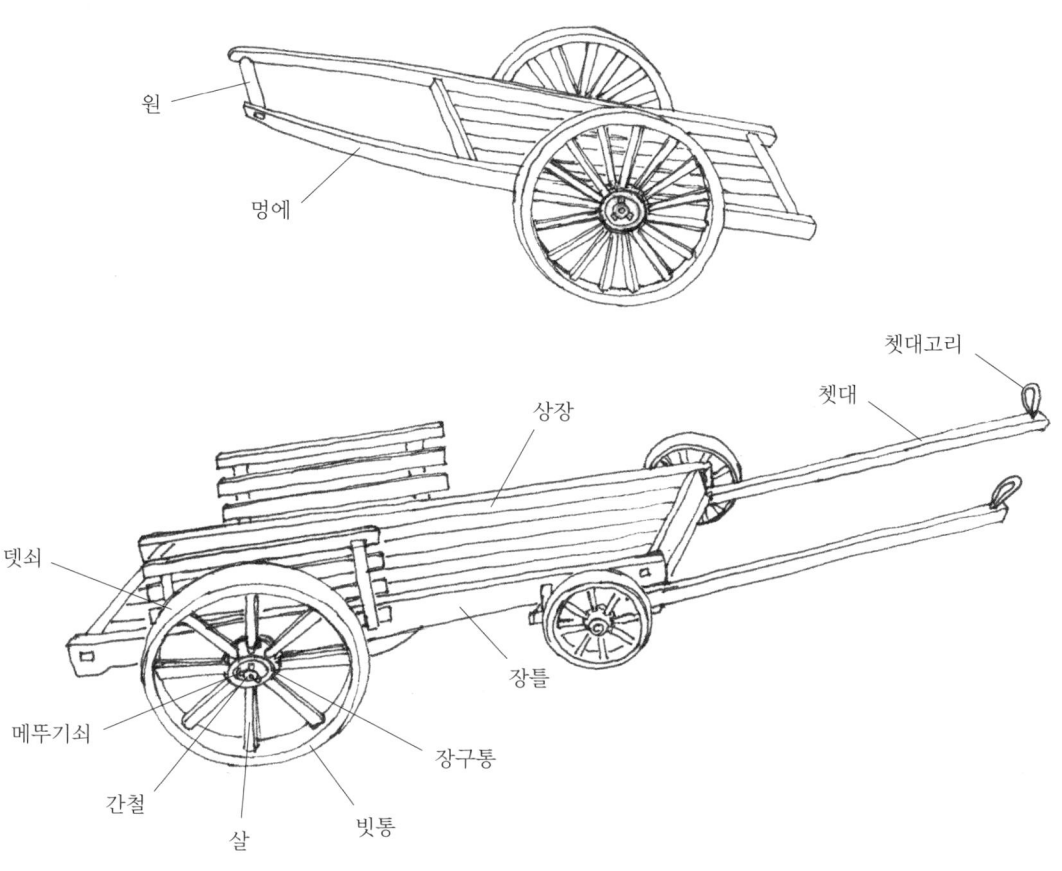

챗대 : 달구지를 마소의 등에 연결하는 두 개의 긴 막대기로 한끝은 달구지 앞쪽에 달려 있어요. 길이는 6자예요.

챗대고리 : 챗대를 마소의 길마에 걸어 주는 작은 쇠고리

상장 : 달구지의 몸을 이루는 세로로 댄 긴 널쪽

텟쇠 : 바퀴를 보호하기 위하여 둘러놓은 쇠. 철판을 구부려서 둥글게 만들고 양쪽을 이어서 바퀴에 씌워요.

살 : 바퀴의 테를 유지하기 위하여 빗등과 장구통 사이에 끼운 나무. 이것은 참나무로 만드는데 뒷바퀴에는 14개를, 앞바퀴에는 12개를 붙여요.

장구통 : 전주에서는 '수박통'이라고도 해요. 중앙에 구멍이 뚫린 수박만 한 나무통으로 바퀴의 살이 모두 여기에 꽂히며, 구멍에는 중심축이 걸려서 상틀을 바퀴에 고정하는 구실을 해요. 장구통은 괴목으로 만들어요.

간철 : 장구통을 보호하기 위하여 장구통 안팎으로 둘러놓은 쇠. '탱갱이쇠'라고도 해요.

메뚜기쇠 : 들보가 수박통에서 빠져나가지 않도록 구멍에 꽂는 쇠

수레의 발달과 과학 원리

수레는 바퀴를 달아 굴러가게 만든 도구로, 짐을 싣고 나르거나 사람이 타요. 몸체, 바퀴, 채로 이루어져 있으며, 수레에 연결된 채를 들고 사람이 끌거나 동물에게 멍에를 지워 끌게 해요.

수레는 인류가 만들어 낸 가장 중요한 발명 가운데 하나예요. 무거운 물건을 운반하는 데에 굴림대를 쓰다가 수레를 쓰게 되었어요. 수레를 움직이게 하는 힘의 종류에 따라 우차(달구지) · 마차 · 인력거 · 자전거 · 자동차 · 기차 · 전차 따위로 나누어요. 수레의 바퀴 수는 2개 또는 4개가 보통이나 손수레처럼 1개로 된 것도 있고, 어떤 것은 바퀴가 8개가 넘게 달렸어요. 수레바퀴의 종류도 시대의 흐름에 따라 통나무 바퀴로부터 살을 박은 바퀴, 고무바퀴, 철제 바퀴까지 등장했어요.

수레의 역사는 오래되어 기원전 3000년쯤부터 서아시아에서 쓰기 시작했어요. 처음에는 원판 바퀴에 굴대를 붙인 수레였어요. 기원전 1500년경부터 이집트 · 크레타 · 미케네 등지에서 4~9개의 살이 있는 바퀴를 만들었고, 바빌로니아에서는 바퀴에 청동으로 테를 대어 튼튼하게 했어요. 고대 중국에서는 기원전 1300년경 은나라에 전차가 있었고, 그 무렵부터 소가 끄는 달구지가 나타났으며, 말을 가축으로 기르면서 마차가 나타났어요. 19세기에는 타이어를 끼우게 되었으며, 자전거 · 자동차 · 기관차의 바퀴로 발달했어요.

한때 동아시아를 지배했던 고구려는 경제와 군사가 부강한 강대국이었어요. 고구려가 강대국이 된 까닭 가운데 하나가 수레의 발달이었어요. 조선 시대 양반들의 주된 교통수단이 사람의 힘으로 드는 가마였던 것에 견주어, 고구려 사람들은 소나 말이 끄는 수레와 말을 타고 다녔어요. 수레는 고구려를 강대국으로 만든 힘의 원천이 되었다고 해요.

▶**수레의 발달**

굴림대(기원전 3000년 이전)

손수레(기원전 3000년경)

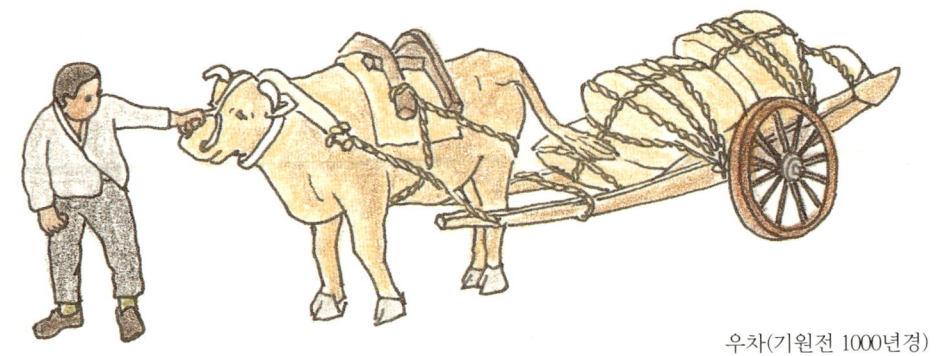

우차(기원전 1000년경)

인력거(1869년)

자전거(1878년경)

자동차(1911년)

▶ **수레바퀴의 발달**

❸ 다래끼

가. 쓰임새: 산나물을 뜯어 담고, 고추 · 감자 · 옥수수 · 고구마를 거둘 때도 쓰는 작은 바구니로, 씨를 뿌리는 데 쓰는 다래끼는 따로 '종다래끼'라고 해요.

나. 만드는 법: 쓰임새나 모양에 따라 짚이나 싸리 · 대 · 고리버들 · 댕댕이덩굴 · 칡덩굴 같은 것으로 아가리가 좁고 바닥이 넓게 엮어서 짜요. 모양이 삼태

기와 비슷하나 세모꼴 모양의 멜빵을 달아 어깨에 엇메도록 만들어요. 농사일이 없는 겨울철에는 농가마다 다래끼를 몇 개씩 엮어 마련해 놓았어요.

④ 망태기

가. 쓰임새: 꼴이나 농산물 따위를 담아 어깨에 메거나 등에 지고 나르는 도구예요. 들에 나갈 때 호미나 낫 같은 작은 연장을 담기도 하고, 시장에 갈 때도 오늘날의 가방처럼 사용했어요. 산간 지방에서는 산비탈에서 망태기 안에 담은 물건이 새어 나가지 않도록 주둥이에 끈을 달아서 두루주머니처럼 아가리를 죌 수 있도록 만들어 썼어요. 이것을 주루막이라고 하는데, 산에 약초를 캐러 가거나 사냥을 나갈 때 점심이나 필요한 물건을 넣기도 했어요. 나르는 물건의 종류에 따라 망태기, 꼴망태, 주루막으로 나누기도 해요.

주루막: 주루막은 망태기와 크기와 쓰임새가 비슷해요. 주로 산골에서 약초를 캐러 갈 때 메고 다녔어요. 아가리를 끈으로 죌 수 있고 등에 메는데, 피나무 껍질로 꼰 새끼로 만든 것을 으뜸으로 쳤어요.

꼴망태: 꼴망태는 소에게 먹일 꼴이나 땔감으로 쓸 낙엽이나 검불을 담아 나르는 데 사용해요. 새끼로 그물처럼 성글게 망을 떠서 주둥이를 죌 수 있도록 만들어요.

나. 만드는 법: 짚으로 꼰 가는 새끼 따위로 너비가 좁고 울이 깊도록 촘촘하게 엮어 짜 만들어요. 모양은 네모꼴인데, 주둥이를 죄면 두루주머니처럼 보여요. 주둥이를 죄는 끈을 아래 양쪽 끝에 연결해서 멜빵을 만들어요.

다. 세시풍속: 꼴 베는 소리

한 해 동안 소나 말에게 먹일 꼴을 베면서 부르는 노래예요. 겨울철에는 소나 말을 외양간에 가두어 키웠어요. 먹이로 볏짚을 먹이기도 하지만, 늦가을에 꼴을 베어 마른풀을 만들어 갈무리했어요. '꼴 베는 소리'는 동무에게 꼴 베러 가자는 노랫말이 많아요. 꼴을 베는 일은 남성 가운데서도 주로 어른들이 하는 일이지만, 때에 따라서는 아이들이나 여성들이 하기도 했어요. 혼자 하면 더디고 심심하므로 동무들과 어울려 함께 일했어요. 이렇게 베어 온 마른풀은 마당 한구석에 낟가리를 만들어 갈무리했다가 겨울철에 소나 말에게 여물로 주고, 먹일수 없거나 여물로 먹이다 남은 마른풀은 거름으로 썼어요.

가세 가세 꼴비러 가세 어데로 어데로 가랴 하나
뒷산 말밑둥 꼴 비러 가세 네나칭칭 나네.

(충북 단양, '꼴 베는 소리')

동무야 동무야 꼴 베러 가자 낫을 갈아 짊어저라
큰애기 무덤으로 풀 뜯으러 가자.

(전남 곡성, '꼴 베는 소리')

⑤ 썰매

가. 도구의 발달과 원리: 눈이나 얼음판 위에서 사람이나 물건을 싣고 끌거나 아이들이 미끄럼을 타고 노는 놀이 도구예요. 겨울에는 산판에서 목재를 운반하는 데 썼어요. 썰매는 한자어 '설마(雪馬)'가 변한 말로, 눈 위에서 타는 말이란 뜻이 들어 있어요. 조선 시대에 썰매는 건축 공사에도 널리 쓰였어요. 17세기의 창경궁·창덕궁 재건 공사에서 토목 자재를 나르는 도구로 썰매가 쓰였다는 기록이 있고, 18세기 말의 수원성곽 공사에도 썰매가 쓰였다고 해요.

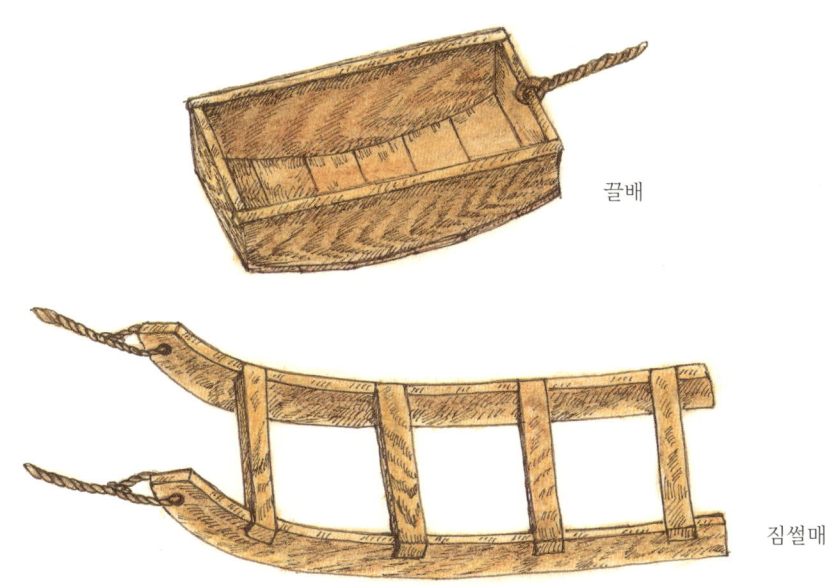

끌배

짐썰매

나. 만드는 법: 좌우에 두툼한 널빤지를 세우고 바닥이 둥글게 휘어지도록 깎아 미끄러지기 쉽게 하고, 앞뒤 끝부분이 위로 향하게 해요. 널빤지 중간 네 곳에 구멍을 뚫고 끈을 달아서 발을 죄도록 해요. 좌우 판자의 간격은 50~60cm 정도로 하고 가로대로 연결하여 고정해요. 발은 앞부리만 고정하고 뒤꿈치는 자유롭게 움직일 수 있도록 하는데, 이 뒤꿈치로 좌우 회전이나 제동을 할 수 있어요. 맨 앞 가로대에 끈을 매어 이 끈을 사람이나 가축의 힘으로 잡아당기며 끌어요.

❻ 들것

가. 구조와 재질: 네모난 거적이나 천 조각의 양변에 막대기를 달아 앞뒤에서 맞들게 되어 있어요. 멍석이나 가마니, 자루의 양쪽에 장대를 끼워 들것으로 쓰기도 했어요.

나. 쓰임새: 아픈 사람이나 물건을 들것에 실어 옮겼어요. 앞뒤 양쪽의 긴 막대기를 두 사람이나 네 사람이 들어요. 들것의 쓰임은 아주 다양해요. 농산물이나 흙, 거름을 나르는 데 썼어요. 들것 가운데 음식을 나르는 데 쓰는 것을 갸자 또는 가자라고 해요. 상자처럼 두툼하게 짠 나무 양쪽에 긴 채를 꿰어 두 사람이 가마를 메듯 날랐어요. 무덤을 만들거나 옮길 때 필요한 음식을 갸자에 담아 날랐어요. 급한 환자가 있을 때는 사람도 실어 옮겼지요. 갸자를 지고 나르는 사람을 '갸자꾼'이라고 했어요.

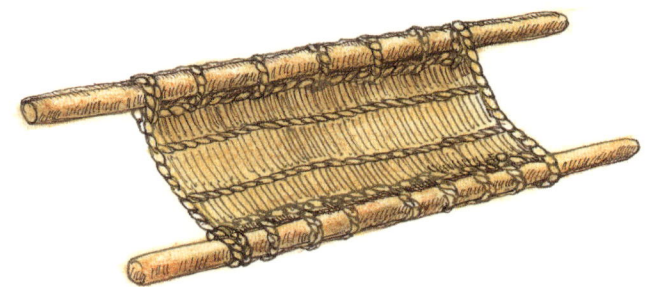

❼ 손수레

가. 발달과 쓰임새: 흔히 리어카라고 하는 손수레는 1920년대에 일본에서 들어온 사이드카에 마차 수레의 장점을 더해 만들었어요. 처음에는 자전거 뒤에 매달아 끌고 다녔어요. 옆에 달린 차를 뒤에 달린 차로 만들어 쓴 셈이지요. 그러다 차차 사람이 직접 끌게 되었어요. 한 사람이 끌고 다닐 수 있는 크기로 여기에 간단한 살림살이나 농산물, 거름, 흙 같은 물건을 실어 옮겨요.

나. 종류: 바퀴가 하나에서 둘, 넷, 여섯 개가 달린 것이 있어요. 바퀴가 하나인 외바퀴 손수레는 일찍이 인류가 만들어 낸 것 가운데 가장 중요한 '지렛대의 원리'와 '바퀴'라는 두 가지가 결합해 만들어졌어요. 바로 받침점, 작용점, 힘점이 작용하는 지렛대의 원리와 바퀴가 만나 적은 힘으로도 무거운 물체를 싣고 앞으로 나아갈 수 있어요.

12. 이랴, 누렁소의 워낭 소리에 잠에서 깼어요.

예부터 집에서 기르는 동물은 여러 가지가 있어요. 개, 고양이, 당나귀, 돼지, 말, 소, 염소, 돼지, 토끼를 비롯해 닭, 오리 등 많아요. 하지만 집짐승을 돌보는 데 쓰던 도구는 소와 닭에 쓰이는 것이 대부분이에요. 소는 농사일에 부리기 위해서, 닭은 알과 고기를 얻기 위해 길렀어요. 소에 쓰이는 도구는 먹이를 나르고 준비하는 데 쓰는 구유, 여물박, 쇠죽쇠스랑, 작두와 겨울철에 따뜻하게 하는 덕석, 일할 때 소의 입을 막는 부리망이 있어요. 닭에 필요한 도구로 병아리에 쓰는 어리와 알을 낳고 품는 둥우리가 있어요.

여물바가지

구유

어리

둥우리

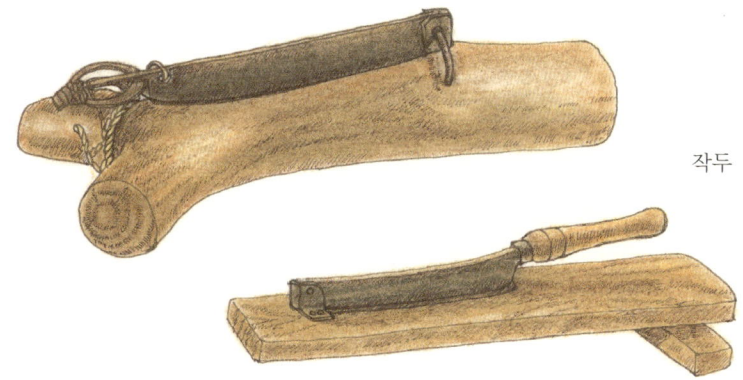

작두

❶ 구유

가. 쓰임새: 소나 말, 돼지에게 먹이를 주는 그릇이에요. '여물통'이라고도 하지요. 굵은 통나무를 파서 만드는데, 통나무가 없으면 널빤지를 짜서 만들기도 하고, 큰 돌을 움푹하게 파서 만든 돌구유도 있어요. 외양간 한쪽에 소의 키에 맞추어 달고, 여기에 여물을 퍼 주었어요. 소가 송아지가 딸렸거나 두 마리가 있으면 길이가 긴 통나무에 따로따로 홈을 파낸 쌍구유를 쓰기도 했어요.

나. 세시풍속: 소삼신 모시기

아기의 출산과 성장을 주관하는 삼신이 있듯이 소에게도 소삼신이 있다고 여겨 소삼신을 모시고 고사를 지내는 풍속이 있었어요. 소를 키우는 모든 집에서 소삼신을 모시지는 않았지만, 정월 대보름이나 가을 고사 때 소나 말의 무병장수를 비는 고사를 지내기도 했어요. 팥떡과 제물을 차려 놓고 고사를 지내는 곳도 있고, 팥죽을 쑤어 그릇에 떠 놓고 고사를 지내는 곳도 있어요. 또 소가 새끼를 낳을 기미를 보이면 외양간에 금줄을 치고, 밥과 나물을 차려 놓기도 했어요. 한편, 소가 개 떨듯이 심하게 떨면서 열병을 앓으면 '귀신 붙었다' 하여 구유 머리에 밥과 미역국을 차려 놓았어요. 그러면 이것을 먹은 귀신은 반드시 물러난다고 믿었어요. 소삼신을 다른 말로 '군웅, 쇠구영신, 산, 소귀신, 쇠군웅, 쇠머리영산'이라 부르기도 했어요.

❷ 여물바가지

　　바가지는 예부터 생활의 필수품이었어요. 쌀을 퍼내는 '쌀바가지', 장독에 두고 쓰는 '장조롱바가지', 물을 뜨는 물바가지, 소의 먹이를 떠내는 '쇠죽바가지'처럼 쓰임새가 무척 많아요. 봄에 박씨를 뿌렸다가 가을에 박을 따서 반으로 켜고 속을 파낸 다음, 삶아 다시 안팎을 깨끗이 긁어낸 뒤에 말려서 썼어요. 여물바가지는 여물죽을 푸는 데 쓰는, 자루가 달린 바가지로 지방에 따라 '여물박 · 남팍 · 쇠물박 · 소죽바가지'라고도 해요. 나무로 된 여물바가지도 있는데, 밤나무나 소나무의 속을 파고, 손잡이가 달린 바가지를 만들어서 뒤틀리지 않게 끓는 물에 한 번 삶아서 썼어요.

❸ 작두

가. 도구의 원리와 쓰임새: 농가에서는 소나 말에게 먹일 짚이나 풀 따위를 썰고, 한의원이나 한약방에서는 약재를 써는 데 쓰는 도구예요. 또, 무당에게 장군신이 내렸을 때 신령의 영험함을 보이려고 올라타는 무구(巫具)로도 사용해요. 작두에는 외바퀴수레처럼 지렛대의 원리가 숨어 있어요. 받침점이 한쪽 끝에 있고, 반대쪽 끝에 힘점이 있으며, 가운데에 작용점이 있어요. 작용점이 있는 가운데에 짚이나 풀을 먹이고 손이나 발로 힘점을 누르면서 썰어 나가요.

나. 종류: 첫째, 힘점에 따라 발로 밟는 '발작두'와 손으로 누르는 '손작두'가 있어요. 발작두는 한 사람이 작두의 날 밑으로 풀이나 짚을 먹이고, 또 한 사람이 손

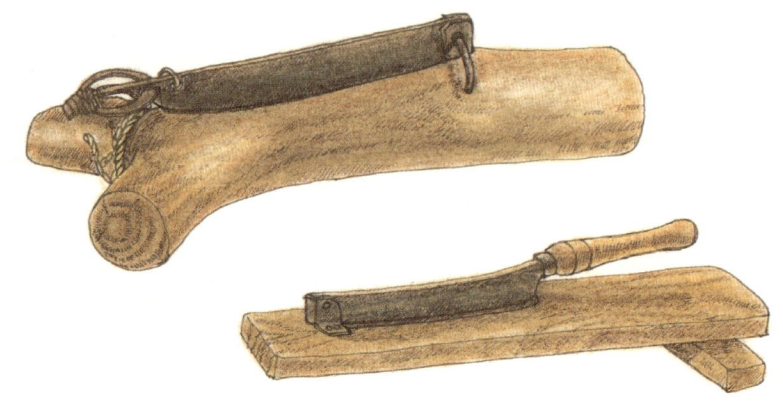

으로 누르거나 발로 밟아서 여물을 썰어요. 둘째, 날이 하나인지 둘인지에 따라 '외작두'와 '쌍작두'로 나누어요. 농가나 한의원, 한약방에서 쓰는 작두는 날이 하나인 외작두이고, 무당굿에서는 날이 두 개인 쌍작두를 주로 사용해요.

❹ 어리

가. 쓰임새: 싸리나 대오리로 엮어 병아리나 닭을 가두어 기르는 물건이에요. 어리에는 바닥이 있는 것과 바닥이 없는 것이 있어요. 바닥이 있는 어리는 행랑채나 헛간의 추녀 밑 벽 쪽에 매달아 두었어요. 여기에 닭이나 오리를 넣어서 장에 팔러 가기도 했어요. 바닥은 없이 둥글고 크게 만들어 마당에 엎어서 닭과 병아리를 가두는 것도 있어요. 보통 20여 마리 되는 병아리와 어미 닭이 들어갈 만한 크기로 만들어 저녁에 가두어 두었다가 아침에 풀어놓았어요. 어리가 없으면 발채를 엎어서 어리처럼 사용하기도 했어요.

나. 만드는 법: 대나, 싸리, 나뭇가지, 철사 따위를 엮어서 둥글고 갸름하게 짠 다음, 안에 나무 두 개를 끼워 횃대로 삼아요. 가운데에 네모난 구멍을 뚫어 드나

드는 문을 만들어요. 높은 곳에 매달아 둔 어리에는 나뭇가지를 새끼줄로 엮어
문에 걸쳐 놓고 닭들의 층계로 삼기도 해요.

❺ 둥우리

　닭이 알을 낳거나 품어서 병아리를 까는 보금자리예요. 정해진 모양은 없어
요. 짚으로 네모나게 엮어 네 귀퉁이를 새끼줄로 매어 달기도 하고, 바구니처럼
둥글게 엮어 추녀 끝에 매달아 두기도 했어요. 닭장에서 닭을 키우는 집에서는
그 안에 둥우리를 만들어 매달아 놓아요.

13. 겨우내 짚으로 새끼도 꼬고, 가마니도 짰어요.

　추운 겨울이 되면 무논이 꽁꽁 얼어붙어요. 들일이 거의 없는 농촌에서는 겨우내 짚으로 새끼도 꼬고, 섬, 가마니, 멱서리, 둥구미, 멍석 따위를 만들었어요. 짚은 아주 좋은 재료가 되었는데, 이엉을 엮어 지붕을 이고 거적이나 자리를 짜는 데도 썼어요. 여기에는 짚메로 짚을 톡톡 두드려 다듬어 짚신도 짜 신었지요. 그 밖에 기름을 짜거나 국수, 떡을 만들 때 쓰는 도구도 있어요.

가마니틀

자리틀

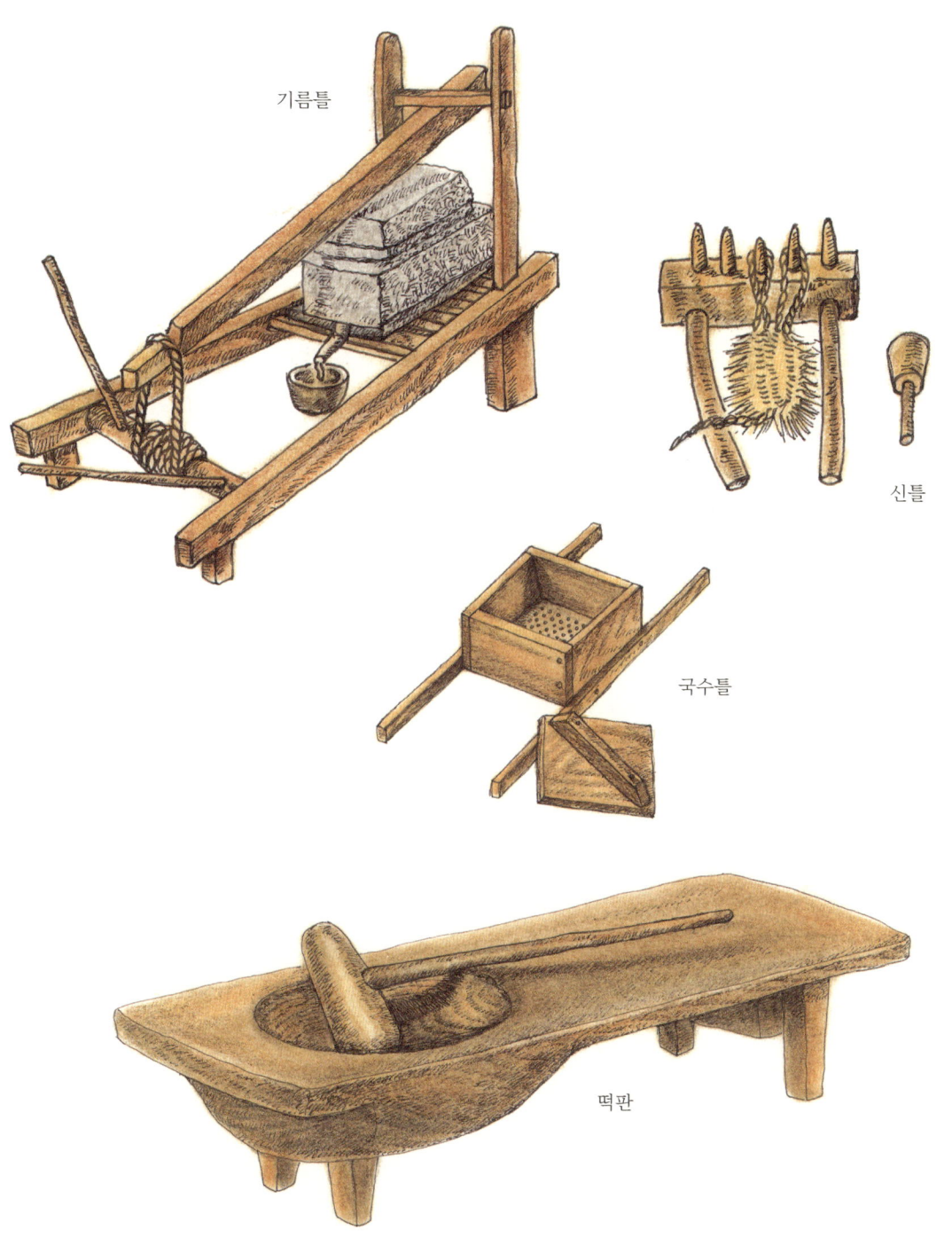

기름틀

신틀

국수틀

떡판

❶ 가마니틀

가늘게 꼰 새끼와 짚으로 가마니를 짤 때 쓰는 기구예요.

가. 구조

바디: 빠개지거나 터지지 않는 참죽나무로 만들어요. 베틀의 바디와 잉아의 구실을 같이하지요. 예전에는 통나무에 구멍을 뚫어서 새끼줄을 하나하나 사람의 손으로 꿰었으나, 근래에는 바디를 두 쪽으로 만들어 썼어요. 한쪽 구멍에 줄을 꿰고 나머지 반쪽은 이에 맞춘 뒤 조여 붙일 수 있어 더 편리했어요.

달대: 참죽나무로 만든 긴 작대기로, 바디와 같은 수의 구멍을 뚫어 날줄을 매지요. 톱대라고도 해요.

바늘: 대나무로 만든 길고 곧은 것으로 베틀의 북 구실을 하는 긴 작대기예요. 끝에 귀가 달려서 짚을 꿰어 밀어 넣으며 바디질하는 사람이 걸어 주는 것을 당겨 내는 구실을 해요.

돗바늘: 가마니를 다 짠 뒤에 반으로 접고 양옆을 꿰매는 데 쓰는 쇠바늘이에요.

나. 틀 만드는 법: 굵고 두툼한 나무로 직사각형의 틀을 짜고 좌우 양끝에서 비스듬히 두 개의 기둥을 세워요. 이 기둥머리에 도리를 끼워 고정시킨 틀로, 도리와 바탕받침을 의지하여 38개의 날을 둘러 감고, 기둥 중간에 조임대 또는 주릿대를 걸어서 날이 팽팽하도록 하지요. 아래쪽에도 똑같이 38개의 구멍이 뚫린 달대에 날을 끼우고, 위쪽에도 같은 수의 구멍이 있는 바디에 날을 꿰요. 가마니를 짤 때는 바디와 달대 사이로 바늘에 꿴 짚을 서너 오리씩 밀어 넣고 바디로 내려치면 그때마다 씨줄이 한 줄씩 짜이지요. 중간에 틈이 많이 벌어지면, 씨를 더 먹이고 바디로 내려쳐서 틈새를 메웠어요.

다. 가마니 짜는 방법: 가마니 짜는 일은 두 사람이 했어요. 한 사람은 짚을 먹이

고, 다른 한 사람은 바디질을 하지요. 3분의 1쯤 짜지면 제일 바깥쪽에 있는 두
개의 날 가장자리에 길게 남은 씨줄을 한 치 남짓씩 한 묶음으로 날줄에 감아 끼
워서 끝을 가지런히 한 다음 가장자리를 만들어요. 조임대와 받침대를 뺀 뒤 바
디로 내려치면 앞에 짠 것이 밑으로 내려갔다가 뒤로 넘어가지요. 따라서 이와
같은 과정을 세 번 반복하면 가마니 한 장 길이가 완성되어요. 이를 틀에서 내린
뒤, 날줄의 끝을 엮어서 가지런히 다듬어요. 이것으로 가마니를 꾸미려면 한쪽
이 10㎝쯤 더 나가도록 접은 뒤에 굵고 튼튼한 기둥새끼로 양옆 가장자리에 꿰
고, 바늘에 가는 새끼를 꿰어서 기둥새끼를 감싸면서 촘촘히 꿰매요. 기둥새끼
를 길게 잘라서 매면 가마니 한 장이 완성돼요. 쌀가마니를 칠 때는 나무로 된
짚메로 짚을 살살 두드렸어요. 그러면 짚이 부드러워 씨가 잘 먹어요. 너무 마
른 짚은 잘 부러지거나 부스러지므로 너무 마르지 않게 때때로 물을 축여 줘야
해요.

❷ 자리틀

가. 구조와 쓰임새: 앉거나 누울 수 있도록 바닥에 까는 자리를 짜는 데 쓰는 틀이에요. 자리틀은 양쪽 기둥에 나무를 건너지르고 그 나무에 일정한 간격으로 홈을 파서 날을 감은 고드랫돌을 앞뒤로 걸쳐 놓고 왕골, 짚, 부들 따위를 메기며 참나무로 만든 바디(외올닥이바디)로 탁탁 치며 만들어요. 자리틀에서 쓰는 고드랫돌은 엮은 끈이 헐렁해지지 않도록 무게가 나가는 쇳덩이나 돌멩이, 또는 흙을 빚어 구운 자기를 이용해요.

흔히 만드는 방법에 따라 자리와 돗자리로 나누는데, 자리는 날을 고드랫돌로 감아 가로장목에 늘어놓고 골을 대어 엮어 나가는 것이고, 돗자리는 가마니틀과 비슷한 돗틀에 미리 날을 걸어 두고 골을 바늘대에 걸어 지르고 바디질을 하여 짠 물건이에요. 이렇게 되면 자리는 날이 밖으로 드러나지만, 돗자리는 날이 속으로 감춰진대요.

나. 자리의 종류: 앉거나 누울 곳에 까는 것을 '자리' 또는 '깔개'라고 하는데, 농작물을 널어 말리기도 하지요. 따라서 농작물을 널어 말리는 거친 것에서 여러 가지 무늬를 놓아 꾸민 고급품에 이르기까지 모양과 빛깔이 아주 다양해요. 짚이나 왕골, 부들을 다듬어 자리틀로 짜는 자리는 크게 짚자리와 돗자리로 나눌 수 있어요. 짚만으로 짜거나 짚과 왕골을 섞어 짠 것을 '짚자리'라 하고, 왕골이나 부들로 짠 것을 '돗자리'라고 해요. 돗자리는 왕골이나 골풀의 줄기를 잘게 쪼개어 쳐서 '골풀자리'라고도 해요.

등메: 헝겊으로 가장자리 선을 두르고 뒤에 부들자리를 대서 꾸민 돗자리로, 예로부터 강화도에서 나는 등메가 진상품으로 손꼽혔던 까닭에 진상석이라고도 했어요.

꽃돗자리: 꽃 모양을 놓아 짠 돗자리로, 화문석이라고도 하지요. 예로부터 강화도에서 만든 것이 유명해요.

용문석: 용의 무늬를 놓아 짠 돗자리로, 흔히 전라남도 보성에서 만들어요.

짚자리: 보릿짚이나 볏짚으로 성글게 엮은 것으로, 깔개로도 쓰고 고추 같은 농작물을 말릴 때도 이용해요. 사람이 많이 오는 때에 마당에 멍석을 깔아 놓고 손님을 맞이했어요.

돗짚자리: 속에 짚을 두툼하게 넣고 겉은 돗자리를 대어 단단히 꿰맨 긴 네모꼴 자리로, 돗짚자리를 깐 방을 돗짚자리방이라고 해요.

기직자리: 왕골껍질이나 부들잎으로 짚을 싸서 엮은 돗자리로, 온돌 바닥을 장판하지 않고 흙바닥인 채로 쓸 때 깔았어요.

삿자리: 갈대를 엮어서 만든 자리로, 기직자리가 없을 때 온돌 바닥에 깔았어요.

부들자리: 부들의 잎이나 줄기를 엮어 만든 자리로, 늘자리라고도 해요. 부들을 둥글게 틀어 방석을 만들기도 해요.

대자리: 대오리로 엮어 만든 자리로, 여름철에 큰 마루에 깔아 놓고 쓰지요.

굴피자리: 참나무 껍질로 만든 자리.

귀룽자리: 귀룽나무, 참나무의 속껍질로 어긋나게 짜서 만든 자리로, 북한에서는 '구름자리'라고 해요. 함경도 산간 지대의 사람들이 만들어 쓰던 구름깔개는 구름노존이라고도 해요. 지름 7cm, 길이 70cm의 참나무 토막을 간단한 나무틀에 걸어 놓고 초승달 모양의 구름칼로 껍질을 벗긴 다음 너비 2cm로 켜낸 긴 오라기(구름)로 엮어서 구름자리라고 해요. 잘하는 사람은 하루에 두 장도 만들 수 있다고 해요.

❸ 신틀

미투리나 짚신을 삼을 때 신날을 거는 틀이에요. 미투리는 삼이나 노로 짚신처럼 삼은 신이에요. 흔히 날을 여섯 개로 했어요. '노'란 실, 삼 껍질, 헝겊, 종이 같은 것으로 가늘게 꼰 줄을 일컬어요. 짚신은 말 그대로 볏짚을 삼아 만든 신이에요. 겨울철이면 사랑방에 옹기종기 모여 앉아 식구들이 신을 미투리나 짚신을 삼았어요. 남는 건 장에 내다 팔기도 했어요.

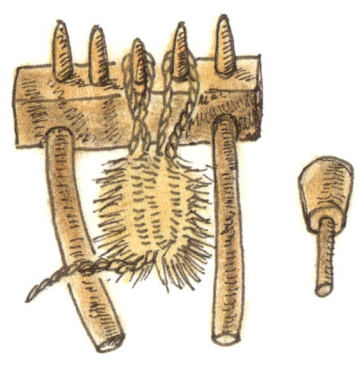

❹ 기름틀

참깨, 들깨, 콩, 피마자, 동백, 유채꽃, 해바라기 씨 따위의 식물성 기름을 짤 때 쓰는 틀을 기름틀이라고 해요. 기름을 짜려면, 먼저 깨나 콩 같은 것을 물에 잘 씻고 조리로 일어 돌멩이나 흙 같은 이물질을 골라내고 소쿠리에 받쳐 놓아요. 물기가 빠지면 가마솥에 들들 볶아서 절구에 넣어 찧은 뒤 체로 곱게 내려요. 이것을 시루에 담고 찌면 기름떡이 되지요. 이 기름떡을 삼베나 마로 된 자루에 담아 기름틀에 얹고 무거운 돌이 실린 기름챗날을 올려놓아요. 기름을 다짜고 난 찌꺼기를 깻묵이라고 하는데, 낚시의 밑밥으로 쓰거나 잘 썩혀 논밭의 밑거름으로 냈어요. 요즘에는 거의 집짐승의 먹이로 주고 있어요. 한편, 전라도 지방에서는 메주와 참깻묵을 섞어 '깻묵장'을 만들어 먹는데 고소하고 단맛이 난다고 해요.

❺ 국수틀

가. 원리와 쓰임새: 가루에 물을 넣어 잘 이겨 만든 반죽을 구멍에 넣고 공이로 눌러서 국수를 뽑아내는 틀이에요. 반죽을 국수분통에 넣고 공이나 누름대를 힘껏 누르면 체의 구멍 같은 구멍으로 국수가 가늘게 나와요. 국수틀의 모양은 조금씩 다르지만, 지렛대의 원리를 이용해 만든 도구라고 할 수 있어요.

나. 국수: 국수는 밀가루 · 메밀가루 · 감자 가루 따위를 반죽한 다음, 반죽을 손이나 기계로 가늘고 길게 뽑아낸 것이나 그것을 삶아 만든 먹을거리를 일컫는 말이에요. 국수는 대체로 밀가루로 만들지만, 재료에 따라 메밀국수, 감자국수, 강냉이국수, 기장국수, 감분국수, 쌀국수 같은 것들이 있어요. 요즘은 거의 마른 국수를 사다 먹지만, 이따금 밀가루를 반죽하여 방망이로 얇게 밀어서 칼로 가늘게 썰어 만들어 먹기도 해요. 이것을 '칼국수'라고 하지요. 또 메밀가루를 반죽해서 솥 위에 틀을 걸고 국수분통에 반죽을 넣은 다음 누름대를 힘껏 누르면 국수 가락이 구멍으로 빠지면서 펄펄 끓는 물속에 떨어져요. 그것을 삶아내 장국에 말아 먹거나 비벼 먹지요. 이것을 '막국수'라고 하는데, 막 뽑아낸 국수라서 붙인 이름이 아닐까 짐작하고 있어요.

언제 국수 먹여 줄래?

우리나라는 잔치 때 국수를 대접하는 풍습이 있어요. 옛날에는 밀가루가 귀해서 결혼식 같은 잔칫날에 국수를 대접한 데서, '국수를 먹다, 국수를 먹이다'는 말이 생겼어요. 이는 결혼식을 올리는 일을 빗대어 이르는 말로, '언제 국수 먹여 줄래?'는 언제 결혼하게 되느냐고 묻는 말이에요.

　국수는 기원전부터 아시아 지역에서 만들어 먹었다고 해요. 우리나라에서도 일찍부터 만들어 먹었겠지만, 기록에 보이는 것은 고려 시대부터예요. 중국 사신의 상차림에 가장 먼저 국수를 냈다는 기록이 있고, 제례에 국수를 썼으며, 절에서는 국수를 만들어 팔았다는 기록이 있어요. 조선 시대에는 국수가 더욱 널리 퍼졌는데 밀 생산량이 많지 않아 주식이 되지 못했고, 점심으로 먹거나 생일이나 혼례 같은 축하할 일이 있을 때 먹었어요.

---

❻ 떡판

　인절미나 흰떡을 칠 때에 쓰는 두껍고 넓은 나무판이에요. 두껍고 넓은 통나무 판을 반반하게 다듬어서 다리를 붙이거나 다리가 달리도록 깎아 만들었어요. 판판한 떡판과 한쪽 또는 가운데를 우묵하게 파낸 떡판이 있어요. 떡판 위나 안에 떡밥을 넣고 떡메로 알맞게 쳐서 조물조물 주물러 알맞게 자른 다음 고물을 묻히거나 모양을 낸 떡을 만들지요. 떡판은 느티나무로 만든 것이 가장 좋고, 떡메는 황양목으로 깎은 것을 손꼽고 있어요.

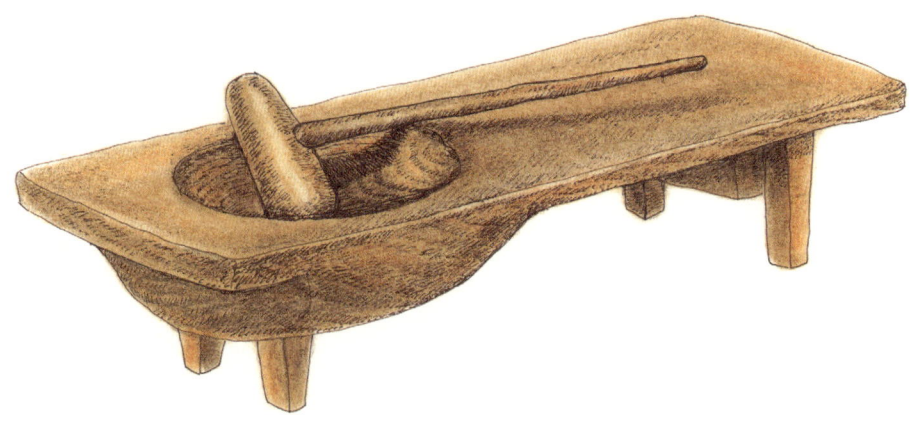

세시풍속과 떡

정월 초하루: 설날 아침에 흰떡으로 떡국을 끓여 차례를 지내고, 온 식구가 한 그릇씩 먹으면서 나이를 한 살 더 먹는다고 여겨요. 떡국을 끓일 때 쓰는 가래떡은 멥쌀로 둥글고 길게 만든 떡으로 흰떡이에요. 요즘에는 가래떡을 길쭉길쭉하게 썰지만, 예전에는 가래떡을 엽전 모양으로 동글동글하게 썰어 떡국을 끓였어요. 동그란 해처럼 새해가 밝게 빛나며 건강과 복을 기원하는 마음이 담겨 있지요. 개성 지방에서는 조롱떡국(조랭이떡국)을 끓여 먹었는데, 액막이와 재물이 넘쳐 나기를 바라는 마음이 담겨 있어요.

정월 대보름: 대보름날에는 약식을 해 먹었어요. 약식은 찹쌀에 대추·밤·잣 같은 것을 섞어 찐 다음 기름과 꿀·간장으로 버무려 만든 음식이에요. 정월 대보름날에 약식을 해 먹는 풍속은 신라 시대부터 비롯했어요. 신라 시대 소지왕이 까마귀, 돼지, 쥐의 암시를 받아 대궐에서 간음을 한 중과 궁주(宮主)를 발견하고 처형한 일이 있는데, 그 사실을 까마귀 등이 미리 알려 주어 화를 면했다고 해요. 까마귀가 왕의 목숨을 구해 주어서 그에 대한 고마움을 표현하기 위해 까마귀가 좋아하는 대추로 까마귀 깃털 색과 같은 약식을 만들어 먹었다는 이야기가 전해지고 있어요.

중화절: 음력 2월 초하룻날에는 삭일송편 또는 삭일송병이라 하여, 커다랗게 만든 송편을 쪄서 노비들에게 나이 수대로 나누어 주었어요. 농사일이 시작되니 애써 달라는 뜻으로 떡을 해 주었어요.

3월 삼짇날: 음력 3월 3일 삼짇날에는 꽃부꾸미나 곱장떡을 해 먹었어요. 진달래꽃이 피는 삼짇날에 그 꽃을 따서 전을 부치거나 떡에 넣어 먹으며 놀던 것을 '꽃달임'이라고 해요. 꽃부꾸미 또는 진달래 화전은 찹쌀가루 반죽에 진달래꽃잎을 얹어 번철에 지진 꽃전에 꿀을 발라 먹었고, 멥쌀가루를 방울 모양의 작은 모양으로 만들어 염주처럼 이어 만든 곱장떡도 만들어 먹었어요.

청명과 한식: 청명은 음력 3월에, 양력으로는 4월 5~6일 무렵에 들어요. 한식은 동지 후 105일째 되는 날로, 음력 2월에 있을 수도 있고 음력 3월에 있을 수도 있

어요. 양력으로는 4월 5일쯤이에요. 2월 한식과 3월 한식을 나누는데, 2월에 한식이 드는 해는 세월이 좋고 따뜻하다고 여기며, 3월에 한식이 있으면 지역에 따라서 무덤의 떼를 갈아입히는 개사초를 하지 않아요. 이즈음에는 연한 쑥을 넣어 만든 절편과 쑥을 넣어 찐 찰떡에 팥과 꿀을 소로 넣어 빚은 쑥단자를 만들어 먹었어요.

4월 초파일: 음력 4월 8일 석가탄신일인 초파일에는 느티떡과 장미화전을 해 먹었어요. 느티떡은 느티나무의 어린순을 따서 쌀가루에 넣고 팥고물을 켜켜이 넣어 찐 시루떡이고, 장미화전은 진달래 화전처럼 찹쌀가루 반죽에 노란 장미꽃을 얹어 지진 음식이에요.

5월 단오: 음력 5월 5일인 단옷날을 수릿날이라고 하는데, 수리는 수레를 뜻해요. 이날은 수리취떡을 즐겨 만들어 먹었는데, 수리취라는 풀을 뜯어 멥쌀가루에 섞어 쪄서 몸이 곱도록 쳐 동글납작하게 빚어서 수레바퀴 문양의 떡살로 찍어 참기름을 발랐어요. 수레바퀴처럼 인생이 술술 잘 돌아가기를 바랐고, 무병장수를 기원하는 마음도 들어 있어요. 단옷날에는 음식을 장만하여 창포가 우거진 못가나 물가에 가서 물맞이 놀이를 하며, 창포이슬을 받아 화장수로도 썼고, 창포를 삶아 창포물을 만들어 그 물로 머리를 감기도 했어요. 창포물에 머리를 감으면 머리카락이 소담하고 윤기가 있으며, 빠지지 않는다고 해요. 몸에 이롭다 하여 창포 삶은 물을 먹기도 했어요.

6월 유두: 유두일 또는 유둣날은 음력 유월 보름날이에요. 초복에서 말복 사이에 있는 유두에는 맑은 시내나 산간 폭포에 가서 머리를 감고 몸을 씻은 뒤, 가지고 간 음식을 먹으면서 시원하게 하루를 보냈어요. 이것을 유두잔치라고 하는데, 이렇게 하면 여름에 질병을 물리치고 더위를 먹지 않는다고 했어요. 이날은 밀가루 음식을 만들어 먹었는데, 유두면·밀전병·수단·건단 같은 음식을 만들어 고사를 지내기도 했어요. 밀가루를 반죽하여 콩이나 깨에 꿀을 섞은 소를 싸서 찐 상화병이라는 떡도 해 먹었어요. 물에 떡이 들어 있다는 뜻의 수단은 쌀가루나 밀가루를 빚어 한 푼 반 길이로 썰어 꿀물에 넣고 잣을 띄운 것이고, 건단은 떡을 꿀물에 담그지 않은 것이에요. 또 햇보리로 보리수단을 만들어 먹는데 햇보리를 삶아서 녹말을 묻혀서 데쳐 내어 오미잣국에 띄워요. 고운 분홍빛의 새콤달콤한 오미잣국에 동동 떠 있는 보리는 보기도 좋지만, 톡톡 씹히는 맛이 아주 좋아요.

7월 칠석: 음력 7월 7일은 견우와 직녀가 만난다는 칠석날이에요. 이날은 밀국수, 밀전병, 호박도래전 같은 음식을 만들어 먹고, 칠석놀이라 하여 술과 안주를 갖추어 춤과 노래로 밤이 깊도록 놀기도 했으며, 시루떡을 쪄서 고사를 지내기도 했어요.

8월 한가위: 팔월 보름인 추석이 되면 전라도와 경상도의 평야 지역 사람들만 겨우 햅쌀을 거둘 수 있을 뿐, 이북 사람들은 햅쌀 구경을 못 했어요. 그래서 추석은 남부 지역 사람들에게 중요한 명절이었어요. 추석 떡으로는 송편을 빼놓을 수가 없어요. 올벼로 만든 송편이라 해서 올벼송편이라는 말도 생겼어요. 송편 속에도 콩·팥·밤·대추 같은 소를 넣는데, 모두 햇것으로 해서 더욱 맛있어요. 송편은 멥쌀가루를 익반죽하여 알맞은 크기로 떼어 거기에 소를 넣고 반달 모양으로 빚어 솔잎을 깔고 찐 떡으로, 송편을 예쁘게 잘 빚어야 시집을 잘 간다는 말과 예쁜 딸을 낳는다는 말이 전해지고 있어요.

9월 중양절: 음력 9월 9일로 양수가 겹친다 하여 명절로 삼았던 중양절에는 시를 짓고, 찹쌀가루에 국화꽃잎을 따서 참기름에 지진 국화전을 만들어 먹으며 가을을 즐겼어요.

10월 상달: 시월상달이란 말은 10월이 일 년 가운데 으뜸가는 달이라 해서 붙은 말이에요. 10월 상달의 마지막 날에는 집집이 시루떡을 해 고사를 지냈어요. 이 때의 떡을 찰떡, 메떡, 수수떡에 콩, 호박오가리, 곶감, 대추 같은 것을 넣거나 무 시루떡을 쪄서 집안이나 마을의 안녕을 빌었어요. 고사떡은 팥시루떡으로 만드는데 팥의 붉은색이 악귀를 쫓는다고 여겼어요. 떡을 시루째 대문이나 장독대나 마루에 놓고 수복안녕을 빌고 이웃과 골고루 나누어 먹었어요.

동지: 동짓날은 한 해에서 낮의 길이가 가장 짧고 밤의 길이가 가장 긴 날이에요.

동지는 음력 11월에 들어 있어 음력 11월을 동짓달이라고도 하지요. 동짓날은 양력으로는 대개 12월 22일쯤인데, 동지가 11월 초순에 들면 애동지라고 하며 초순을 지나서 들면 노동지라고 해요. 애동지가 드는 해는 그해 겨울이 춥고, 노동지가 드는 해는 춥지 않다는 말이 있어요. 동지를 작은설이라고도 하는데, 이 날은 찹쌀가루로 경단을 만들고 팥죽을 끓여 먹었어요. 동지에 가장 많이 해먹는 팥죽에는 질병과 잡귀를 물리친다는 뜻이 들어 있어요. 또, 동지팥죽에 들어가는 새알심은 나이 숫자대로 넣어요.

납월, 납일: 한겨울을 동지섣달이라고 하는데 이때의 섣달을 '납월'이라고 하고, 동지로부터 세 번째의 미일(未日)을 '납일'이라고 해요. 납일 때는 보통 연말이 되지요. 납월에는 차례에 쓸 제물과 세찬, 정월에 먹을 한과를 마련했어요. 납일에는 멥쌀가루를 시루에 쪄 한참 쳐서 팥소를 넣고 골무 모양으로 빚은 골무떡을 해 먹었어요. 크기가 골무만 하다고 하여 골무떡이라고 했어요. 멥쌀가루를 시루에 쪄서 나무 안반에 놓고 떡메로 잘 친 다음 조금씩 떼어 떡살에 박아 만드는데, 쑥을 넣고 만들기도 해요. 납일 저녁에는 엿을 고았는데 초저녁부터 솥에 불을 때고 엿을 고기 시작하면 새벽이 되어서야 엿이 다 되었지요. 또, 납일에 내린 눈을 곱게 받아 깨끗한 독 안에 가득 담아 두었다가 그 녹은 물로 환약을 만들 때에 반죽을 하고 안질을 앓는 사람이 눈을 씻으면 효과가 있다고 하며, 책이나 옷에 바르면 좀이 먹지 않고 김장독에 넣으면 김장의 맛이 변하는 일이 없이 오래 갈무리할 수 있었대요.

14. 옛사람들은 어떻게 옷을 만들어 입었을까요?

옛날에는 집에서 실을 잣고 옷감을 만들어 옷을 만들어 입었어요. 이런 일은 주로 여자들 몫이었지요. 목화, 누에고치, 삼베나 모시에서 실을 뽑아 그 실로 옷감을 짜서 몸에 알맞게 옷감을 가위로 자르고, 실을 꿴 바늘로 한 땀 한 땀 꿰매어 옷을 만들었어요. 옷을 만들려면 옷감이 있어야겠지요. 실을 내어 옷감을 짜는 모든 일을 '길쌈'이라고 하는데, 삼베길쌈 · 모시길쌈 · 명주길쌈 · 무명길쌈으로 나눌 수 있어요. 서양의 방직 기계가 들어오기 전까지는 이렇게 손수 길쌈질해서 옷을 해 입었어요.

씨아

돌꼇

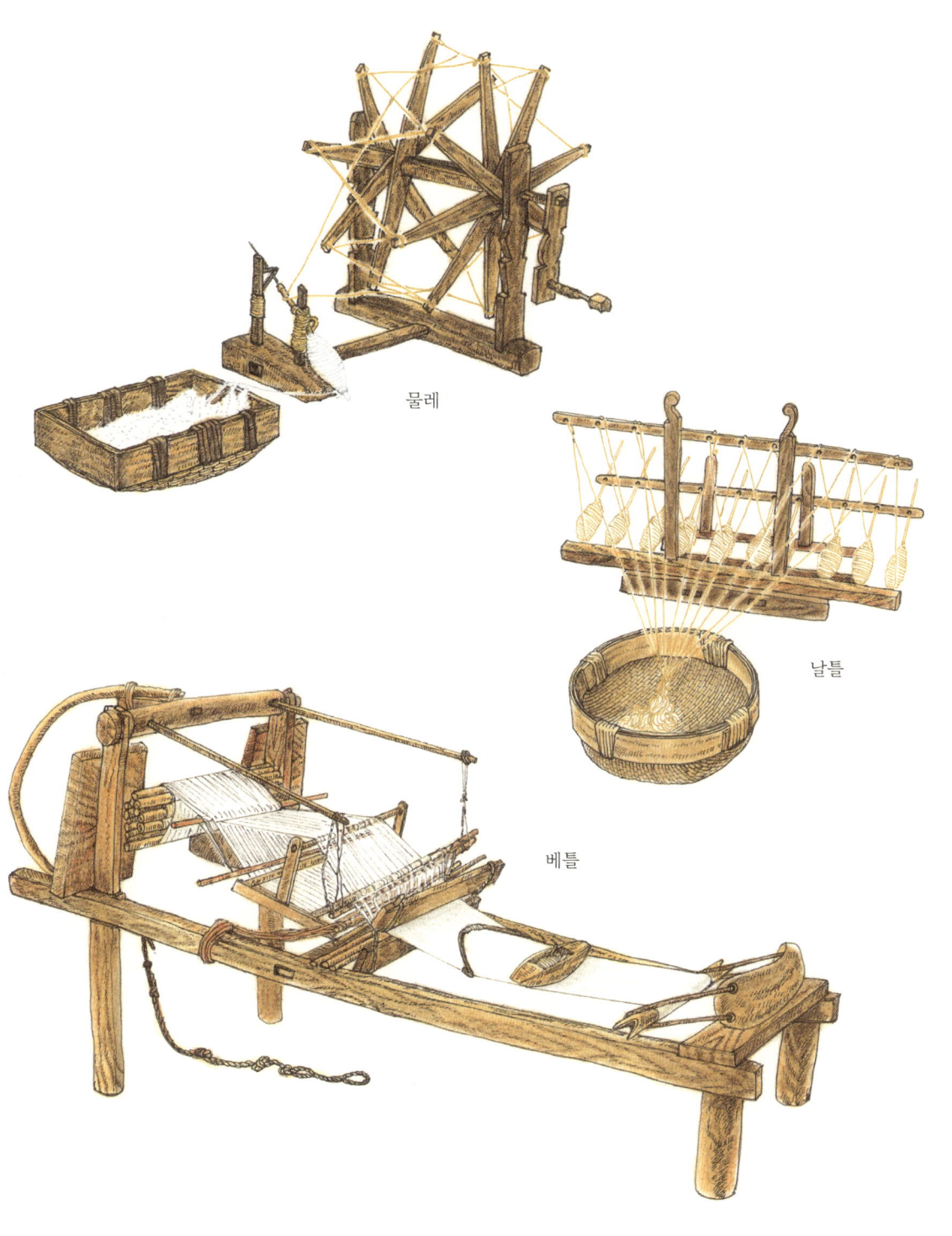

물레

날틀

베틀

❶ 계절과 옷 철 따라 다른 옷감으로 옷을 만들어 입었어요.

우리 조상은 여름에는 바람이 잘 통하는 삼베와 모시로 옷을 지어 입고, 겨울에는 무명옷과 명주옷을 입었어요. 그리고 무명 옷감 사이에 솜을 얇게 넣어 따뜻하게 지어 입었어요.

여름옷 '삼베옷과 모시옷': 고조선 때부터 삼베로 옷을 만들어 입었어요. 삼은 비가 적게 내려도 잘 자라서 온 나라에서 심어 길렀어요. 그래서 무명이 나오기 전까지는 계절에 상관없이 삼베로 옷을 해 입었어요. 무명이 나오면서 삼베는 여름철 옷감이 되었어요. 삼베옷은 옷감이 성기어 시원하고 까슬까슬해서 여름옷으로 좋아요. 삼베만큼 널리 쓰인 여름철 옷감에 모시가 있어요. 모시는 삼베보다 올이 가늘고 바람이 잘 통할 뿐 아니라 습기도 잘 빨아들이는 데다 빛깔도 고와서 모두 좋아했어요. 하지만 모시풀을 구하기 어려워 모시옷이 귀했어요. 그래서 주로 서민들이 삼베옷을 입었다면, 양반들은 모시옷을 즐겨 입었어요. 충청남도 한산에서 나는 모시를 으뜸으로 치는데, 오늘날에도 한산 모시는 아주 귀하게 여기고 있어요.

겨울옷 '무명옷과 명주옷': 겨울에는 무명이나 명주로 만든 옷을 입었어요. 명주는 누에고치에서 뽑아낸 가느다란 명주실로 짠 천이에요. 명주실로 무늬 없이 옷감을 짜면 '명주'라고 하고, 고운 무늬와 광택이 나도록 짜면 '비단'이라고 해요. 비단옷은 따뜻하고 부드러워서 겨울에 입었어요. 하지만 만들기 어려워서 주로 돈 많고 신분이 높은 이들이 입었어요. 서민들은 보통 때에는 무명옷을 입고, 명절 때에만 명주옷을 해 입었어요.

명주실은 누에고치에서 얻는데, 우리나라는 고조선 때부터 뽕나무를 심고 누에고치를 길렀어요. 이것을 '양잠'이라고 하고, 누에를 치는 일을 '잠업' 또는 '양잠업'이라고 해요. 양잠은 삼한과 삼국 시대를 거쳐 고려에 이르기까지 임금이 널리 장려했어요. 조선 시대에는 태종 임금 때 '후비친잠'(后妃親蠶)을 제정하여 왕후가 궁중에서 누에를 치게 했고, 다른 왕들도 양잠에 관계된 책을 만들어 양잠 기술을 널리 퍼뜨렸어요.

❷ 문익점과 무명옷   정말 문익점이 목화씨를 몰래 들여왔을까요?

흔히 우리 겨레를 '백의민족'이라고 하는데, 이는 우리 조상이 흰옷을 즐겨 입은 데서 비롯했어요. 우리 조상은 무명으로 만든 흰옷을 즐겨 입었어요. 무명옷은 고려 말에 문익점이 목화씨를 들여오면서 입게 되었어요. 고려 말의 문신 문익점은 원나라에 사신으로 갔다가 원나라 사람들이 추위를 잘 견디는 것을 보고 신기하게 여겼어요. 고려 사람들은 삼베옷을 여러 겹 겹쳐 입고 겨울을 지내는데, 원나라 사람들은 목화로 옷을 지어 입었다는 것을 알게 되었어요. 그래서 문익점은 돌아올 때 고려에 목화씨를 가지고 왔어요. 장인 정천익과 고향인 경상남도 산청에서 목화를 나누어 심었는데 거의 모두 실패하고, 장인이 심은 한 곳에서만 열매를 맺었어요. 그것이 널리 퍼져 고려 사람들은 목화로 옷감을 짜 무명옷을 지어 입을 수 있게 되었고, 목화로 솜을 만들어 솜옷과 솜이불을 만들어 겨울을 따뜻하게 보낼 수 있었어요.

그런데 문익점이 붓대 속에 목화씨를 넣어 원나라 몰래 들여왔다는 게 사실일까요? 아니요, 그 말은 사실이 아니에요. 그때 원나라에서 다른 나라로 빠져나가지 못하도록 금지한 물건은 화약과 지도 같은 것이었어요. 그래서 문익점이 굳이 목화씨를 몰래 들여올 까닭이 없었어요. 게다가 최근에 삼국 시대 백제에서 목화를 이용해 짠 옷감이 발견되기도 했어요.

그렇다면 왜 문익점이 몰래 붓대 속에 목화씨를 넣어 가지고 왔다는 말이 생겨났을까요? 그것은 문익점이 목화씨를 가지고 온 지 100년이 지난 뒤, 김굉필이라는 사람이 문익점의 공을 기리는 시를 쓴 것에서 비롯됐어요. "문익점은 남

몰래 목화씨를 주머니에 넣어 가져왔다."는 말에 세월 따라 말이 더 보태져서 붓대 속에 몰래 넣어 가지고 왔다고 잘못 전해지게 되었어요.

❸ 실을 잣고 옷감을 짜는 방법

1) 목화로 무명 짜기

음력 3월 하순에 목화씨를 뿌려서 8월 중순께 첫물을 따며, 이것을 따는 대로 볕에 잘 말려요. 목화를 씨아에 넣어 씨를 빼고 다시 활에 매어 타서 솜을 부풀린 뒤, 고치로 말지요. 이것을 물레에 올려 조심스럽게 자아서 물레의 가락옷에 실을 감은 다음 베틀에 올려 옷감을 짠 것이 무명이에요. 이것을 간추리면 다음과 같아요.

① **목화를 따고 말리기**–목화송이가 피기 시작하면 목화를 따서 잘 말려요.
② **씨 앗기(실 빼기)**–씨아로 목화씨를 골라내요.
③ **솜반 짓기**–씨를 뺀 목화송이를 무명활(솜활)로 두드려 목화송이가 부풀게 만들어요. 이때 솜을 솜돗(솜반을 만드는 돗자리)에 놓고 말아서 밟기도 하는데, 이렇게 하면 이불이나 옷 속에 넣는 솜이 돼요.
④ **고치 말기**–씨를 뺀 목화송이를 손으로 밀어 고치를 만들어요.
⑤ **실 뽑기(실 잣기)**–물레를 돌려 고치에서 실을 뽑아 감아요.
⑥ **풀 먹이기**–뽑은 실에 풀을 먹여 실을 완성해요.
⑦ **옷감 짜기**–실을 고르게 해서 베틀로 짜면 무명 옷감이 돼요.

2) 누에로 명주 짜기

베틀로 명주를 짜는 방법은 무명천을 짜는 방법과 비슷하지만, 명주실을 만드는 과정은 무명실을 만드는 과정과 아주 달라요. 음력 4월 초에 잠종(씨를 받을 누에의 알)을 사서 뽕잎을 먹여 잘 키우면 5월쯤에 누에가 섶에 고치를 지어요. 이것을 따서 뜨거운 햇볕에 잘 말린 뒤, 펄펄 끓는 물속에 넣으면 풀려서 실올이 나와요. 이것을 자새(시뉘대)를 거쳐서 손으로 서려 놓았다가 실대롱에 감고 바디에 내린 뒤에 베틀에 올려 짠 옷감이 명주예요.

누에치기: 누에 벌레는 뽕나무의 잎을 먹고 자라요. 그래서 뽕나무잎을 먹여 가며 누에 벌레를 정성껏 키우면, 나방이 되기 전에 실을 토해 자기 몸을 칭칭 감아서 누에고치가 되지요. 이때 누에가 올라 고치를 짓게 하려고 차려 주는 물건을 '누에섶'이라고 해요.

명주실 뽑기: 누에섶에 달린 누에고치를 따서 끓는 물에 삶으면 누에고치에 감긴 실올이 풀려요. 이것을 자새로 감았다가 가느다란 실을 열 가닥 이상 모아서 손으로 실을 꼬아 명주실을 만들어요. 누에고치는 품질에 따라 상고치, 중고치, 하고치, 쌍고치로 나누어요. 한편, 생고치는 햇볕이 안 들고 바람이 잘 통하는 건조한 곳에다 간수했어요.

명주 짜기: 베틀에 명주실을 씨실과 날실로 올려 짜면 명주가 돼요. 이때 고운 무늬와 광택을 넣어 짜면 비단이 되지요. 명주실로 바탕을 조금 거칠게 짠 것을 가리켜 '깁(사라)'이라고 하는데 비단보다 값이 쌌어요.

3) 삼베와 모시 짜기

삼베와 모시를 짜는 방법도 무명과 명주를 짜는 것과 비슷해요. 삼과 모시풀로 실을 만드는 과정만 다르고 베틀에 올려 짜는 방법은 거의 비슷해요.

삼베 짜기: 삼은 한해살이풀로, 1년 만에 3m 가까이 쭉쭉 자라나요. 양력 3월 말쯤에 삼씨를 뿌리고 가꾸어서 음력 7월에 베어내요. 베어낸 삼을 푹 쪄서 껍질을 벗겨요. 이것을 다시 잘 말린 뒤에 가늘게 찢어서 삼실을 삼아요. 삼실을 물레로 자아서 양잿물에 찌고, 속의 맑은 실이 나올 때까지 씻어요. 이것을 돌꼇에 올려서 날을 한 오리씩 사려 놓은 다음, 햇볕에 늘어놓고 올에 풀을 먹여 빳빳하게 만들어서 베틀에 올려 짠 것이 삼베 옷감이에요.

모시 짜기: 모시의 재료가 되는 모시풀이 자라면 베어서 겉껍질을 벗기고 속껍질만 남겨요. 이것을 물에 헹구고 햇볕에 말리면 색깔이 하얗게 되지요. 속껍질을 이로 가늘게 쪼갠 뒤에 길게 이어서 실을 만든 다음 이 실을 베틀에 올려 짠 것이 바로 모시 옷감이에요. 모시풀은 삼보다 심어 기르기 어렵고 실을 만들 때도 손이 많이 가서 삼실을 잣는 것보다 어려워요. 그런데 모시풀의 속껍질을 이로 가늘게 쪼개면 이가 상하지 않을까 걱정스럽지 않나요? 어른들 말씀에, 오히려 치석을 없애는 구실을 해서 이가 하얗고 튼튼해진다고 하네요.

❹ 길쌈에 쓰이는 도구

길쌈하는 데는 목화에서 씨를 빼는 씨아, 솜에서 실을 잣는 물레, 실을 감고 푸는 돌꼇, 베를 짤 실을 가지런하게 하는 날틀, 옷감을 짜는 베틀 같은 도구를 이용했어요.

1) 씨아

가. 도구의 발달과 원리: 목화송이의 씨를 빼내는 도구예요. 씨아에 목화송이를

넣어 앗으면 씨는 뒤에 떨어지고 앞으로 목화솜이 빠져요. 씨아로 목화송이의 씨를 빼는 일을 '씨아질'이라고 해요.

나. 만드는 법: 씨아는 나무토막에 기둥 두 개를 박고, 그 사이에 둥근 나무 두 개를 끼워 만들어요. 손잡이를 돌리면 톱니바퀴처럼 마주 돌아가면서 목화송이에서 씨가 빠져 떨어지고 목화솜은 따로 빠져 나와요.

다. 구조: 씨아손(꼭지마리)을 돌리면 이에 따라 수카락이 돌면서 이와 연결된 톱니바퀴, 가락귀, 토리개가 돌아가요. 암카락과 연결된 가락귀를 돌리면 암가락과 수가락이 만나 서로 반대 방향으로 돌아가요. 이때 솜은 두 가락귀 사이에 물려 빠져 앞으로 나오고, 씨는 뒤로 떨어져요. 수카락 아래에는 가락 받침대가 있는데, 그 아래에 천을 드리워 빠진 솜과 떨어진 씨가 섞이지 않게 막아요.

가락 : 톱니처럼 마주 돌아가게 된 위의 나무
귀 : 나무 두 개가 마주 돌도록 톱니처럼 파내어 만든 부분
장가락 : 톱니처럼 마주 돌아가게 된 아래 나무
씨아손 : 씨아를 돌리는 손잡이
쐐기 : 가락과 장가락이 마주 붙어 돌아가도록 밑에서 받치는 나무

2) 물레

가. 도구의 발달과 원리: 물레는 목화송이의 솜이나 누에고치의 실을 잣는 도구예요. 물레바퀴와 가락 사이에 솜을 걸고 물레를 돌리면 가락이 빠르게 돌면서 실을 뽑아내지요. 물레를 돌려서 고치나 솜에서 실을 뽑아내는 일을 '물레질'이라고 해요.

나. 구조: 나무를 깎아 만든 여러 개의 살을 끈으로 얽어매어 보통 6각의 둘레를 만들고 가운데에 굴대를 박아 손잡이를 붙였어요. 물레의 바퀴는 양쪽에 기둥이 있어 떠받치며 기둥 받침대에 연결된 나무 끝에 괴머리를 달았어요. 괴머리에는 가락이 실려서 바퀴가 돌아갈 때 고치에서 실이 드리워져요. 가락은 하나를 싣는 것이 원칙이나 실을 여러 겹으로 뽑을 때는 둘이나 셋을 썼어요. 물레는 꼭지마리 · 동줄 · 굴똥 · 물렛줄 · 물렛돌 · 고동 · 가락 · 가락옷 · 가락토리 · 물레바퀴 · 가리장나무 · 괴머리 · 괴머리기둥 · 설주 같은 18개의 부속 장치로 이루어져 있어요.

꼭지마리 : 물레의 손잡이
동줄 : 물레의 바퀴와 바퀴를 연결한 줄
굴똥 : 물레바퀴 가운데 박아 바퀴를 돌리는 둥근 나무
물렛줄 : 물레의 몸과 가락을 걸쳐 감은 줄. 물레를 돌리는 대로 가락이 돌게 해요.
고동 : 물렛가락에 끼워 놓은 두 개의 고정시킨 방울 같은 물건. 물렛줄이 두 고동 사이에 걸쳐져요.
가락 : 물레로 실을 자을 때 고치에서 나오는 실을 감는 두 끝이 뾰족한 쇠꼬챙이. 실이 감기는 데 꽂으며 길이는 한 뼘 정도예요.
물레바퀴 : 물레에 딸린 바퀴로 이것이 돌아감에 따라 가락이 돌면서 실을 감게 되요.
가리장나무 : 물레의 몸과 괴머리를 연결시키는 나무
괴머리 : 물레의 왼쪽 가리장나무 끝에 달린 가락을 꽂게 된 부분
괴머리기둥 : 괴머리에 박혀 가락이나 가락토리를 끼우게 된 두 개의 나무
설주 : 물레바퀴를 떠받치고 있는 두 개의 나무

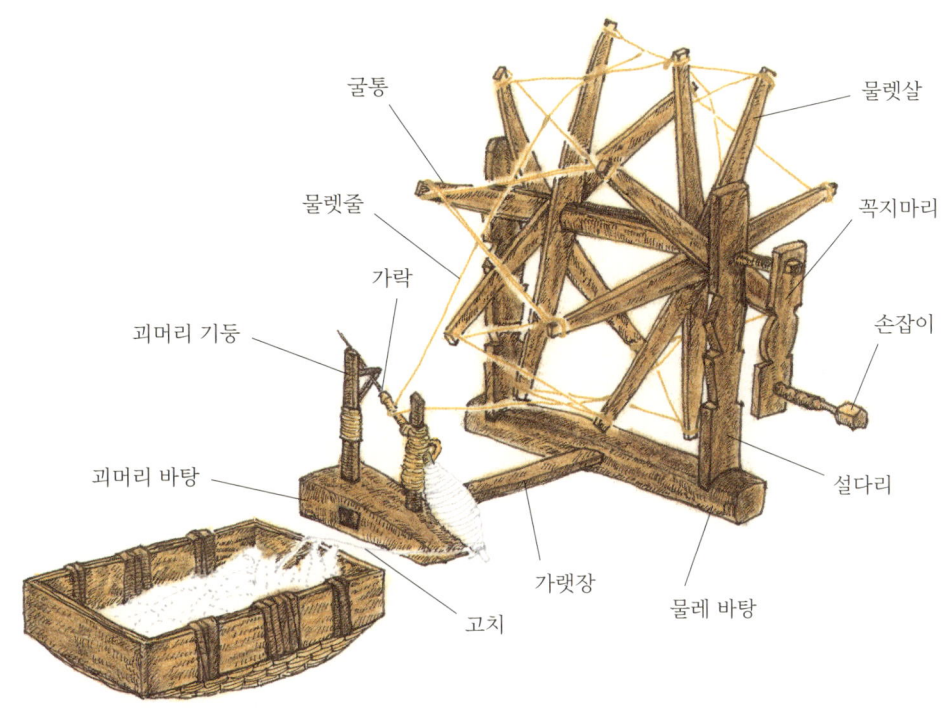

굴통

물렛살

물렛줄

꼭지마리

가락

손잡이

괴머리 기둥

괴머리 바탕

설다리

가랫장

고치

물레 바탕

재미있는 낱말 뿌리: '무명'과 '물레'

목화에서 실을 잣는 기구를 '물레'라고 하고, 그 실로 짠 천을 '무명'이라고 하지요. 그런데 이 두 말은 사람의 이름에서 따 왔어요. 고려 시대 문익점이 중국(원나라)에서 목화씨를 가져 와서 장인 정천익과 함께 마른 곳, 젖은 곳, 모래땅, 진흙땅에 갈라 심었는데, 겨우 한 포기만 살았어요. 거기서 나온 씨를 다시 심어 목화 재배에 성공했어요. 목화를 널리 퍼뜨린 뒤, 씨를 뽑고 천을 짜는 기계를 만들려고 애쓴 나머지 문익점의 자손 '문래'가 씨를 뽑는 씨아를 만들었고, 그의 동생 '문영'은 천 짜는 방법을 연구했어요. 목화송이에서 실 뽑는 기계를 '물 레'라고 하는 것은 그것을 만든 '문래'의 이름에서 나온 것이고, 목화에서 실을 뽑아 짠 천을 '무명'이라고 하는 것은 바로 '문영'의 이름에서 비롯한 거래요.

한편, 수수나 팥 따위의 껍질을 벗기거나 목화의 씨를 빼는 것을 '앗는다'고 하는데, 사전에 서는 '앗다'를 찾아야겠지요.

3) 돌꼇

실을 감거나 푸는 데 쓰는 기구예요. 굴대의 꼭대기에 '十' 자 모양으로 짠 나무를 대고 그 끝에 짧은 기둥을 박은 것으로, 굴대가 돌아감에 따라 이 기둥에 실이 감기거나 풀려요. 큰 것은 주로 삼실을 올리거나 내리는 데 쓰고, 작은 것은 명주실을 뽑는 데 썼어요. 흔히 왼손으로 굴대의 끝을 가볍게 밀어 제쳐서 돌려 가며 실을 올리고, 내릴 때에는 실을 잡아당겨서 내렸어요.

4) 날틀

가. 쓰임새: 실을 뽑아내는 틀로, 물레에서 자아낸 실톳(토리)을 가락에 끼운 뒤에 날틀에 뚫린 구멍 10개에 가락 10개를 꿰어 10올의 실을 한 줄로 뽑아내는 구실을 해요. 10개의 가락에서 일정한 간격으로 실이 나오게 해서 한 올로 모아 도투마리에 감아 이것을 날실 삼아 천을 짰어요. 전라도 지방에서는 날틀을 '고무레'라고 해요.

나. 구조: 두 개의 가지가 벌어진 나무기둥을 골라 같은 모양으로 다듬어 양쪽에 세운 뒤, 모두 5개의 가로대를 끼우는데 다리의 아래쪽과 중간쯤에 4개의 가

로대를 보내고 기둥의 머리 부분에 하나의 가로대를 보내요. 상부의 가로대에는 철사로 만든 구멍 10개가 있고, 중간 가로대에는 각각 10개의 구멍을 송곳으로 뚫어요. 중간 가로대 구멍에 가락을 꼽고 실올을 상부 가로대 철사 구멍에 연결해요. 그런데 날틀에 꽂는 가락의 수는 어떤 천을 짜느냐에 따라 달라요. 이와 달리, 〈기산풍속도첩〉에서 길게 늘여 맨 두 줄 사이에 가락을 끼우고 줄 끝에는 돌을 매달아 줄을 팽팽하게 하는 방식의 날틀 그림이 실려 있어요.

5) 베틀

가. **도구의 발달과 원리:** 삼베, 명주, 무명 같은 천을 짜는 틀이에요. 베틀은 삼국 시대 이전부터 만들어 썼다고 해요. 조선 시대에는 베틀로 삼베와 명주를 짰는데, 무명을 많이 짰어요. 1980년대까지도 마을에서는 길쌈을 했어요. 베틀은 나란히 세운 앞 기둥 두 개에 의지해 사람이 걸터앉기에 편한 높이로, 가운데에 세장을 박은 틀을 가로로 끼워 'ㄴ'자 꼴을 이루고 있어요. 오른쪽 끝에 앉아 일을 하는데, 앞 기둥 위쪽에 용두머리가 얹혀서 기둥 자체를 유지하지요. 실이 감긴 도투마리를 베틀에 걸어 놓고 한 손으로는 바디를 잡고 다른 한 손으로는 북을 들어 발을 당겼다 폈다 하면서 옷감을 짜 나가는데, 이때 동력은 베틀신에서 신 끈→신대→용두머리→눈썹대→눈썹노리→눈썹끈→잉앗대→속대를 지나 잉 앗실까지 전달돼요.

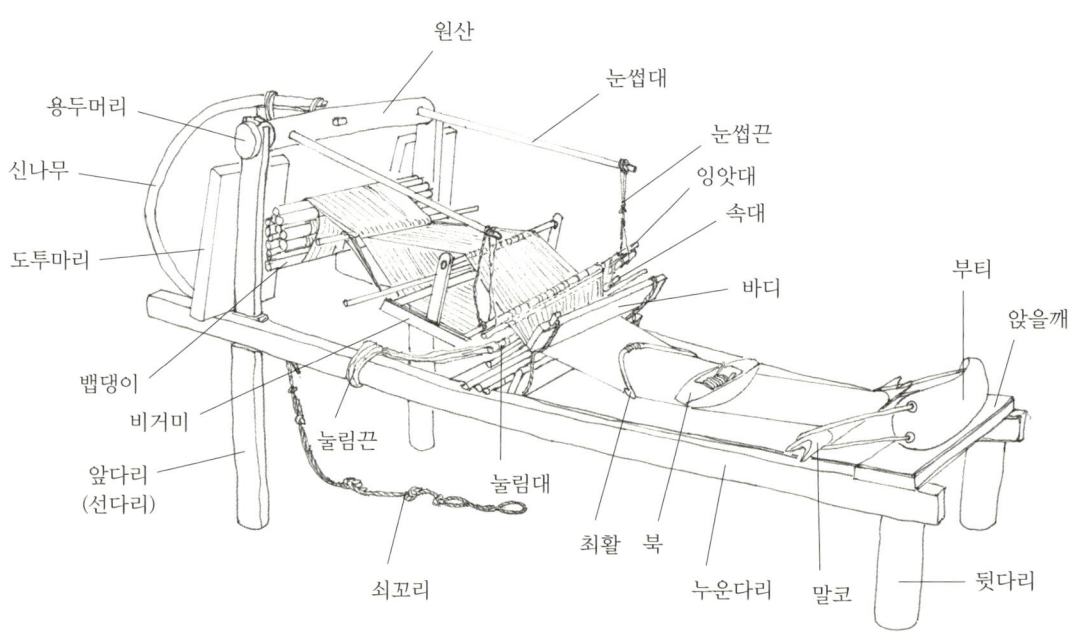

나. 구조: 베틀은 나무로 만들며 여러 가지 부품으로 이루어진 복잡한 조립식 기구예요. 베틀의 부요 부품은 부티·앞을깨·눌림대·선자리·도투마리·뱁댕이·시치미·누운다리·말코·북·바디 따위로 이루어져 있어요. 자세한 구조는 2개의 누운다리에 구멍을 뚫어 앞다리와 뒷다리를 세우고 가랫장으로 고정해요. 앞다리에는 아래쪽에 도투마리를 얹고, 위쪽 용두머리에는 눈썹대를 길게 연결해 그 끝의 눈썹노리에 잉아를 걸어요, 잉앗대는 말코에 걸어 부티로 모이며, 뒷다리 위에 얹힌 앞을깨를 앉은 사람의 허리에 두를 수 있게 했어요.

용두머리 : 베틀 앞다리 위쪽에 있어, 두 개의 다리를 연결하며 눈썹대를 끼우는 둥근 나무토막
잉아 : 베틀의 날실을 한 칸씩 걸러서 끌어 올리도록 맨 굵은 실
잉앗대 : 위로는 눈썹줄에 대고 아래로는 잉아를 걸어 놓은 나무
속대 : 잉앗대 밑에 들어간 나무
북 : 씨의 꾸리를 넣고 북바늘로 고정시켜 날의 틈으로 왔다 갔다 하게 해서, 씨를 풀어 주어 천이 짜지도록 하는, 배처럼 생긴 나무통
바디 : 살의 틈마다 날실을 꿰어서 베의 날을 고르며 북의 통로를 만들어 주고 씨실을 쳐서 베를 짜는 구실을

하는 기구. 가늘고 얇은 대오리를 참빗살같이 세워, 두 끝을 앞뒤로 대오리를 대고 단단하게 실로 얽어 만들어요.

바디집 : 바디를 끼우는 테. 홈이 있는 두 짝의 나무에 바디를 끼우고 양편 마구리에 바디집비녀를 꽂아요.

바디집비녀 : 바디집 두 짝의 머리를 잡아 꿰는 쇠나 나무

최활 : 베를 짜 나갈 때, 너비가 좁아지는 것을 막기 위하여 너비를 지켜 주는 가는 나무오리. 활처럼 등이 휘고 두 끝에 최를 박아서 최활이라고 해요.

부티 : 베틀의 말코 두 끝에 끈을 매어 허리에 두르는 넓은 띠. 나무나 가죽 또는 베붙이 따위로 만들어요.

부티끈 : 베틀의 말코 두 끝과 부티 사이에 맨 끈

말코 : 길쌈을 할 때에 천이 짜여 나오면 피륙을 감는 대. 부티끈으로 양쪽에 잡아매요.

앉을깨 : 사람이 앉는 자리

눌림대 : 잉아 뒤에 있어 날실을 누르는 막대

눌림끈 : 눌림대에 걸어 베틀다리에 매는 끈

누운다리 : 베틀에 가로질러 놓은, 굵고 긴 나무. 베틀을 지탱해 주지요.

도투마리 : 날실을 감아 놓은 틀. 도투마리를 베틀 앞다리 너머의 채머리 위에 얹어 두고 날실을 풀어 가면서 천을 짜요.

뱁댕이 : 도투마리에 날실을 감을 때 날실끼리 엉기는 것을 막으려고 날실 사이에 끼우는 나뭇가지

❺ 세시풍속 : 길쌈두레와 길쌈놀이

길쌈두레: 농사일을 여럿이 함께 하려고 마을 단위로 만든 모임을 두레라고 하는 것처럼 길쌈도 두레로 했는데, 이것을 '길쌈두레' 또는 '두레길쌈'이라고 해요. 그러니까 길쌈두레는 여자들의 두레라고 할 수 있어요. 길쌈은 혼자 하면 힘이 들기도 하겠지만, 시간이 오래 걸려서 능률이 잘 오르지 않아요. 그래서 길쌈을 해야 하는 마을 부녀자들은 길쌈두레를 조직하여 저녁이면 길쌈두레에 든 부녀자들의 집을 차례로 돌면서 여럿이 함께 길쌈을 했어요. 이렇게 길쌈을 공동으로 한 전통은 오래되었는데, ≪삼국사기≫의 기록을 보면 신라 시대부터 있었음을 알 수 있어요. 특히 충청도, 전라도, 경상도 삼남 지방에서는 음력 7월부터 8월 추석에 걸쳐 온 마을의 부녀자들이 두레와 같은 동아리로 김쌈을 했어요. 집집이 번갈아 둘레둘레 돌아가면서 삼을 삼아 준다고 해 '두레삼', '두루삼'이라도 하지요.

길쌈놀이: 여름이 끝나갈 무렵(음력 7월~8월 사이에) 마을의 여자들은 이렇게 길쌈 두레를 하면서 서로 솜씨를 겨루기도 하고, 흥겨운 길쌈 노래를 부르기도 했어요. 서로서로 길쌈을 해 주면서 노래를 부르며 지루함과 고단함을 잊고 즐겁게 일했어요. 삼을 삼으면서 '삼 삼기 노래'를, 물레질을 하면서 '물레노래'를, 베틀로 천을 짜면서 '베틀노래(베틀가)'를 불렀어요. 길쌈을 하면서 편을 나누어 겨루기도 했고, 길쌈을 끝낸 다음에 옛날이야기와 담소를 나누거나 춤과 노래를 즐기며 놀던 풍습을 아울러 길쌈놀이라고 해요.

15. 그 밖에 많이 쓰는 농기구를 알아보아요.

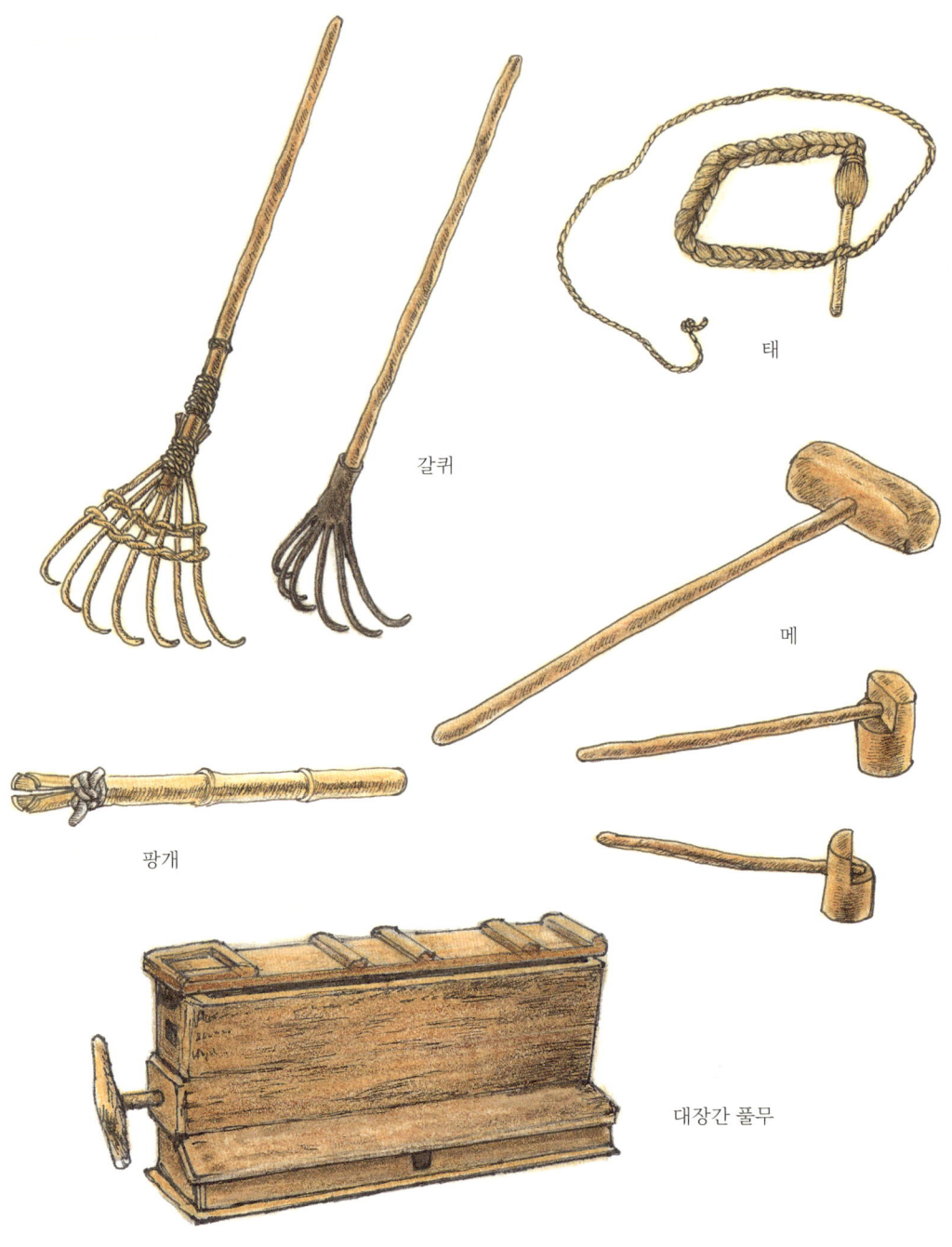

태

갈퀴

메

팡개

대장간 풀무

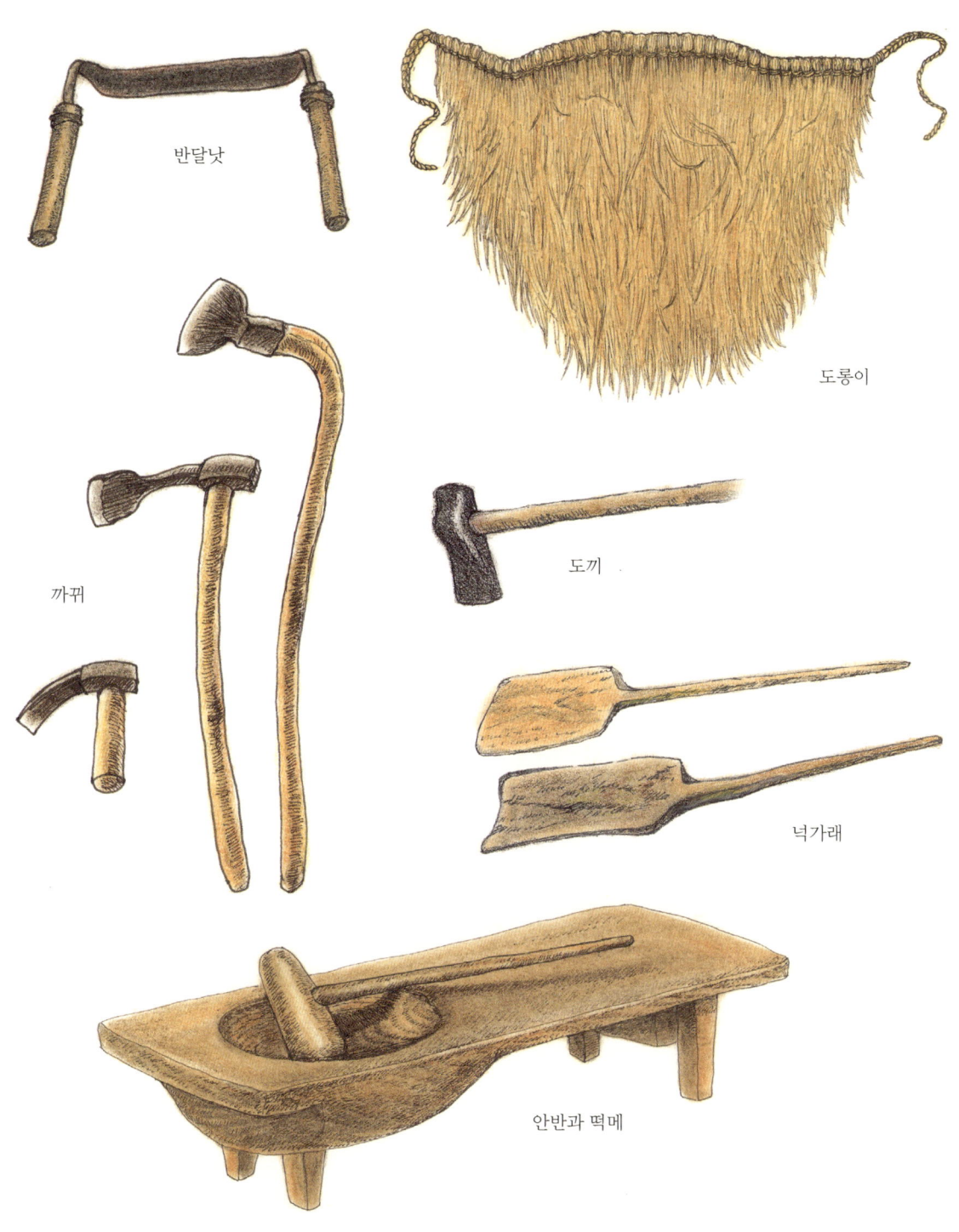

반달낫

도롱이

까뀌

도끼

넉가래

안반과 떡메

❶ 풀무

가. 도구의 발달과 원리: 불을 피우기 위해 바람을 일으키는 도구를 '풀무' 또는 '풍구'라고 해요. 풀무에는 손풀무와 발풀무가 있는데, 발풀무가 더 오래되었어요. 불을 피우거나 불의 세기를 조절하려고 바람을 불어 넣는 것은 오래전부터 있었어요. 청동기 시대부터 풀무를 썼을 것으로 짐작하고 있어요. 처음에는 좁고 긴 관을 입으로 불어 바람을 넣도록 만들었는데, 차츰 발달해서 오늘날의 풀무 모습이 되었어요. 풀무 덕분에 더 큰 화덕이나 쇳물가마(용광로)를 사용할 수 있게 되었어요. 옛날에는 시골 장터나 마을마다 대장간이 있었어요. 대장장이가 쇠를 녹이거나 달구어서 새 연장을 만들기도 하고, 무딘 연장을 벼리기도 했어요. 이때 상자처럼 생긴 풀무를 발로 밟으며 불의 세기를 조절했어요. 또한, 아궁이에 불을 땔 때 덜 마른 장작이나 왕겨를 태울 때 풀무를 썼어요. 마른 낙엽이나 짚, 잔 나뭇가지, 솔방울 따위의 불쏘시개 위에 덜 마른 장작을 쌓은 뒤에 불이 잘 붙고 잘 타도록 풀무로 바람을 일으켰어요. 특히 불이 잘 안 붙는 왕겨를 때서 밥을 지으려면 풀무가 꼭 필요했어요. 풀무나 풍구로 바람을 일으키는 일을 '풀무질' 또는 '풍구질'이라고 해요.

나. 종류와 쓰임새: '손풀무'와 '발풀무'가 있는데, 흔히 손풀무는 집이나 작은 대장간에서, 발풀무는 큰 대장간에서 썼어요.

손풀무: 손풀무는 생김새에 따라 크게 세 가지로 나눌 수 있어요.

첫째, 네모난 나무 상자처럼 생긴 손풀무가 있어요. 손잡이를 잡아당겼다 밀었다 하면서 바람을 일으키는데, 흔히 소규모 대장간에서 쇠를 달구거나 녹일 때 많이 썼어요. 크기에 따라 중형, 소형이 있어요. 요즘에는 금속 공예품을 만드는 사람들이 더러 쓰고 있어요.

둘째, 쇠붙이로 된 손풀무가 있어요. 바람개비가 들어 있는 둥근 통과 쇠바퀴가 달렸어요. 둥근 통과 쇠바퀴에 가는 피댓줄을 걸고, 쇠바퀴의 손잡이를 돌리면 바람개비가 돌면서 바람을 일으키지요. 아궁이에 불을 땔 때 많이 쓰는데, 바람이 나오는 곳에 쇠로 된 긴 통을 연결해서 아궁이 깊숙이 집어넣고 쓰기도 해요. 장작은 한번 불길이 일어나면 더는 풀무질을 하지 않아도 되지만, 왕겨를 태울 때는 잇따라 풀무를 돌리면서 왕겨를 조금씩 집어넣어야 잘 타요.

셋째, 손풍금처럼 생긴 손풀무가 있어요. 흔히 숯불을 피울 때 쓰는데, 손잡이를 잡고 폈다 접었다 하면서 바람을 일으켜요. 이것을 '허풍선'(虛風扇)이라고 해요.

발풀무: 발로 밟아서 바람을 내는 발풀무는 땅바닥에 긴네모로 골을 판 뒤에 만들었다고 '골풀무'라 하기도 해요. 발풀무는 쟁기의 보습을 만드는 큰 대장간에서 많이 썼어요. 그래서 '보습불미'라고도 해요. 경상도와 제주도에서는 풀무를 '풀매, 불미'라 하고, 전라도에서는 '불메'라고 해요. 발풀무를 다른 말로 '궤풀무'라고도 하는데, 네모난 상자처럼 생겼다고 붙인 이름 같아요.

❷ 갈퀴

가. 구조와 쓰임새: 한쪽 끝이 우그러진 대쪽 여러 개를 부챗살처럼 펼쳐 묶은 뒤 자루를 붙인 갈퀴는 '갈큇발, 위치마, 아래치마, 갈퀴코, 또아리, 뒤초리, 자루'로 이루어졌어요. 갈큇발은 만드는 재료에 따라 10~20개를 묶었어요. 갈퀴의 옛말

은 '갈키'예요. 지방에 따라 '갈구리, 갈쿠리, 갈쿠지, 곽재이, 깍재, 갈끼, 까꾸리, 까쿠리, 깍쟁이, 깍지'라 하는데, 북한에서는 '곽지'라고 해요.

갈퀴는 아궁이에 땔 솔가리나 가랑잎을 긁어모으는 데, 씨앗 뿌릴 땅을 고르거나 씨 뿌린 뒤에 흙을 덮는 데, 타작마당에서 검불을 걷어 내거나 알곡을 긁어모으는 데 두루 썼어요. 마른 잎이나 지푸라기 따위를 갈퀴로 긁어모으는 일을 '갈퀴질'이라고 하는데, 이에 빗대어 탐관오리처럼 권력을 이용해 백성들의 돈이나 물건을 빼앗는 짓도 갈퀴질이라고 해요. 또, 화가 나서 험상스러운 눈을 가리켜 '갈퀴눈'이라고 해요. 화가 나서 눈을 험상궂게 뜨면 눈시울에 모가 나서 부드럽지 않지요. 그 모양이 갈퀴 같다고 해서 생긴 말이에요. "너 왜 나를 갈퀴눈으로 째려보니?" 하고 쓸 수 있어요.

나. 종류: 흔히 갈퀴는 대쪽 끝을 갈고리처럼 구부린 갈큇발을 부챗살처럼 펼친 뒤 자루를 붙여서 만들었어요. 추운 산간 지방처럼 대가 귀한 곳에서는 물푸레나무나 싸릿대를 불에 달궈 구부려 만들기도 했고, 나중에는 철사로 만들기도

했어요. 무엇으로 갈큇발을 만들었느냐에 따라, '대 갈퀴, 물푸레나무 갈퀴, 쇠갈퀴, 싸리 갈퀴'로 나눌 수 있어요.

다. 세시풍속: 경상도에서는 새해 첫 장에 가서 갈퀴를 사 온다고 해요. 갈퀴가 무엇을 긁어모으는 연장이어서 새해에도 많은 복과 재물이 모이기를 바라는 마음 때문이지요. 반대로, 괭이는 사지 않는다고 해요.

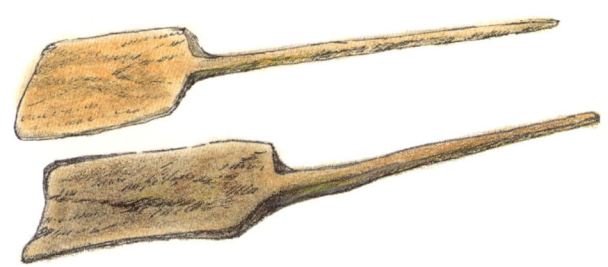

❸ 넉가래

넉가래란 널찍한 날을 가진 가래라는 뜻에서 나온 말로, '나무가래, 죽가래, 목가래'라고도 해요. 타작할 때나 곡식을 말릴 때 넉가래로 밀어서 모으거나 펴 널기도 하고, 삽처럼 퍼 담는 데도 써요. 또 부뚜나 바람개비 앞에서 곡식을 퍼 던져 바람에 검불을 날리기도 하지요. 겨울에 눈이 오면, 넉가래로 눈을 치운 다음에 빗자루로 깨끗이 쓸었어요.

❹ 메

무엇을 치거나 박을 때 쓰는 묵직한 나무토막이나 쇠토막으로 만든 방망이예요. 굵고 짧은 나무토막이나 쇳덩이 중간에 자루를 박았어요. 말뚝을 박을 때 쓰는 메는 떡을 치는 메보다 크고 무거워요. 메로 무엇을 치는 일을 '메질'이라 해

요. 메에는 쓰임새에 따라 여러 가지가 있어요.

떡메: 인절미나 흰떡을 만들려고 찐 쌀을 치는 메.

쇠메: 쇠로 만든 메. 대장간에서 달군 쇠를 메질할 때 많이 씀.

짚메: 새끼를 꼬거나 멍석 같은 것을 만들 때, 짚 줄기를 쳐서 부드럽게 만드는 메.

곰방메: 흙덩이를 깨뜨리거나 골을 다듬으며, 씨 뿌린 뒤 흙을 덮거나 고르는 데 쓰는 농기구. 떡메나 짚메와 비슷한 모양이나 메보다 머리 부분이 작아요.

❺ 도끼

가. 쓰임새: 나무를 찍거나 장작을 패는 데 쓰는 연장으로, 쐐기 모양으로 된 쇠날의 머리 부분에 구멍을 뚫고 나무 자루를 끼워서 만들어요. 도끼로 장작을 팰 때 밑에 받치는 나무를 '모탕'이라고 해요. 모탕의 크기와 생김새는 일정하지 않은데, 단단한 나무뿌리 부분이 모탕감으로 좋아요. 모탕이 있어야 도끼날이 상하는 것을 막을 수 있고, 도끼질하기도 쉬워요. 곡식이나 물건을 땅바닥에 놓거나 쌓을 때 밑에 괴는 나무토막도 모탕이라고 해요.

나. 세시풍속: 도끼노리개

　자루가 없는 아주 작은 도끼 서너 개를 끈으로 꿰거나 주머니에 넣어 노리개처럼 만든 것을 도끼노리개라고 하는데, 부인들이 허리에 차고 다녔어요. 이렇게 하면 아이를 못 낳는 이도 잉태할 수 있다고 믿었어요. 특히 혼인 첫날밤 신부가 이것을 요 밑에 깔아 두었는데, 아기를 얼른 갖기 바라는 마음에서 비롯한 일이었어요.

'도끼'에 얽힌 속담

도끼 가진 놈이 바늘 가진 놈을 못 당한다: 바늘보다 큰 도끼를 가지고 있다고 해서 남을 봐주거나 깔보다가는 바늘을 가지고 있는 사람한테 진다는 말.
도끼로 제 발등 찍는다: 남을 해치려고 한 일이 결국 자기한테 해롭게 됨을 빗대어 이르는 말.
믿는 도끼에 발등 찍힌다: 잘되리라고 믿고 있던 일이 어긋나거나 믿고 있던 사람이 배반한 경우를 빗대어 이르는 말.

❻ 까뀌

나무를 찍어 깎는 연장으로, 목재를 깎거나 다듬는 데 사용해요. 날을 자루와 직각이 되게 맞추었는데, 무척 날카로워요. 한 손으로 쓰는 작은 까뀌와 두 손으로 쓰는 큰 까뀌가 있어요. 큰 까뀌는 집을 짓는 목재를 다듬는 데 쓰고, 작은 까뀌는 연장의 자루를 깎거나 말뚝 끝을 다듬는 데 써요. 또, 나무를 깎아 이남박 같은 그릇을 만드는 데도 쓰고, 못을 박을 때 머리 부분을 망치처럼 쓰기도 해요. 이와 비슷한 연장에 '자귀'가 있어요. 까뀌의 크기는 자귀보다 작지만, 자귀와는 달리 머리 전체가 쇠로 되어 있어서 단단한 목재에 쓰기 좋아요.

❼ 반달낫

나무껍질을 벗기거나 깎는 데 쓰는 연장이에요. 날이 반쯤 휘어 반달처럼 생겼다고 반달낫이라 하는데, 말굽 모양으로 생긴 것도 있고, 활처럼 휜 것도 있어

요. 반달처럼 생긴 묵직한 반달낫은 산간 지방에서 나뭇가지를 칠 때 쓰고, 말굽 모양으로 생긴 것으로는 날의 양끝에 박은 손잡이를 두 손으로 당기면서 기둥이나 서까래 나무의 껍질을 벗기고 다듬는 데 사용해요.

❽ 도롱이

짚이나 띠 따위를 엮어 만든 옛날 비옷이에요. '도랭이, 도롱옷'이라고도 하지요. 일할 때 비가 오면 허리나 어깨에 걸쳐 둘렀어요. 도롱이의 안쪽은 짚이나 띠 같은 풀로 촘촘하게 잇달아 엮어 빗물이 스며들지 않게 하고, 거죽은 엮지 않고 줄거리 끝을 그대로 드리워 너덜너덜하게 해서 빗물이 줄기를 따라 땅으로

흘러내리게 만들었어요. 비 오는 날 들일을 할 때 도롱이를 입었는데, 머리에는 기름종이를 바른 삿갓을 썼어요. 한편, 띠나 짚으로 거적처럼 촘촘하게 엮어 만든 '접사리'란 비옷도 있어요. 이것을 머리처럼 덮어쓰면 무릎까지 내려오지요. 비 오는 날 모내기 같은 일을 할 때 접사리를 쓰고 했어요.

❾ 태

농작물에 해를 끼치는 새를 쫓는 데 쓰는 긴 밧줄이에요. 짚, 삼, 실 따위로 머리는 굵게, 꼬리는 가늘게 꼬아 2~3m 길이의 밧줄을 만들어, 줄의 머리 쪽을 잡고 위에서 빙빙 돌리다가 갑자기 잡아채면 밧줄이 꺾이면서 '딱' 하고 큰 소리가 나지요. 그 서슬에 새들이 놀라 달아났어요. 또한, 대님처럼 좁고 긴 천을 반으로 접어 그곳에 돌을 올리거나, 노끈으로 국자처럼 뜬 망에 돌을 담고, 두 줄을 쥐고 머리 위에서 빙빙 돌리다가 한쪽 끈을 놓아 원심력으로 돌을 던지는 '물풀매'라는 것이 있어요. 이것을 전라도 지방에서는 '줄팽개, 헐끈팽매'라고 하고, 경상도 지방에서는 '노팔매'라고 했어요.

❿ 팡개

논밭에 몰려드는 새 떼를 쫓는 데 쓰는 대나무로 만든 도구예요. 길이 50~60

㎝의 대나무 토막의 한끝을 네 갈래로 짜개서 흙에 꽂으면 그 사이에 흙이나 작은 돌멩이가 잡혀요. 이것을 내두르면 흙이나 돌멩이가 멀리 나가며 새 떼를 놀라게 해 쫓았어요.

허수아비와 새 쫓는 소리

씨를 뿌리는 봄부터 거두어들이는 가을까지 새 떼가 논밭에 날아들었어요. 특히 이삭이 패면서 벼가 노릇노릇 익을 무렵에 날아드는 새 떼를 쫓아내는 게 큰일이었어요. 막대기와 짚을 엮어 허수아비를 만들어 헌옷을 입히고 헌 모자를 씌워서 논밭 둑이나 논밭 한가운데에 세웠어요. 이때 아이들은 흰 천을 씌운 허수아비 얼굴에 숯으로 눈·코·입을 무섭게 그려 넣기도 했어요. 하지만 허수아비만으로 달려드는 새 떼를 쫓을 수는 없었어요. 그래서 긴 막대기나 깃발을 들고 논두렁을 뛰어다니거나, 큰 소리가 나는 북이나 꽹과리를 두드리며 '훠이 훠이, 후여 후여, 후르르르' 같은 소리를 내며 새를 쫓았어요. 어른들은 일하느라 바빠서 아이들이나 할머니 할아버지가 새 쫓는 일을 많이 했어요.

새를 쫓으려고 여러 가지 방법을 생각해 냈어요. 논에 끈을 길게 이어 매기도 하고, 끈 여기저기에 빈 깡통을 매달아 이따금 한쪽에서 줄을 당겼다 놓았다 하면서 깡통끼리 부딪쳐 딸랑딸랑 소리가 나게 해서 쫓기도 했어요. 아이들은 돌멩이를 집어 던지기도 하고, '훠이, 훠어어어 훠이' 소리를 지르기도 하고, 몽둥이로 헌 냄비를 두드리며 뛰어다녔어요.

이삭이나 씨앗을 쪼아 먹으려고 날아드는 새를 쫓으려고 부르는 소리를 '새 쫓는 소리'라고 하는데, 정월 대보름날 새 쫓는 소리를 부르며 한 해의 농사가 잘되기를 바라기도 했어요.

16. 부엌 살림살이에는 무엇이 있을까요?

부엌은 밥을 짓고 반찬을 만들며 설거지를 하는 곳이에요. 옛날에는 아궁이에
불을 때서 부뚜막에 걸린 가마솥에 밥을 짓고 국을 끓이고, 반찬을 만들었어요.
옛사람들은 부엌에서도 몸가짐을 바르게 하여 부뚜막에 함부로 앉거나 발을 올
려놓지 않았어요. 부엌살림의 가짓수는 세기 힘들 정도로 많아요. 그 가운데 곡
식이나 가루의 양을 재던 말과 되, 싸릿대나 짚, 나무로 만들어 쓰던 소쿠리, 광
주리, 바구니, 조리, 채롱, 그리고 나무로 만들어 쓰던 함지나 질그릇 몇 가지만
살펴보아요.

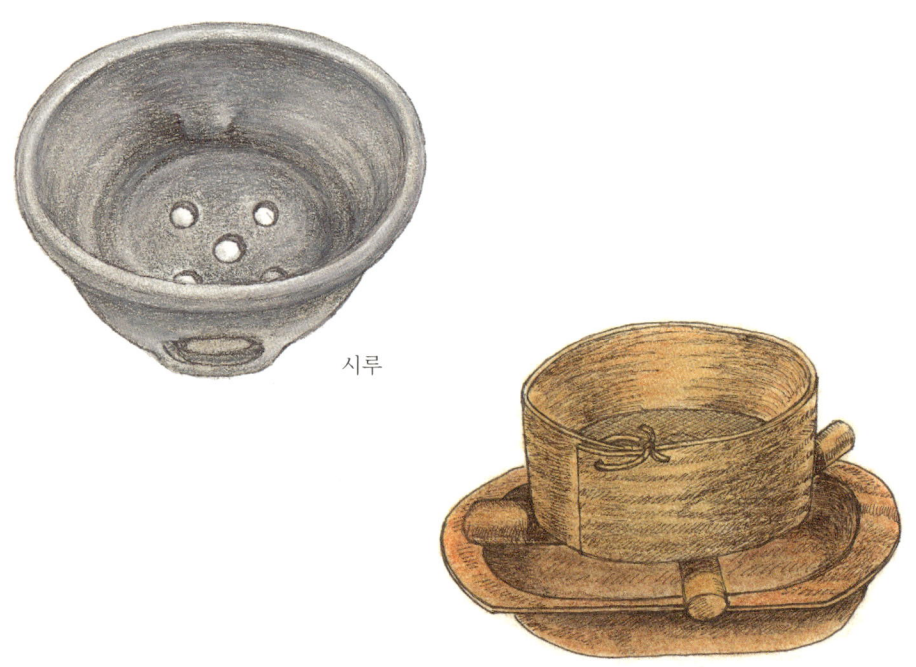

시루

체와 함지

말

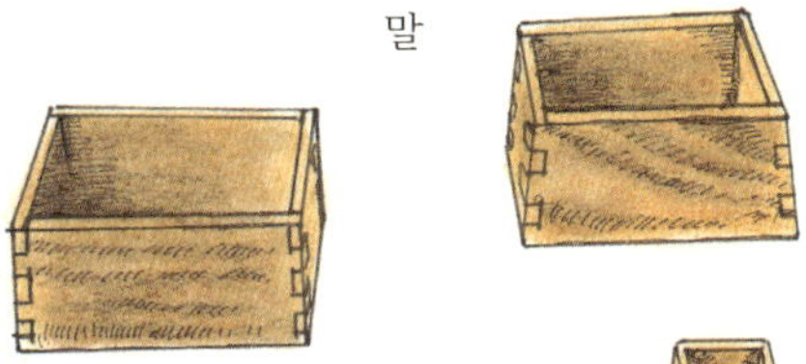

되

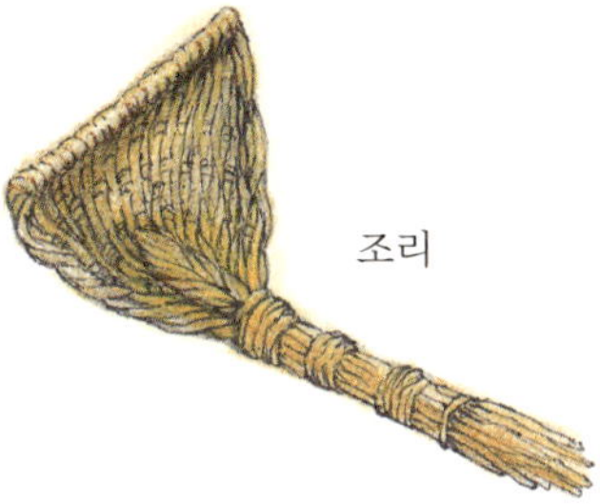

조리

바구니

소쿠리

광주리

❶ 말, 되, 홉

　곡식, 가루, 액체의 들이를 잴 때 쓰는 그릇이에요. 홉과 되는 나무로 네모나게 만들었고, 말은 원통 모양으로 만들었어요. 곡식이나 가루, 액체는 낱낱이 셀 수 없기 때문에 이런 그릇에 담아 그릇 들이로 헤아렸어요. 홉이 가장 작은데, 홉의 10배가 되, 되의 10배가 말이에요. 따라서 한 되는 열 홉이고, 한 말은 열 되가 되지요. 대체로 쌀 한 되로 밥을 지으면 다섯 사람 정도가 먹을 수 있고, 쌀 한 말로 밥을 지으면 50명의 사람이 먹을 수 있대요.

　옛날에는 쌀이나 잡곡을 사고팔 때도 되나 말로 쟀어요. 한 되를 될 때는 네모난 되를 썼지만, 말에 퍼 담을 때는 '됫박'을 썼어요. 됫박은 나무로 파서 둥글게 만든 바가지인데, 네모난 되로 퍼 담는 것보다 둥그런 됫박을 쓰는 게 더 편했어요. 되로 되어 헤아리는 일을 '되질', 말로 되어 헤아리는 일을 '마질'이라고 해요. '말질'이 바뀐 말인데, '바늘질'이 '바느질'로 바뀐 것과 같아요. 말에 곡식을 담고 평미레로 판판하게 깎아 되는 것을 '평말'이라 하고, 수북하게 올려서 되는 것을 '고봉 말'이라고 해요. 곡식을 될 때 평미레로 되나 말을 미는 것을 '평미레질'이라고 하지요.

'말, 되, 홉'을 쉽게 견주어 보아요.

열 홉은 한 되, 한 되는 열 홉
열 되는 한 말, 한 말은 열 되
열 말은 한 섬, 한 섬은 열 말

한 홉=0.18L   종이컵 한 개 들이로, 작은 우유갑(200mL)보다 조금 모자라요.
한 되=1.8L   1.8리터짜리 콜라병 들이로, 2리터짜리 물병에 조금 모자라요.
한 말=18L   흔히 정수기에 꽂아 마시는 큰 물통 들이와 비슷해요.

❷ 소쿠리

　얇고 가늘게 쪼갠 대나 싸리 따위로 어긋나게 짜서 만든 그릇이에요. 둥그런 테를 만들고 앞을 트이게 하여 먹을거리를 담아 두거나 물기를 빼는 데 흔히 쓰지요. 뜨거운 빈대떡이나 저냐, 누름적을 접시에 담으면 뜨거운 김이 식으면서 한데 엉겨 뭉쳐서 바닥에 물이 생겨요. 그러면 제맛을 잃을 뿐 아니라 상하기 쉬워요. 하지만 뜨거운 음식을 소쿠리나 채반 같은 그릇에 담으면 뜨거운 김이 쉽게 빠져나가 바닥에 물이 생기지 않아요. 명절 때면 소쿠리나 채반에 달력 종이를 깔고 온갖 부침개를 담아 놓았어요.

❸ 광주리

대오리나 싸리, 버들 따위로 엮어 만든 그릇이에요. 흔히 껍질을 벗긴 싸리로 만들지만, 대나무가 많이 나는 지방에서는 대광주리를 만들어 쓰지요. 바닥은 둥글고 촘촘하게, 위쪽은 성기고 높게 짰어요. 광주리에 새참이나 점심밥을 담아 이고 들에서 일하는 사람들한테 나르기도 하고, 채소를 담아 두거나 널어 말리는 데도 썼어요. 광주리를 머리에 일 때 머리가 아프지 않게 짚이나 천을 틀어서 고리처럼 만든 '똬리'를 받쳤는데, 똬리가 없으면 수건을 둘둘 말아 받쳤어요.

❹ 바구니

대나 싸리 따위를 쪼개어 둥글게 걸어 속을 깊숙하게 만든 그릇이에요. 가볍고 바람이 잘 통해서 과일이나 푸성귀를 담아 두었어요. 바구니는 신석기 시대부터 만들어 썼다고 해요. 옛날에는 장에 갈 때 망태기나 바구니를 들고

갔어요. 여기서 '장망태', '장바구니'라는 말이 나왔어요. 요즘에는 플라스틱이나 헝겊으로 만든 주머니를 장바구니라 하고, 생활필수품을 중심으로 조사한 물가를 가리켜 '장바구니물가'라고 하지요.

❺ 조리

가. 쓰임새: 대나무나 싸리를 엮어서 국자처럼 만들어 쌀이나 잡곡을 씻어서 일 때 썼어요. 지금은 쌀을 찧는 기계가 발달해서 뉘가 남지 않고 돌도 다 골라내 주지만, 옛날에는 조리로 쌀을 일지 않으면 안 될 정도로 뉘와 돌이 많았어요. 이남박에 쌀을 씻고 나서 맨 마지막에 물에 잠긴 쌀을 조리로 한쪽 방향으로 돌리면 물살의 힘으로 쌀알은 떠오르고 그보다 무거운 돌은 가라앉아요. 이 뜨는 쌀을 조리로 건져 소쿠리에 담아요. 몇 번 되풀이하여 더는 조리로 일 수 없게 되면 이남박과 바가지로 물을 보태 가며 살살 쌀알만 골라냈어요. 그런데 옛사람들은 조리질을 할 때도 집 안쪽으로 했는데, 복이 집 안으로 들어오라는 뜻으로 그랬대요.

나. 세시풍속: 복조리 걸기와 풀 조리 만들기
복조리 걸기: 섣달그믐이면 새해에 복 받기를 바라며 조리를 사다 집에 걸었는데 이것을 '복조리'라고 해요. 조리로 쌀을 일듯이 복이 들기를 바라며 조리 두 개를 엇걸어 붉은 실로 잡아매고, 엽전 한두 개를 담아 마루나 안방 머리에 걸어 두었어요. 복조리는 먼저 살수록 복이 많이 들어온다고 해서 이른 새벽에 장에 나가 사기도 했고, 복조리를 가지고 다니며 파는 사람에게 사기도 했는데, 값을 깎지 않고 사서 1년 내내 걸어 두었어요.

풀 조리 만들기: 예전의 아이들은 산과 들에 난 풀줄기로 조리 모양의 풀 조리를 만들며 놀았어요. 풀 조리는 혼자서는 어렵고 두 사람이 함께 만들 수 있어요. 바랭이 풀이나 밀짚(밀대)같이 줄기가 긴 풀을 여러 가닥 준비한 다음, 중심 가닥을 A자처럼 만들어 한 사람이 잡고 다른 한 사람이 마주 앉아서 다른 가닥을 하나씩 중심 가닥에 줄줄이 엮어요. 어느 정도 됐다 싶으면 중심 가닥과 엮은 가닥들을 모두 위로 꺾어 잡고 조리 모양으로 만든 뒤에 자루를 묶으면 다 된 거예요.

❻ 시루

가. 쓰임새와 역사: 시루는 주로 떡을 찔 때 쓰는 그릇이에요. 둥근 통처럼 생긴 질그릇인데 바닥에 구멍이 여러 개 뚫려 있어요. 가마솥에 물을 넣고 시루를 가마솥 위에 얹어 불을 때면 시루 밑바닥에 숭숭 뚫린 곳으로 김이 올라와요. 그렇게 뜨거운 김으로 떡을 쪄 내지요. 이때 김이 새지 않도록 솥 아가리와 시루 틈새를 밀가루나 쌀가루 반죽으로 메워야 해요. 이것을 '시룻번'이라고 하는데, 떡이 다 되면 칼로 시룻번을 떼어 내서 먹기도 했어요.

우리나라에서 출토된 시루 가운데 가장 오래된 것은 청동기 시대의 유적인 나진 초도패총에서 출토되었어요. 이어서 초기 철기 시대의 유적인 평안북도 대평

리 유적에서도 출토되었고, 삼국 시대 고분에서도 여러 개가 발굴되었어요. 또한, 고구려 시대 유적인 안악 고분벽화와 약수리 벽화에는 시루에서 음식을 다루는 그림이 있어요.

나. 세시풍속: 시룻번 먹기

정월 대보름날, 한 해의 건강을 바라며 하는 부럼 깨물기의 하나예요. 시루떡을 찔 때 솥과 맞닿은 시루 둘레에 붙였던 시룻번을 말려 놓았다가 정월 대보름날 저녁에 먹거나 깨물어요. 딱딱한 시룻번을 깨물면서 살갗이 단단해져서 부스럼이 나지 않기를 바랐어요.

손재주와 감각을 키워 주는 짚풀공예

예로부터 벼, 보리, 조 같은 곡식의 이삭을 떨어낸 줄기로 여러 가지 농기구와 살림도구를 만들어 썼어요. 흔히 볏짚을 가장 많이 써서 짚공예라고 하지요. 짚으로 멍석, 섬, 가마니, 맷방석, 삼태기, 망태기, 다래끼, 씨오쟁이, 둥구미, 닭둥우리, 똬리, 빗자루, 짚신 따위를 만들었어요. 또한 짚과 띠를 재료로 하여 짠 옷으로 도롱이가 있어요. 도롱이는 망토형 비옷으로 바람과 추위를 막아 주었어요. 물가에서 자라는 자오락은 습기에 강하여 가을에 베어 말려서 뼈가 있는 줄기는 골라내고 잎만 사용하여 주로 망시리나 멱서리를 만들었어요.

짚풀공예의 재료는 주로 짚이지만, 때로는 칡이나 갈대, 대싸리, 모시풀, 왕모시풀, 부들 같은 야생의 풀과 덩굴들을 제철에 거두어 두었다가 농한기에 여러 가지 살림도구를 만들어 썼어요. 또 삼·왕골속·모시껍질·칡껍질·싸리껍질 같은 것과 짚을 섞어 갖가지 무늬와 색상을 살려 가며 살림도구를 엮기도 했어요. 질기고 흰빛은 삼이나 왕골속을 이용했고, 갈색 나는 싸리껍질·칡껍질·모시껍질은 볏짚의 노란색과 잘 어울리게 만들어 썼어요.

요즘에도 짚풀공예를 하는 곳이 있어요. 짚공예나 풀공예를 체험학습을 할 수 있는 곳도 늘어나고 있어요. 자연에서 나는 재료로 여러 가지 물건을 손수 만들어 쓰는 재미와 보람을 느낄 수 있을 뿐만 아니라 플라스틱이나 비닐처럼 자연을 오염시키지도 않아요. 학교마다 짚풀 공예실이 있다면 아이들의 손재주와 감각을 키워 줄 수 있을 거예요.

---

17. 전통 농기구로 우리나라 고대사를 알 수 있어요.

인간의 역사는 도구의 발달사예요. 역사를 도구의 발달사로 보면, 우리나라 고대사는 구석기 시대 → 신석기 시대 → 청동기 시대 → 철기 시대로 발달해 왔어요. 도구 가운데 가장 중요한 도구가 농사 도구예요. 농사 도구인 전통 농기구로 우리나라가 지나 온 고대사를 알 수 있어요.

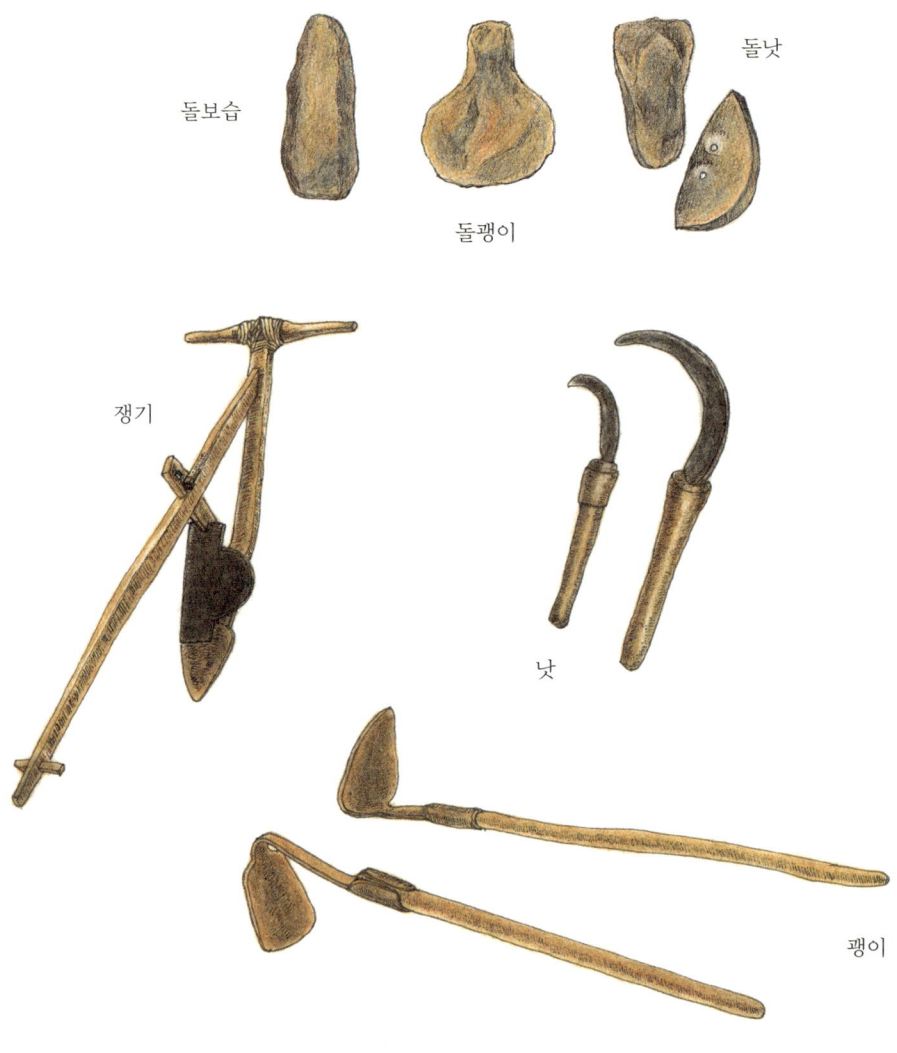

돌보습

돌괭이

돌낫

쟁기

낫

괭이

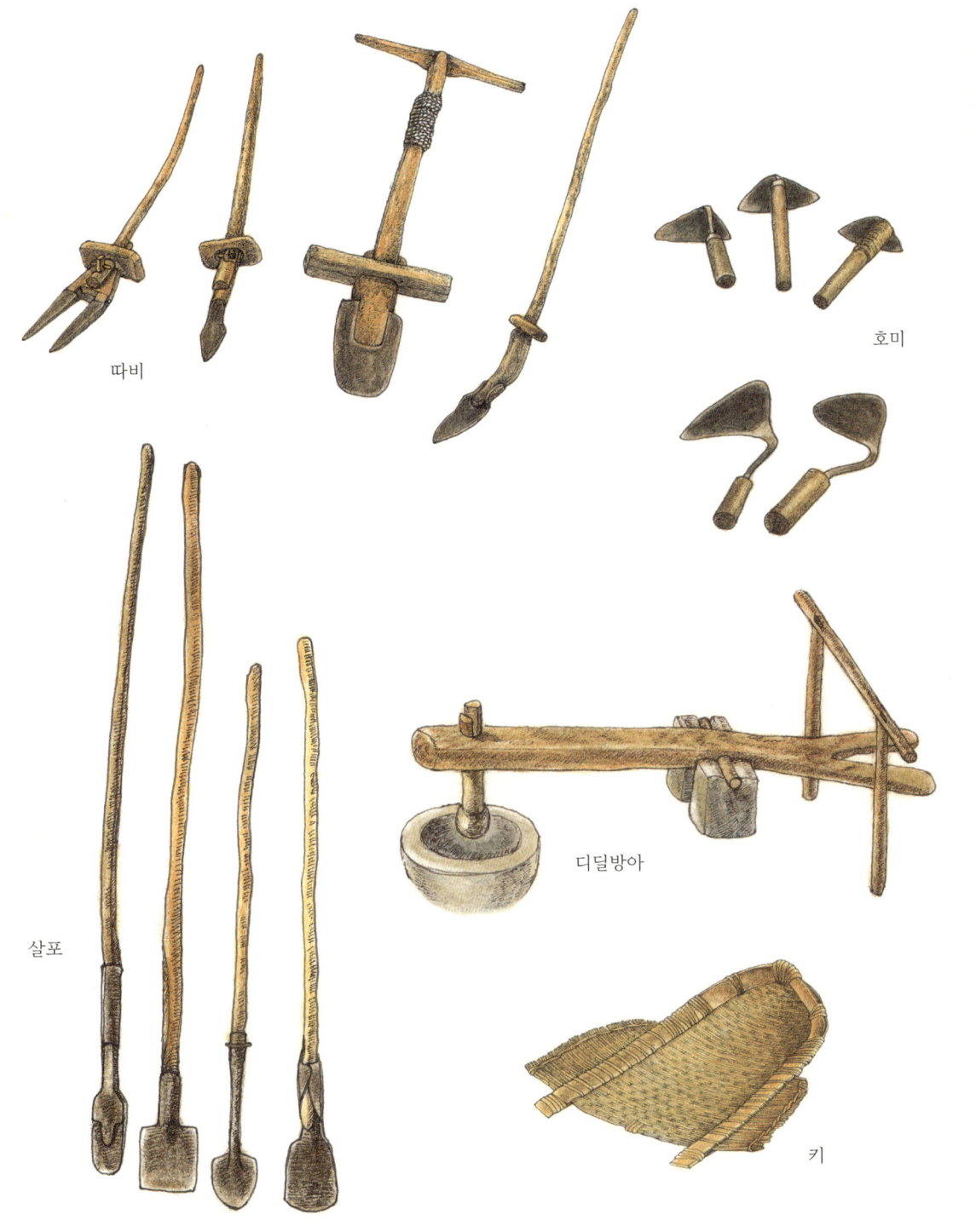

따비

호미

살포

디딜방아

키

❶ 신석기 시대

농경이 시작된 신석기 시대부터 청동기 시대까지의 농기구는 주로 돌과 나무로 만든 것을 썼어요. 신석기 시대에는 고기잡이와 사냥을 주로 하면서도 돌보습, 돌괭이, 돌낫 같은 농기구를 써서 조, 피, 수수 같은 곡식을 길러 먹었어요. 갈판과 갈돌로 산과 들에서 딴 열매나 거둬들인 곡식의 껍질을 벗기거나 가루로 만드는 데도 썼어요.

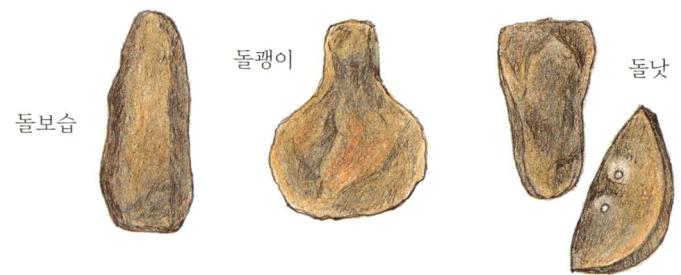

돌보습　　돌괭이　　돌낫

❷ 청동기 시대

벼농사를 활발하게 짓던 청동기 시대에는 돌을 정교하게 갈아 만든 돌보습, 돌괭이, 반달돌칼, 돌낫 같은 돌로 만든 농기구를 이용하여 논과 밭을 일구었어요. 돌보습과 괭이로 땅을 갈거나 일구고, 반달돌칼과 돌낫을 이용하여 곡식을 거두었어요. 이 가운데 가장 널리 출토되는 반달돌칼은 곡식의 이삭을 따는 데 쓰던 거두기 연장인데, 손에 거는 끈을 꿰는 구멍이 1~3개 뚫려 있고 한쪽에 날이 나 있어요.

이 시기의 나무로 만든 농기구는 발견되지 않았어요. 하지만 진주 대평리에서는 나무괭이로 밭을 간 흔적이 확인되어 밭농사에는 나무로 만든 연장도 널리 썼음을 알 수 있어요. 청동기 시대 유적에서는 불탄 쌀(탄화미), 콩, 조, 참깨, 수수 같은 곡식이 발견되었어요. 방아 연장도 갈판과 갈돌에서 차츰 절구와 공이로 바뀌게 되었어요.

❸ 철기 시대

쇠붙이를 쓰기 시작하면서 쇠낫, 쇠스랑, 쇠따비 같은 철제 농기구를 만들어 썼어요. 이때 주요한 농기구는 따비, 괭이, 낫이었어요. 따비와 괭이는 갈이 연장으로, 낫은 거두기 연장으로 쓰였어요. 외날따비로 씨 뿌리는 구멍을 만들고 땅을 갈았어요. 쇠낫이 나타나면서 반달돌칼이나 반달쇠칼로 이삭을 따던 것과 달리 이삭 줄기를 한 움큼씩 벨 수 있게 되었어요. 철기 시대에도 나무괭이, 나무쇠스랑, 고무래 같은 나무로 만든 농기구가 널리 쓰였어요.

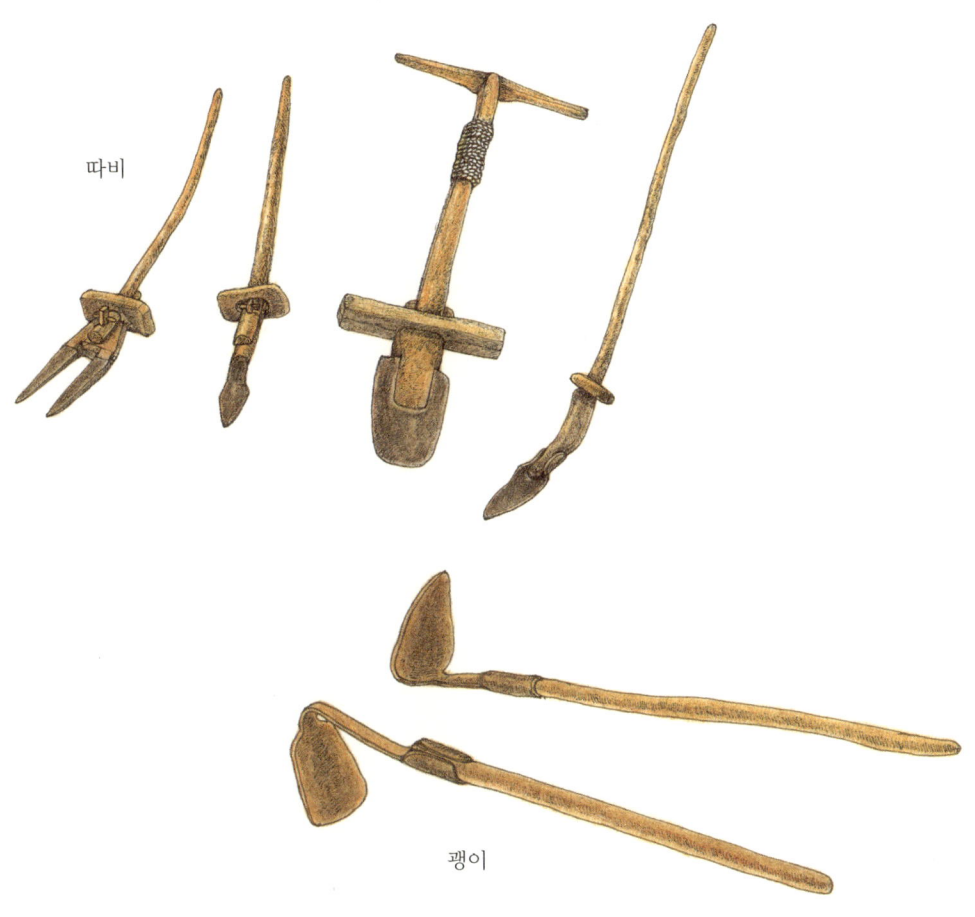

따비

괭이

낫

    3세기 이후 나무덧널무덤(목곽묘)과 돌덧널무덤(수혈식 석곽묘)에서는 'U' 자형 삽날과 쇠스랑이 출토되고 있어요. 이것들은 주로 김해 양동리와 대성동에서 출토되어 금관가야의 선진성을 보여 주고 있지요. 'U' 자형 삽날과 쇠스랑은 주로 대형분에서 출토되고, 주조괭이, 쇠낫 등의 농기구는 소형묘에서 발견되었어요.

    4세기 이후에 납작괭이와 외날따비가 사라져 가고 호미와 살포가 나타났어요. 살포는 논에 물꼬를 트거나 막을 때에 쓰는 연장으로, 네모꼴 몸통에 가늘고 긴 굽통이 나란히 붙었어요. 살포는 경남 합천의 옥전 M3호에서 쇠자루가 달린 채로 발견되어 당시 논농사를 장악하고 통치하는 왕의 모습을 잘 보여 주고 있어요.

호미

살포

285

쟁기는 가야 지역에서 출토된 것은 없어요. 그렇지만 고구려와 신라에서 소가 끄는 쟁기의 모습을 찾을 수 있어 가야에서도 쟁기를 사용했을 것으로 짐작하고 있어요.

쟁기

이제 철제 농기구는 갈이 연장으로 쟁기, U자형 삽날, 쇠스랑을 썼고, 삶이 연장으로 호미와 살포, 거두기 연장으로 낫을 썼음을 알 수 있어요. 고구려 벽화에서 디딜방아와 키를 볼 수 있고, 통일 신라 시대로 들어서면서 전통 농기구와 같은 모양새와 가짓수를 갖춘 연장들이 나타났어요.

디딜방아

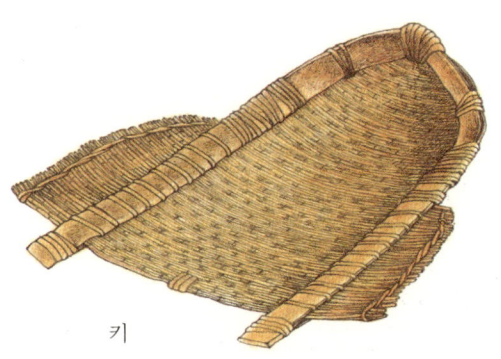

키

18. 현대 농기계는 전통 농기구를 발달시킨 거예요.

　요즘은 거의 기계로 농사를 지어요. 농촌의 일손이 모자라서 기계를 쓰지 않을 수 없어요. 소를 부리며 하던 일을 경운기로 하다가 요새는 트랙터, 이앙기, 바인더, 콤바인, 양수기 같은 기계를 써서 일하고 있어요. 현대 농기계는 전통 농기구의 구조와 원리를 발달시킨 거예요.

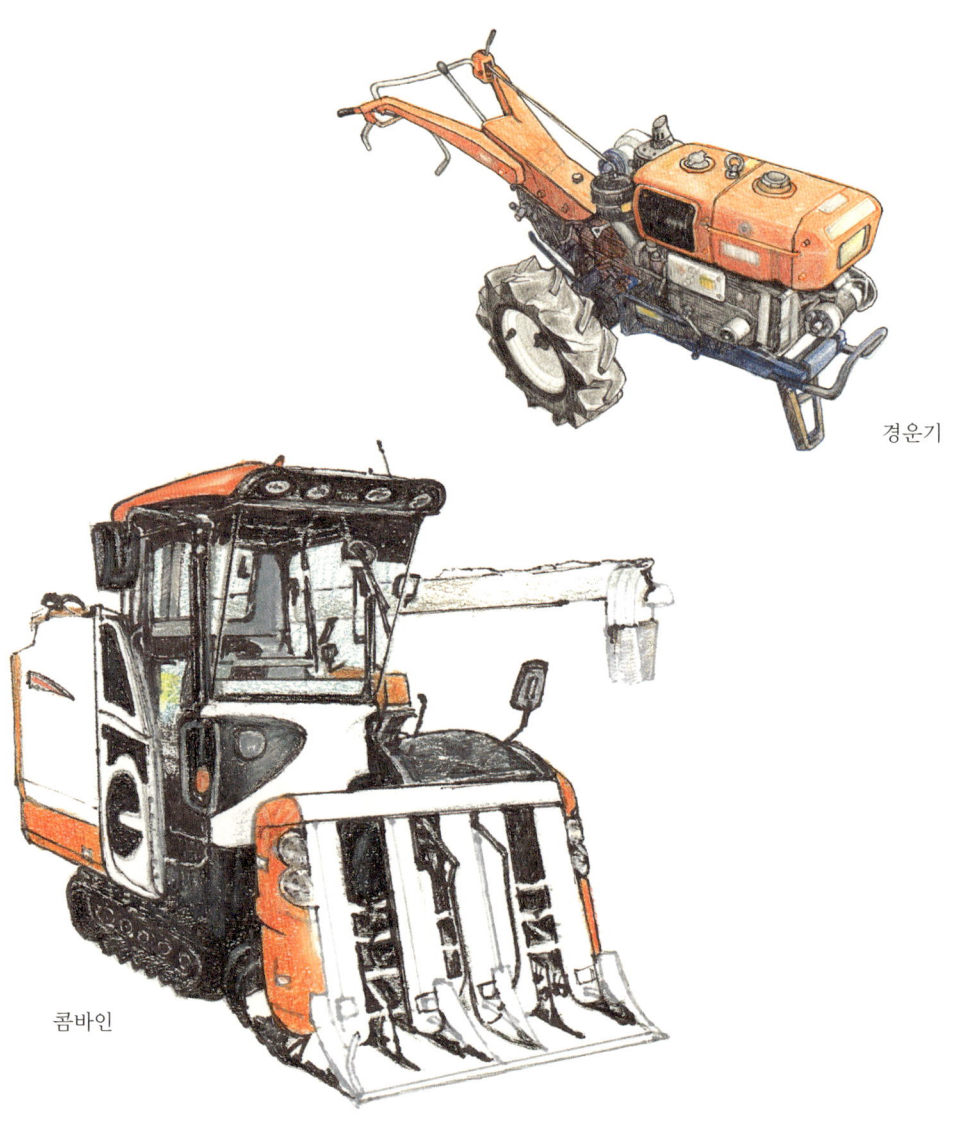

경운기

콤바인

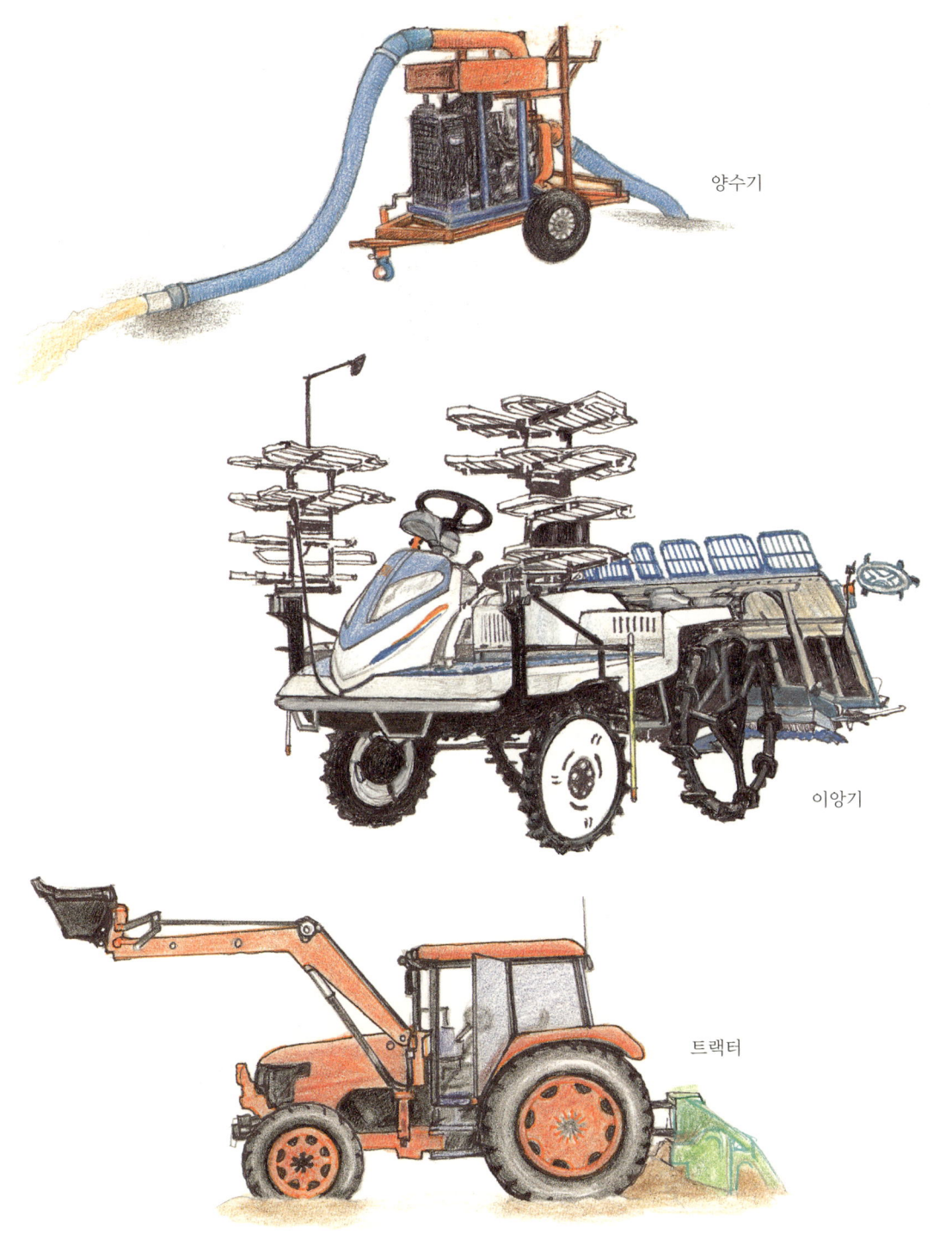

양수기

이앙기

트랙터

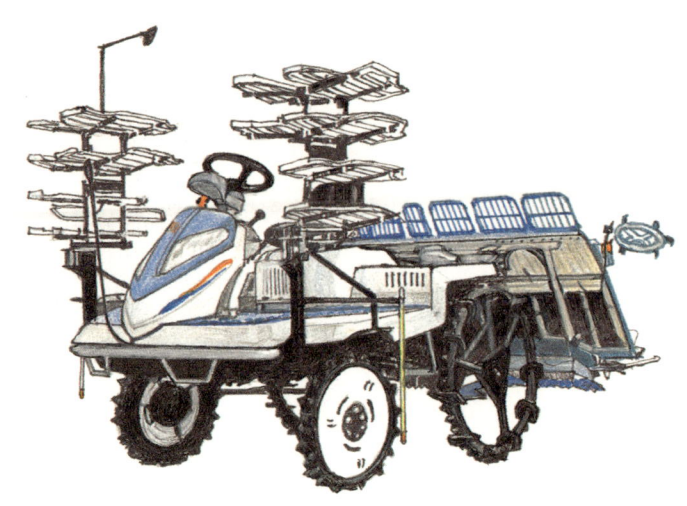

❶ 이앙기

못자리나 볍씨를 심은 상자에서 자란 모를 논에 옮겨 심는 기계예요. 여러 사람이 함께 일일이 손으로 심던 모내기를 이앙기를 가지고 혼자서도 할 수 있어요.

❷ 경운기

논밭을 갈거나 흙덩이를 부수며 땅을 고르거나 씨뿌리기, 거름이나 곡식 단을 나르는 것 같은 움직이면서 하는 일과 낟알을 떨어내는 탈곡, 물을 대는 양수처럼 멈추어서 하는 일까지 경운기를 가지고 일했어요. 하지만 트랙터가 나오면서 거의 쓰지 않게 되었어요.

❸ 트랙터

강력한 원동기를 갖춘 작업용 자동차예요. 여러 가지 농사에 쓰는 기계를 연결하여 원하는 일을 할 수 있어서 트랙터를 만능 농업 기계라고 여길 정도예요. 논밭을 갈고(경운), 씨뿌리기(파종), 풀을 베고(제초), 거두어들이고(수확), 나르는(운반) 일 따위에 널리 쓰고 있어요.

❹ 양수기

'무자위'가 사람의 힘으로 물을 퍼 올리는 재래식 양수기라면, 양수기는 모터나 전기를 써서 물을 퍼 올려요. 양수기는 논에 물 댈 때도 쓰지만, 공사 현장에서도 많이 쓰고 있어요.

❺ 콤바인

곡식이 익으면 콤바인으로 베면서 낟알을 떨어내는 일을 한꺼번에 하는 농업기계예요. 곡식을 베어 내는 일과 낟알을 떨어내는 일, 고르는 일, 부대에 담는 일까지 한꺼번에 할 수 있어요. 바인더보다 앞선 기계라고 할 수 있어요.

그 밖에 벼 껍질도 기계로 벗길 만큼 편리해졌어요. '현미기'는 벼의 왕겨를 벗기는 데 쓰는 기계예요. '정미기(도정기)'는 현미를 더 깎아 흰쌀을 만드는 데 쓰는 기계예요. 요즘에는 가정에서도 작은 정미기를 갖추고 그때그때 입맛에 따라 벼를 쓿고 있어요. 보리의 껍질과 겨를 벗겨 내는 기계를 '정맥기'라고 해요. 또한, 밀가루·옥수숫가루·콩가루처럼 가루를 빻는 '제분기'가 있어요. 곡식을 갈무리하는 저장 시설도 저장고와 부대 시설로 이루어져 있고, 저온저장·상온저장·포대저장·밀폐저장 같은 여러 방법이 있어요.